U0675065

著名汉学家研究丛书

（斯洛文）米加 主编

Hallerstein—The Multicultural Legacy
of Jesuit Wisdom and Piety

斯洛文尼亚在中国的文化使者——刘松龄

朱晓珂 褚龙飞 译

吕凌峰 审校

中原出版传媒集团
大地传媒

大象出版社
·郑州·

图书在版编目（CIP）数据

斯洛文尼亚在中国的文化使者——刘松龄／（斯洛文）
米加主编；朱晓珂，褚龙飞编译.— 郑州：大象出版社，2014. 5
ISBN 978-7-5347-7369-3

Ⅰ.①斯… Ⅱ.①米… ②朱… ③褚… Ⅲ.①刘松龄
（1703—1774）—人物研究 Ⅳ.①K835.554.614

中国版本图书馆 CIP 数据核字（2014）第 065922 号

著名汉学家研究丛书

斯洛文尼亚在中国的文化使者——刘松龄

（斯洛文）米加 主编

朱晓珂 褚龙飞 译 吕凌峰 审校

出 版 人 王刘纯
责任编辑 李光洁
责任校对 钟 骄
封面设计 王莉娟

出版发行 大象出版社（郑州市开元路 16 号 邮政编码 450044）
　　　　　发行科 0371-63863551 总编室 0371-65597936
网 址 www.daxiang.cn
印 刷 新乡市电科印务有限公司
经 销 各地新华书店经销
开 本 787mm×1092mm 1/16
印 张 16.5
字 数 273 千字
版 次 2015 年 2 月第 1 版 2015 年 2 月第 1 次印刷
定 价 40.00 元
若发现印、装质量问题，影响阅读，请与承印厂联系调换。
印厂地址 新乡市荣校路 195 号
邮政编码 453003 电话 0373-3713559 3712457

总序一①

任继愈

中国是世界文明古国之一。世界知道中国，不自今日始，回溯历史，中外文化交流共有五次高潮。② 文明交流的深度、广度也是近代超过古代。

中外文化交流，也循着文化交流的规律。一般情况下，文化水平高的一方会影响文化水平低的一方。文化水平低的一方则比较容易成为接受者。古代中国与周边国家的交流，往往是施与者，这种情况一直持续到明代中期。其间也有双方文化水平相当，接触后发生冲突，然后各自吸收有用的，并使它为己所用的情况。这种水平相当的交流，往往要经过相当长的时期，才能收到互相融会、双方受益的效果。进入近代，中国科技领域在国际不再领先，往往借助外来文化补充自己的不足。明代中期，如天文、历算往往学习西法，这就是中国接受外来文化的又一个实例。

文化交流、交融、吸收、互补，也是不可避免的现象。只有国力充实、文化发达、科学先进的情况下，才可以从交流中采取主动，吸取其可用者为我所用。当国势衰弱，文化停滞，科学落后时，往往在交流中处于被动地位，甚至失去对外来文化选择的主动权，成为完全被动的接受者。鸦片战争以后，在长达百年的这一段时间里，输入中国的外来文化，有些是我们主动吸收的，也有些是中国所不愿接受的，也有些是被迫引进的。

历史告诉人们，当前世界经济已经一体化，世界上一个地区出现了经济危机，全世界都会受到震动。文化方面虽然没有达到这样紧密程度，却也有牵一发而动全身的趋势。当前文化交流的条件大大超过古代，传递手段之迅捷，古人无法想象。因此，文化交流的责任也远比古代社会沉重。"国际汉学研究书系"负担着 21 世纪中外文化交流的艰巨任务。

为了涵盖古今汉学进展的全面状况，本书系分为三个系列：

① 这是任继愈先生为北京外国语大学海外汉学研究中心与大象出版社联合组织出版的"国际汉学研究书系"丛书所写的总序。
② 第一次在汉朝，公元前 1 世纪，开通了丝绸之路；第二次在唐朝，7～8 世纪；第三次在明朝，14～15 世纪；第四次在清末鸦片战争前后，19 世纪；第五次在五四运动前后，20 世纪初到现在。

一、西方早期汉学经典译丛(翻译);

二、当代海外汉学名著译丛(翻译);

三、海外汉学研究(著作)。

"汉学"这一名称,国内外学术界多数人认同,也有少数学者有不同意见。我们不准备用很多精力界定这个名词,我们只是把过去和现代人们已发表的和正在从事研究的这一类译著汇集起来,总之,都属于中国文化这个大范围之内的学术著作。正如"现代新儒家"这个名字的内容,海内外学术界也有不同的理解和使用标准。因为它属于中国文化这个领域,本书系也将包括这类译著是同样的道理。

我们愿借这个领域,作为联系海内外研究古今中国文化的桥梁,为人类精神文明略尽绵薄之力,我们的初衷就算达到了。

我们这套书系,本着对社会负责,对历史负责,对人类未来负责的心愿,向全世界介绍中国文化,同时也向中国展示健康的、高品位的世界文化。即将到来的 21 世纪,是信息爆炸的时代,也是总结历史成果的时代。我们以科学的良心,如实向世界推进文化交流,我们介绍古代先驱者的业绩,在当代人中,沟通各国文化的精华,展望人类未来的光明前景。

只有在健康、光明、理性、科学为主干的文化指引下,人类才可以避免失误,走向和平。每一个经历过世界大战的过来人,深知和平的可贵,战争的罪恶。我们从事文化事业的、正直善良的学者,出版这套书系,期望其社会效益不限于书斋以内,更寄希望于提高全人类的文化素质,泯除非理性的强权暴行,引导社会走向和平、光明的大道。为中华民族积累精神财富,为世界人民增加友谊与理解。

总序二

张西平

"国际汉学研究书系"出版已经十五年了,当年是任继愈先生写的总序,先生已经驾鹤西去,他对"国际汉学研究书系"的关心和指导至今仍是我们考虑这套书的出发点。

近三十年来,国内学术界对海外汉学(中国学)的研究已经取得了长足的进步,研究大大深入了。学术界已经充分认识到,中国人文社会科学走向世界,展示自己的学术成果,扩大自己的学术影响力,第一步就是要了解国外中国文化的研究(汉学或中国学)的历史与现状,唯有如此,才能迈出走向世界的坚实步伐。

同时也应看到,海外中国学与中国近现代的中国学术进展紧密相连。从晚明时开始,在全球化的初期,中国已经被卷入世界的贸易体系之中,关于中国的知识、文化、历史、典籍已经开始被这些来华的传教士、外交官、商人研究。从那时起,中国的知识已经不完全归中国学者独有,开始有了另一套讲述中国文化和学术的新的叙述,这就是海外中国文化研究(汉学或中国学)。而且在1814年的法国,他们已经把中国研究列入其正式的教育系统之中,在西方东方学中开始有了一门新学问——汉学。更为引起我们注意的是,1905年中国废除科举制度,经学解体,中国知识的叙述系统发生了根本性变化,目前我们这一套人文社会科学体系,完全是从西方传过来的,其中很大一部分是经由苏联传来的。作为后发性现代化国家,自己的知识系统的独立发展已经中断了,而帮助我们建立这套现代学术体系的人中,西方汉学家起到很重要的作用。在这个意义上,如果不了解国外的中国文化研究(汉学或者中国学),我们就搞不清我们自己的近代知识系统的形成与变迁。

更为重要的在于今天中国崛起后,我们希望走出百年欧风美雨对我们的影响,重建中国的学术体系,如果做到这一点也必须了解域外中国文化研究,不这样,我们自己的近代到当代的学术历史就搞不清,中国学术的当代重建也是一句空话。

中国学术已经在全球范围内展开,为了让中国学术回到世界学术的中心,为了重建好自己的学术系统,我们都必须了解海外的中国文化研究(汉学或中国学)。

如何展开海外中国学的研究呢?以下三点是很重要的。

首先,要了解各国中国学研究的历史与传统。每个国家对中国的研究都有自己的历史和传统。所以,摸清其历史和传统应该是与其对话的基本要求,不然会闹出笑话。近三十年来中国学术界在这方面已经取得了初步的成果。《国际汉学》、《世界汉学》、《汉学研究》已经成为重要的学术阵地,"海外中国学书系"、"国际汉学研究书系"、"列国汉学史"等多种系列丛书在学术界受到了欢迎。我们对各国的中国文化研究传统有了一个初步的了解。

其次,要注意海外中国文化研究的学术背景和文化背景。西方的中国研究是在西方的学术背景下展开的,他们的基本理论、框架、方法大都是西方的,因此,在把握这些国外的中国研究时,特别是西方的中国学时要特别注意这一点,万不可以为,他们讲述的是中国的知识和内容,就按照我们熟悉的理论和方法去理解他们。对待域外的中国文化研究应从跨文化的角度加以分析和研究。这是一个基本的出发点。

最后,积极与海外中国学展开学术互动,建立学术的自信与自觉。在当前的世界学术话语中,无论人文学术或者社会科学的研究,占主导地位的是西方的学术话语。由于长期以来,国内学术界未在国际学术领域展开,中国研究,这个原本属于我们掌握话语权的研究领域,在国际范围起主导作用的仍是西方的中国学研究者,这在社会科学研究领域十分明显。近年来有所好转,但基本格局尚未扭转。因此,我们走向世界的第一步是了解海外的中国文化研究,同时,我们所面临的第一波的学术论争也可能是和西方的汉学家们之间展开的。在解释中国文明与文化,在解释当代中国的发展上,西方中国学研究领域已经形成了一整套的理论和方法,这些理论和方法中有些对我们很有启发,值得我们深思,有些则明显是有问题的,这就需要我们和他们展开学术性的讨论。所以,在与国外汉学家们打交道时,文化的自信和自觉是一个基本的立场。

世界的重心在向东方转移,走出"西方中心主义"是一个大的趋势,西方文明和中国文明一样都是地域性的文明,同时都具有普世性的意义,一切理论都来自西方的看法肯定是有问题的。在中国文化研究上更不应如此。因此,在世界范围内展开中国文化研究,熟悉国际范围内的中国文化研究成果,学习汉学家们的宝贵经验,理解他们在跨文化背景下中国文化研究的特点的同时,纠正他们中一些汉学家在知识论和方法论上的问题,与其展开学术的对话。这是更新我们的学术和推动中国学术走向世界的重要任务之一,这是我们面临的双重任务。这是全球化时代中国学术走向世界的必由之路,也是中国学术重建的必由之路。

国外中国文化研究的存在,表明中国的学术已经是一个世界性的学术,我们只有在世界范围内展开与海外中国学界的对话与合作,才能逐步拥有在世界学术领域中的发言权;我们只有在世界范围表达我们中国学术的理想、立场、传统与文化,才能在当下这个"三千年未有之大变局"的背景下,真正重建中国当代学术体系和理论,开创属于我们这一代人的学术事业。

我们应该看到海外中国文化研究是在中西文化交流背景下展开的,从事海外中国文化研究的主体是汉学家,由此,我们在"国际汉学研究书系"再版之际对丛书做了适当的调整,本书系分为三个方面:

一、中西文化交流史翻译与研究系列。旨在介绍西方出版的中西文化交流史著作,同时展示国内对中西文化交流史的研究。近代以来的中西文化交流史涉及中国和西方的社会与文化思想变迁,它们构成了西方汉学的发生和中国明清思想文化裂变的基础。这是一批具有双边文化特点的著作,是研究全球化初期中国和西方文化关系的基础。

二、国际汉学经典译丛。旨在翻译和整理西方汉学历史名著,可以说,这方面已经形成了自己的风格与特点。目前国内西方汉学早期历史的重要著作基本是我们组织翻译的。我们将继续继承这个传统,将翻译的范围逐步扩大到能涵盖西方各国汉学历史的名著。

三、汉学家传记翻译与研究系列。汉学家是国际中国文化研究的重要力量,系统地展开对重要汉学家研究,系统整理和翻译重要汉学家的传记,可以为读者提供一个海外中国文化研究的更为生动、具象的画面。

"江山代有才人出,各领风骚数百年。"我们期盼国内外年轻的学者们加入到"国际汉学研究书系"的写作和翻译中来,在这里书写汉学研究的新篇章,我期待着你们。

张西平
2013 年岁末于游心书屋

欧洲刘松龄项目（the European Project Hallerstein）

□亚里山大拉·科兹迪奇（Aleksandra Kostič）

　　"刘松龄项目"是为了庆祝 2009 国际天文年根据 15071 号"刘松龄"小行星来命名的欧盟国际文化教育合作项目。这颗小行星是斯洛文尼亚（Crni Vrh）天文台的天文学家们于 1999 年发现的。

　　欧洲"刘松龄项目"的设立目的是为了加强欧洲与中国的文化联系。项目为期两年，它将文化遗产、表演艺术和新媒体技术相结合。该项目由斯洛文尼亚的媒体研究所（ACE KIBLA）总协调，其合作者包括：葡萄牙托马尔理工学院（Instituto Politecnico de Tomar）、米尼奥大学孔子学院（the Confucius Institute of the University Minho）、捷克布拉格国际艺术和科技中心（CIANT）、奥地利维也纳克罗坦斯洛文尼亚文化协会（Korotan，Slovenian Cultural Association），以及中国北京语言大学国际汉学研究所（Institute for Sinological Studies at the Beijing Language and Culture University）。该项目的最初灵感起源于艺术家王慧琴的艺术作品以及米加的演讲。

　　《斯洛文尼亚在中国的文化使者——刘松龄》一书在一定程度上是译自斯洛文尼亚著作《刘松龄：清代宫廷里的克拉斯卡人》（*Mandarin Hallerstein，a Carniolan in the Chinese Court*）斯洛文尼亚语译本，原著 2003 年由明格斯博物馆（明格斯，Mengeš，刘松龄的故乡——译者注）出版发行。我们获准重新出版关于刘松龄的图像资料及其重要信件（三封最新翻译的信件），另包括阿列克斯·马沃尔（Aleš Maver）对刘松龄信件的介绍以及兹马戈·斯密特克（Zmago Šmitek）的论文《中国宫廷最后一位伟大的天文学家：刘松龄》（*The Last Great Astronomer at the Chinese Court：Augustin Hallerstein*）。该书由原始材料与最新翻译的英文材料组成，与斯洛文尼亚共和国档案馆（the Archive of the Republic of Slovenia）合作出版。

2009 年 10 月 30 日,在 ACE KIBLA 举办的艺术交流活动中,王慧琴表演书法。地点在斯洛文尼亚国家大剧院马里博尔(Maribor)。

　　该项目在进行期间,召开了几次专题讨论会。其中最重要的是 2008 年 9 月在维也纳举办的第三届"欧洲科学史国际会议"(3rd International Conference of the European Society for the History of Science),2008 年 11 月在布拉加 (Braga)米尼奥大学举行的活动,以及 2009 年 9 月在北京语言大学国际汉学研究所组织的最隆重的一次关于"早期欧洲来华传教士与汉学研究"的活动。其研究成果有:斯坦尼斯拉夫·叶兹尼奇(Stanislav Južnič)的论文《献给中国皇帝的真空和电》(Vacuum and Electricity for the Chinese Emperor)、米加的论文《刘松龄及其在京工作的再研究》、鞠德源的论文《清钦天监监正刘松龄——纪念斯洛文尼亚天文学家刘松龄入华二百七十周年》等。在中国介绍和评估该项目尤为重要,因为直至目前还尚未证明"Hallerstein"的身份就是"刘松龄"。最有趣的是,该项目促使中国产生了一股"刘松龄热",也促使关于刘松龄的书籍第一次以中文出版。

　　"刘松龄项目"使历史文献与当代艺术成果相结合,为人们更深刻地了解古今中欧状况提供了条件。2008 年，北京档案馆和卢布尔雅那档案馆为此专门出借了关于刘松龄的历史文献，与斯洛文尼亚籍华人艺术家王慧琴对刘松龄的艺术诠释工作一起，分别于 4 月在斯洛文尼亚卢布尔雅那民族博物馆，5 月在上海市档案馆外滩新馆，8 月奥运期间在北京进行展出。后来又先后在科佩尔艺术馆（Koper Gallery Loža）、南通个簃艺术馆、布拉加市政厅（City Hall in Braga）、澳门艺术博物馆、北京首届亚欧文化艺术节（ASEM Culture and Arts Festival in Beijing）、维也纳卡罗坦中心（Korotan Cultural Center）、斯洛文尼亚马里博尔柯彼拉画廊（Kibela Gallery）等 11 个地方，对这些资料进行不同组合的展出。刘松龄的人生经历是这些艺术灵感的来源。

在不偏离主题的前提下，多媒体手段的运用为展览提供了多种可选择的艺术表现方式。在欧洲的展览共运用了七种方式，包括皮影戏、少林功夫、古典乐器、微分音音乐、书法、当代舞蹈、新艺术媒体等，体现其融合了视觉多媒体技术、贯通中国与耶稣会文化的艺术特征。每一次展览中独特的艺术形式都不断完善了斯洛文尼亚国家大剧院最终的汇报演出。王慧琴女士的多媒体艺术作品展、维塔·艾丽（Evita Alle）的三维造境设计与捷克布拉格国际艺术和科技中心演员所表演的惟妙惟肖的皮影戏相结合，通过传

2009 年 10 月 30 日，爱德华·克鲁格在斯洛文尼亚国家大剧院刘松龄艺术交流活动中表演捷克布拉格国际艺术和科技中心制作的皮影戏。

统的皮影动画、精确的感官技术，加之爱德华·克鲁格（Edward Clug）的舞蹈和舞台设计，对刘松龄的好奇心和求知、怀念故土和发现新知、服从和逃避等复杂的心理活动加以延伸，塑造了一个充满矛盾的鲜明形象。此外，中西方的传统音乐都建立在自然哲学的基础之上，作曲家鲍勃（Bobro）从刘松龄

2008 年 5 月 12 日，"《跨越时空的彩虹》——天文学家刘松龄"展览会在上海市档案馆开幕，国家档案局副局长杨继波、上海市档案馆馆长吴辰与当时的斯洛文尼亚共和国档案馆馆长马特乌兹·科先尔(Matevž Košir)以及斯洛文尼亚—中国画家王慧琴出席开幕式。

的故事中得到灵感，将其融入现代微分音音乐，创作了独立的背景音乐。而作为旁白的男低音则和着中西交融的古典旋律，以那个时代的语调，缓缓地讲述刘松龄的故事。

为了达到宣传教育的目的，该项目已经制作了一个网站和一套光盘(2张)——"虹/刘松龄"，它们展现了视听艺术的特效，最终以光盘的形式收录所有关于刘松龄展览中艺术化的电子资料。印有刘松龄不同形象并反映他生活的图册、目录、邀请卡、海报、邮票和电信卡也陆续发行。欧洲"刘松龄项目"正以国际标准进行传播。

两年里，至少有两万人了解了刘松龄，如果考虑到中国中央电视台(Chinese National Television)的报道，这个数字甚至可以达到几十万甚至更多。历史科学与新媒体技术两种截然不同的手段成为互补资源：一方面，艺术家挖掘和诠释了主题；另一方面，历史研究也为更深刻地了解刘松龄及其生活背景提供了可能性。多个汉学研究所的加入使得中国传统文化研究与欧洲的艺术、科学、文化相结合，加强了欧洲与中国合作单位之间的联系。刘松龄正是一个消除时代差异、包容中西不同思想文化的极好例子。

目　录

关于刘松龄的研究

关于刘松龄的信件

关于刘松龄的研究

刘松龄:90年代中期以来连接斯洛文尼亚共和国档案馆和中国国家档案局的纽带

□雅奈兹·斯格莱伯(Janez Škrlep)

斯洛文尼亚共和国档案馆和中国国家档案局(State Archives Administration of China)的合作传统能够追溯到十几年之前。1982年,一个由中国档案工作者组成的代表团参观访问了斯洛文尼亚共和国档案馆;1985年,在卢布尔雅那文化中心(Cankarjevdom)举办了一个关于周恩来的中国展览,这是双方档案局合作交流的成果之一;20世纪90年代后期,双方开始加强合作研究关于斯洛文尼亚数学家、天文学家、制图学家、外交官、人类学家、传教士和耶稣会神学家刘松龄(原名Ferdinand Augustin Haller von Hallerstein)的档案资料。特别是1996年在北京举行国际档案大会(the International Council on Archives Congress)之后,双方的合作进一步加强:1998年中、斯签署了文化合作协议;1999年和2000年双方档案工作者代表团分别在中国国家档案局局长毛福民和斯洛文尼亚共和国档案馆馆长邬拉德米尔·朱梅尔(Vladimir Žumer)的带领下进行互访;2000年,斯洛文尼亚档案界人士又组织了一次对中国各地档案馆的参观访问。双方的合作对话并非仅局限于档案界专业问题,也涉及档案遗产保护,特别提到了中国档案中保存的关于刘松龄的历史档案。2003年,斯洛文尼亚国家档案局与中国国家档案局合作,在北京举行了名为"斯洛文尼亚城市的变迁"的档案图片展览,策展人是邬拉德米尔·朱梅尔和安德鲁·那热(Andrej Nared)。虽然这次展览是按照中华世纪坛的展览场地量身定做的,但后来在其他地方的展出也非常成功。对刘松龄很有研究的米加教授、艺术家王慧琴也在参展代表团成员之列。这次出访展览对于项目组争取中国国家档案局关于刘松龄相关文献的支持,是一个绝好机会。在文化交流的大背景下,2005年,中华人民共和国国家档案馆在卢布尔雅那当代历史博物馆(the Museum of Modern History)举办了"中国档案精品展"(Pearls from Chinese Archives),展出了中国自封建王朝至中华民国时期的各种历史档案,反映了中国封建朝代的历史、清代宫廷生活以及19世纪至20世纪民国经济状况等。展览的一个特殊部分即为刘松龄的

2008 年 5 月 12 日,上海市档案馆外滩新馆"《跨越时空的彩虹》——天文学家刘松龄"开展。

明格斯拉夫巴城堡(Ravbar's Castle)入口处的雕花盾徽(1567)(照片提供:斯洛文尼亚明格斯档案馆,P.Škrlep)。

有关档案,这位曾在清廷任职的斯洛文尼亚天文学家的十份档案的复制件不仅在展览上同观众见面,同时也被作为礼物赠送给斯洛文尼亚国家档案馆。作为答谢,斯洛文尼亚共和国档案馆负责了"中国档案精品展"在斯洛文尼亚其他城市的巡回展览工作。斯洛文尼亚共和国档案馆与中国国家档案局良好的合作关系也体现在双方对"刘松龄项目"的合作、参与与支持上,他们为该项目召集了大量合作者,并运用新媒体技术将文化遗产和表演艺术结合起来。讲述刘松龄中国经历与传奇故事的展览"《跨越时空的彩虹》——天文学家刘松龄",于2008年首次在卢布尔雅那民族博物馆与观众见面。这次展览再次展出了现藏于斯洛文尼亚共和国档案馆中关于刘松龄的珍贵的档案资料。随后又在上海市档案馆外滩新馆举行巡展,除了运用多媒体技术并展出王慧琴女士的艺术作品外,也包含保存在斯洛文尼亚国家档案馆与卢布尔雅那大主教档案馆(the Archives of the Ljubljana Archbishopric)的刘松龄档案复制件。同年,斯洛文尼亚档案代表团访问北京,在北京签署了《中斯文化合作协议》,更加强了双方关于刘松龄档案出版和研究的进一步合作。

原作者:斯洛文尼亚共和国档案馆前任馆长马特乌兹·科先尔(Matevž Košir)先生。

专著《刘松龄：清代宫廷里的克拉斯卡人》英文译本介绍

□雅奈兹·斯格莱伯（Janez Škrlep）

2003 年，为了纪念我们民族的一位伟大人物——刘松龄神父诞辰 300 周年，在明格斯市的一个小镇举行了一场专题研讨会。同时，明格斯博物馆还在刘松龄的出生地举行了纪念挂牌仪式，中国驻斯洛文尼亚大使、耶稣会的重要神职人员、斯洛文尼亚大教堂以及斯洛文尼亚科学艺术学院的有关人员参与了这次活动。

这次研讨会同时出版了著作《刘松龄：清代宫廷里的克拉斯卡人》。

斯洛文尼亚邮局发行了一套关于刘松龄的纪念邮票，进一步强调了纪念刘松龄的意义。"刘松龄项目"则以兹马戈·斯密特克先生对刘松龄的研究成果为基础，于 1995 年开始落实（斯密特克先生的成果已经被收录在《刘松龄：清代宫廷里的克拉斯卡人》一书中）。1996 年，明格斯第一次举办了关于传教士和科学家刘松龄及其工作的展览。明格斯博物馆还组织学术会议，邀请欧洲许多著名科研机构参会，探讨刘松龄的成就所产生的影响。该会议引发了米加先生着手研究该主题的兴趣，而卢布尔雅那大学艺术学院汉学系对刘松龄的研究使米加先生对刘松龄的科学贡献产生了更大的兴趣。

在此还要感谢一位特别的友人，其热心的支持为项目做出了很大贡献，他就是当时中国驻斯洛文尼亚大使徐坚。大使馆自始至终支持我们的工作，并且积极帮助我们同中国的科研机构领导人员取得联系，因此我们才得以获取大量刘松龄档案。通过这些联系，我们已成功获得了刘松龄与乾隆皇帝的部分通信信件，这部分信件暂时保存在卢布尔雅那国家档案局。通过博物馆所做的努力，我们很成功地弘扬了一位传教士的高尚人格：在当时的社会背景下，刘松龄通过自己的声誉和力量，编织了一条连接中国和欧洲的重要纽带。

我们期待现有的英文译本能对刘松龄在中国和欧洲遗留下来的宗教和科学遗产做一个概括和小结，这不仅是对历史文化的挖掘，也大大加强了我们各国之间的联系。

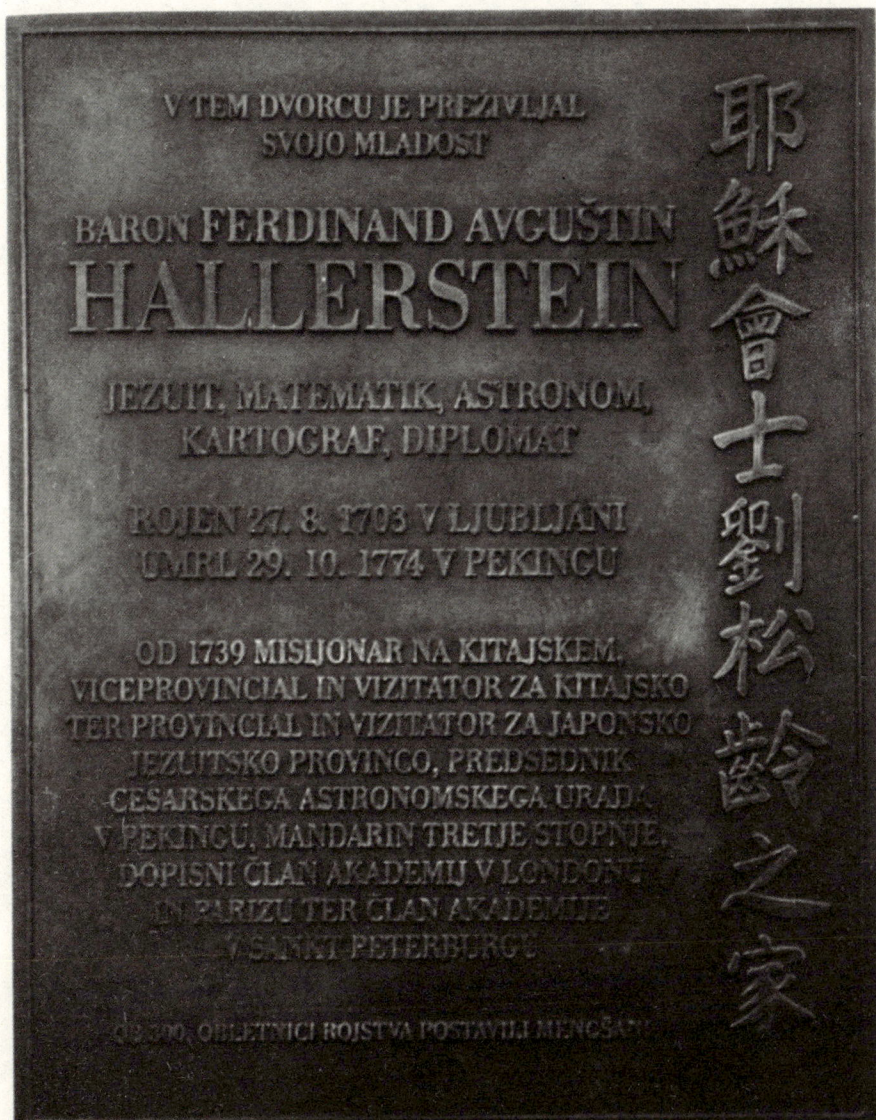

斯洛文尼亚拉夫巴城堡中的"耶稣会士刘松龄之家"纪念牌，由 Jana Škrlep 与 Peter Škrlep 设计，Viljem Marjan Hribar、Stane Ocepek 与 Roman Kamsek 制作（本图经斯洛文尼亚明格斯博物馆许可使用）。

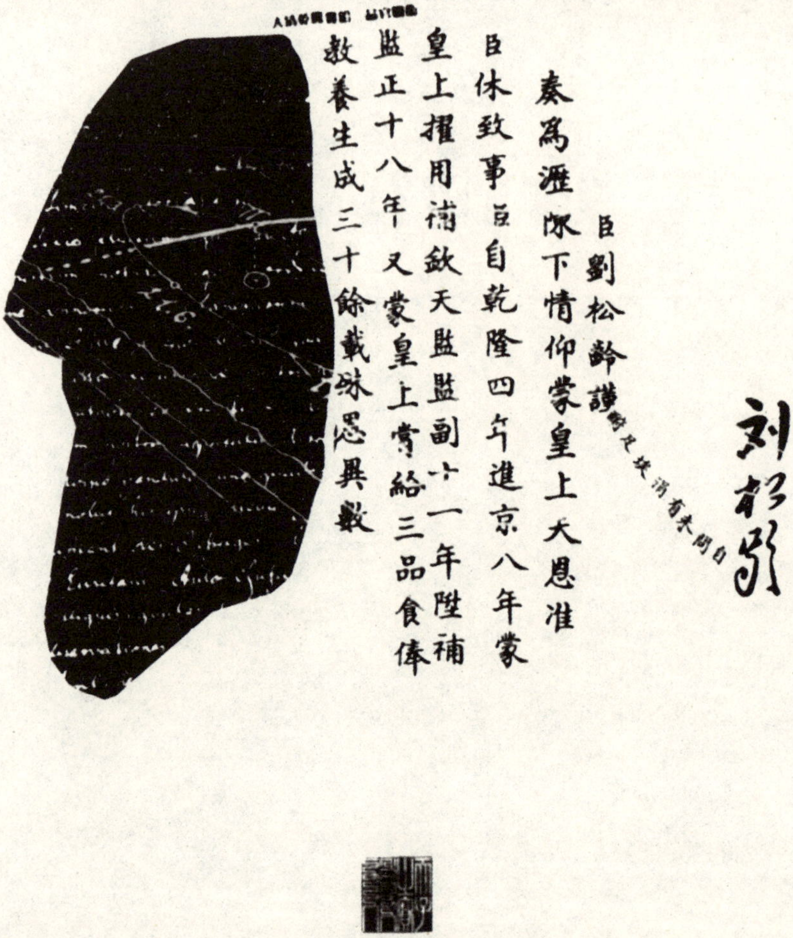
刘松龄
臣劉松齡謹
奏為瀝陳下情仰蒙皇上天恩准
臣休致事臣自乾隆四年進京八年蒙
皇上擢用補欽天監監副十一年陞補
監正十八年又蒙皇上賞給三品食俸
教養生成三十餘載沐恩異數

王慧琴:刘松龄系列图片展。2007 年。

刘松龄及其在京工作的再研究

□米加(Mitja Saje)

　　虽然耶稣会传教士刘松龄自 1746 年直到 1774 年去世,一直留在清廷钦天监里做监正,扮演着举足轻重的角色,但时至今日,依旧很少有人了解他在中西文化交流中的历史作用及其在中西科学发展中的贡献。按他取得的科学成就而言,他几乎可以与汤若望(Johann Adam Schall von Bell, 1591—1666)、南怀仁①(Ferdinand Verbiest, 1623—1688)、戴进贤(Ignatius Kögler, 1680—1746)等著名的清代传教士相媲美,但是由于某些历史原因,我们对其知之甚少,也很难在西方著名的汉学著作里或中国权威的历史书中找到他的名字。鉴于以上原因,对于刘松龄,包括他在汉学领域的贡献及其在中国的生活工作等的重新研究势在必行。

　　刘松龄被人遗忘的原因之一是他的国籍所属问题。他出生在克拉斯卡,当时属于奥地利管辖范围,但居住者多为斯洛文尼亚人,克拉斯卡在一战后变成了塞尔维亚—克罗地亚—斯洛文尼亚王国的领地,后来成为南斯拉夫联盟共和国,现在则是斯洛文尼亚共和国的一部分。显然,奥地利帝国瓦解以后,奥地利学界已经没有动力去研究刘松龄在华传教工作了。除了耶稣会团体和记录他科学成就的科学史学家对其有所了解之外,刘松龄在欧洲的汉学圈子中几乎销声匿迹。虽然他的一些信件发表在德国耶稣会杂志《新世界报告》(*Der Neue Welt-Bott*)中,可是由于不为大众所知,也没有引起什么反响。总的来说,由于关于刘松龄的文献档案、科学报告以及信件分散在欧洲各国档案馆(奥地利、意大利、梵蒂冈、葡萄牙、俄罗斯、法国、英国、比利时和斯洛文尼亚等),因此,在欧洲没有其他公开材料,也没有适合的媒介介绍他的在华生活和工作。

　　即使是在斯洛文尼亚,刘松龄在很长一段时间里也不为人知。虽然他是 18 世纪一位十分杰出的科学家,而且肩负着在中国传教的重要使命,但在

---

① 本书中出现两个中文"南怀仁"的名字,一位是清初著名天文学家南怀仁 Ferdinand Verbiest,用"南怀仁(F.V.)"表示;另一位是刘松龄的旅友南怀仁 Gottfried Laimbeckhoven,用"南怀仁(G.L.)"表示。——译者注

卢布尔雅那大学非欧民族学和文化人类学教授兹马戈·斯密特克先生的系统研究之前,只有档案馆的一些工作人员记得他的名字。兹马戈·斯密特克教授当时研究历史上远渡重洋的斯洛文尼亚著名人物,1986年出版第一本著作,其中有一章专门介绍刘松龄①;1995年出版第二本,其中包含了基于大量欧洲各档案馆资料的刘松龄传记②。斯密特克不仅对刘松龄在华的地位、工作范围等做了基础研究,也对他信件中涉及其经历和地位的部分做了一些初步评论③。与此同时,斯洛文尼亚共和国档案馆与中国国家档案局第一次建立了联系,两个机构对刘松龄旅居中国的档案文献合作研究拉开序幕。第一位斯洛文尼亚汉学家在北京外国传教士的墓地中发现了"Haller-stein"的墓碑④,从此确认了他的中国名字"刘松龄",也对寻找他在北京生活的档案材料产生了浓厚的兴趣。

刘松龄在中国完全被人遗忘还有其他原因。最主要的是,晚清中国人对耶稣会士、外国传教士以及一般外国人的态度发生了深刻变化。中国陶醉于其光辉的历史,表面上看来仍是一个天朝大国,但西方各国却在工业革命的推动下发生了深刻的社会变革并飞速发展,而中国在清朝统治的压制下,表面先进的传统文化在与世界各国竞争时已经逐渐失去了优势。这种影响在中国间接地体现出来,几种新社会形态的复杂进程强烈影响了中国人对外国人的传统思维和看法。

第一,在18世纪,中国人对待基督教和传教士的态度已经发生了巨大转变,完全不同于康熙时期的宽容态度。乾隆时期,由于罗马教皇禁止传教士沿用之前很成功的"适应"策略在中国传教,加之传教活动受到清政府的打压,耶稣会士在华传教活动处于十分不利的地位。受"天子"权威思想的影响,清朝君主认为他们自己统领整个世界的政治、文化、宗教,而无法接受其统治范围以外的宗教权威(如罗马教皇),因此罗马教廷与清廷的矛盾升级并不奇怪。因为中国皇帝认为罗马教皇颁布的禁令干涉了他们的权威,所以清廷对基督教及其传教活动采取了更为严厉的政策,传教活动被严格限制或禁止,传教士也遭到严重迫害。传教士们意识到这些困难,也深知中国

---

① Zmago,Šmitek(1986),*Klic daljnih svetov*.Radovljica,Didakta.
② Zmago,Šmitek(1995),*Srečevanja z drugačnostjo:slovenska izkustva eksotike*.Radovljica,Didakta.
③ 因为这项工作的重要性,它被收录到了《中国清廷最后一位伟大的天文学家:刘松龄》(*The Last Great Astronomer at the Chinese Court:Augustin Hallerstein*)英文版本中。
④ 之前那片地方是禁止进入的,因为它是北京党校的禁止进入区域。

皇帝之所以器重他们主要是因为他们掌握了更先进的科学方法。所以为了讨得他们最强大的庇佑者乾隆皇帝的欢心，传教士们专注于科学研究，以求得以获准继续传教。刘松龄评价罗马教皇颁布的禁令时态度是十分冷漠的，1743 年 10 月 6 日，他在给弟弟的信中写道：

> 你还询问我教皇本尼狄克十四世(Benedict XIV)颁布的适应中国礼仪的禁令所产生的影响，我的答案是事情确实是按照他所期望的结果发生的。我们接受并保证遵守训谕。但事实上问题不在这里，因为中国的传教仅限于穷人，而他们吃不饱穿不暖，更别提为祖先摆放祭品、修建祠堂了。①

以上可以看出，早期的传教士们采用的"适应"策略能够让他们在贵族与高官中传教，而后来政策却有了很大改变，传教活动也因此受到很大影响，以至于一些在京城的耶稣会士都成为了受迫害对象。刘松龄在 1749 年 11 月 28 日给他弟弟的信中写道：

> 在北京，我们同样遭到了他们的反对，葡萄牙的傅作霖神父和我都因散发有关基督教信仰、祷词、经文的小册子而受到审判。然而，此案上奏时，皇帝站在了我们一边。可是，在北京的传教士无法在社会事务上帮助各省的传教士了，有一些人别有用心地阻断了我们与皇帝的联系，本来我们和皇帝见面就十分困难，如此一来，所有的计划和尝试都失败了。在北京，能写这封信已经算是对我们格外开恩了。②

第二，17 世纪的中国对于自然科学和数学采取了一种全新的态度，而到了 18 世纪，中国的科学水平和西方的差距似乎越来越小了。正因为如此，后来的中国历史学家普遍认为：18 世纪的传教士们没有为中国带来任何新科学，因此他们在中国的地位远不如早期传教士重要。清朝钦天监中中外官员的竞争更激化了：在钦天监中，中外两派官员竞争十分激烈，中国官员妒忌外国人占据高位，经常为了提高自己的地位做出一些诋毁耶稣会士的行为。

---

① Pray G.1781,Letter No.1,page I-XVI.
② Pray G.1781,Letter No.2,page XVII-XXIX.

刘松龄的信中就提到了他的中国同事败坏欧洲传教士名声的几件事。例如第五封信,刘松龄 1740 年 11 月 6 日写给他弟弟韦查德(Weichard,1706—1780)的信中,记述了中国官员捏造谣言指控陷害欧洲传教士的事情,还描述了传教士们被证明无辜后中国皇帝的态度:

中国钦天监的官员——所谓的天文学家们看到我们在皇宫算学机构身居高位如鲠在喉。他们写了诽谤我们的奏折上奏给皇帝①,皇帝看到奏折,即使不会给我们免职,也会对我们有成见。奏折的内容是:欧洲人正试图尽其所能地破坏和根除中国自古发达的天文学。为了证明这一点,中国官员提到:南怀仁(F.V.)废弃了中国沿用好多年的观测仪器,把它们扔进天象台的角落,而根据欧洲传统制造新仪器取而代之;还有纪里安(Kilian Stumpf,1655—1720)神父,他在天象台上公开烧熔一些中国传统的观测仪器,并将熔水倒入另外的模范中,如此嘲讽国人的举动无疑宣布了欧洲科学的成功;还有研究数学的戴进贤和徐懋德(André Perira),他们整天所做的就是运用新技巧来破坏中国古代科学发达的声誉,应该及时加以制止。

这份奏折,被印制出来散布到了整个国家,也立即传到了之前提到的钦天监传教士手中,他们毫不犹豫地谴责了这种说法。他们上奏乾隆皇帝:南怀仁(F.V.)所做的一切事情都是按照康熙皇帝的旨意,他因遵从皇帝的旨意而受到指责,而如果抗旨不遵,在别人眼里又是一条罪状了。他们接着写道:虽然纪里安确实制造了新的象限仪,但也是在皇帝的命令下做的,而且,制造象限仪的金属材料不是熔化的旧仪器,而是皇帝命令其他官员带给他的,可以在账目清单上找到记录。而戴进贤和徐懋德更是没有丝毫破坏中国古代文明的行为,更不用说发明一些新东西了,没有任何人能够证明他们曾经企图或者已经表现出了对中国古代占星术的轻视、抛弃甚至破坏。结果,这些控告都没有充足的事实依据,只是那些诽谤者的恶意造谣。

皇帝仁慈地接受了这封辩护信。然而,除了人们很快遗忘了这次诬告以外,信件没有起到任何作用。究竟这些卑劣的诽谤者们是否受

---

① 按刘松龄的生卒年月 1703—1774 年、在中国的时间以及清代皇帝的在位时间推断,此处以及下文所提到的皇帝若没有专指都是指代乾隆皇帝。——译者注

到了惩罚以及受到怎样的惩罚我们不得而知。但是,如果他们真的向乾隆皇帝上奏如此一封满是谎言的奏折,他们一定会为他们的鲁莽付出代价,即使不被砍头至少也要受到非常严厉的惩罚。①

在台北"故宫博物院"笔者找到了四份乾隆二十八年(1763)的文献,都与这件事情有关。这些文献中涉及财政的部分不仅证明了指责钦天监乱用款项的言辞纯属诬陷,也记录了刘松龄合理使用经费的证据,证明所有指控都是无中生有的。

这种带偏见的指控对刘松龄尤为不公。由于清朝政局动荡,皇帝任命传教士为钦天监监正的唯一依据就是其杰出的科学工作。刘松龄因为特别突出的工作成就,得以作为一名优秀的科学家和数学家身居高位。从费赖之(Louis Pfister)对早期来华传教士生活和生平事迹的描写中,我们可以得知刘松龄是怎样被直接委以重任的。② 费赖之写道:"1738 年 9 月 4 日刘松龄刚到达澳门,他是个杰出数学家的消息就飞快地传到了京城,所以第二年他就接到通知进京。刘松龄深受乾隆皇帝喜爱,被任命去协助戴进贤工作。戴进贤去世后,经由徐懋德推荐,刘松龄接替戴担任钦天监监正。徐懋德十分喜欢刘松龄,他上书乾隆皇帝,认为刘是钦天监监正的最佳人选,因此还得罪了想把钦天监监正位置留给穆斯林的几位官员。"费赖之继续写道,刘松龄做监正近 30 年,对观测数据的精益求精几乎变成了他性格的一部分。费赖之引用当时法国著名天文学家宋君荣(Antoine Gaubil, 1689—1759)的信件,对刘松龄的工作热情表示赞赏。同时,费赖之也提到了刘松龄遭受的痛苦,因为有一些中国官员为了获得晋升就打刘松龄的主意,试图将他取得的成就据为己有……所以,不管是在宫廷中,还是在钦天监做监正,不是任何事情都一帆风顺。

虽然刘松龄在钦天监的处境并不容易,但是他一直保持着高效的工作习惯,并且完成了许多重要任务。除了计算历法和日食等日常工作外,他还协助设计建造了新的浑天仪(armillary sphere),并且利用它进行了精确的天文测量。乾隆于 1744 年下旨建造新的浑天仪,由戴进贤监督完成,可是当时戴进贤的身体已经每况愈下,两年后就辞世了,所以大部分工作都是由刘松

---

① *Der Neue Welt-Bott*, book Ⅳ, Part XXX., Wien 1755, Letter No.588, pp.93-97.

② Louis Pfister, *Notices Biographiques et Bibliographiques sur les Jesuits de' l ancienne mission de Chine* 1552-1773.

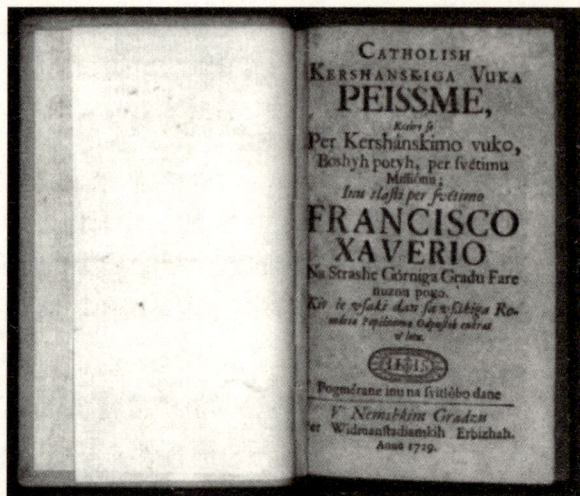

在北京耶稣会图书馆保存的刘松龄的遗物(现在保存在北京首都图书馆)。Stržinar 的斯洛文尼亚歌集特辑,格拉茨 1729 年出版,被刘松龄带往中国。

龄完成的。浑天仪于 1754 年建造成功,至今仍是北京古观象台上最了不起的天文仪器。与它一同诞生的还有《钦定仪象考成》(*Astronomical Instruments and Complete Studies by Imperial Order*)[1],该书于 1757 年出版,书中包含了仪器的设计、星图及 3083 颗星的分类和记录,后被翻译成法语[2]。刘松龄的观测结果汇总成《天文观测》(*Observationes Astronomicae*)一书,在俄国外交官伊

---

[1] Mag.Jani Osojnik, Avguštin Hallerstein in Knjiga Astronomski opazovalnik in popolne študije po nalogu cesarja(《刘松龄和钦定仪象考成》) in Mandarin; Hallerstein, *Kranjec na kitajskem dvoru* (editor Viljem Marjan Hribar), Muzej Mengeš, 1st ed., Radovljica: Didakta, 2003.

[2] Observatoire Zikawei, *Annales de' l observatoire astronomique*, Tome Ⅶ, anne 1911, Chang-hai (Shanghai), 1914(translated by S.Chevalier).

凡·克罗波托夫(Ivan Kropotov)的帮助下于 1768 年在维也纳印刷出版。现在,他的大量观测结果被完好地保存在俄罗斯圣彼得堡科学院(St.Petersburg Academy of Science)的 *Comentarii* 刊物中。

除了日常工作,刘松龄还取得了不少与其工作没有直接联系的科学成就。1748 年,他发现了一颗新的彗星(C 1748 H1),并且报告给了英国皇家学会;他还为皇家学会提供了一些草药样本,对麝香鹿做了详细描述;之后,他通过木星卫星的轨道,在北京和圣彼得堡时间差的基础上,测量了北京的地理长度①;在当时的科学圈子中,他因电荷感应实验而非常有名;同时,他也是精确统计中国人口第一人,在 1760 年和 1761 年,他统计了当时中国 19 个省的人数,分别是 196,837,977 和 198,214,533 人;地学方面,他绘制了一幅满洲木兰地区的地图,并参与了《中国地图集》的编纂准备工作(此地图集于 1761 年由耶稣会出版)。在进行科学工作过程中,他一直同伦敦、巴黎和圣彼得堡的科学院保持了紧密的联系,并在欧洲不同国家和中国出版自己的著作。事实上,刘松龄的科学工作以及各种科学成果,比之前大部分(如果不是全部)监正都要优秀,但是因为历史环境的不同,他的科学成果只在欧洲受到赞赏,而在中国几乎被彻底遗忘。甚至刘松龄自己也感觉到,皇帝只是因为天文历算的精确性十分必要,所以才重视他们的工作。另一方面,刘松龄对中国官员的态度表示非常失望,他们对他的电磁感应实验毫无兴趣。②

第三,人们之所以会遗忘刘松龄及其成果,其最重要的原因是鸦片战争的影响及 19 世纪帝国列强对中国人产生的巨大影响,中国人的历史观以及他们对传教士的认识都发生了改变。中国在晚清时期经历了因列强的强取豪夺而丧权辱国的伤痛,这就给中国人造成了一种仇视外国人、把中国所有的不幸都归咎于外国人的倾向。在意识形态的需求下,中国逐渐形成了一种肤浅和片面的历史观,并得到了政治体制的大力支持。在这种压力下,中国的历史学家不再区分外国人是否在中国做出贡献,甚至也不在意外国人的来华目的和国籍。该观点所涵盖的时间范围逐渐扩展至 18 世纪下半叶——刘松龄所在的时代,一个历史学家不能如实记录外国人在华活动的时代。在这种思潮的影响下,中国历史界对从晚清开始的外国传教士的在

---

① 参见:Zmago Šmitek, *The Last Great Astronomer at the Chinese Court: Augustin Hallerstein*.

② 参见:Stanislav Južnič, *Vacuum and Electricity for the Chinese Emperor*.

2009 年 9 月 26 日至 27 日，由北京语言大学汉学研究所、斯洛文尼亚马里博尔（Maribor）媒体研究所（ACE KIBLA）组织的"早期欧洲来华传教士与汉学研究"国际学术研讨会在北京语言大学召开。此次对话平台由黄卓越教授与卢布尔雅那大学艺术学院亚非系米加教授共同搭建。来自斯洛文尼亚、奥地利、美国、波兰、克罗地亚、中国澳门地区及一些中国大陆重要研究机构的学者出席了此次会议。

华活动一直带有偏见，对传教士的评价既片面又不准确。尽管中国有几位了解历史事实的学者，但介于当时的政治氛围，他们不敢讨论不合时宜的话题，因为一旦触及敏感话题，就会遭到严重的迫害。

举一个不幸的历史学家的例子：阎宗临（1904—1978），他因为研究基督教传教士而非常不受欢迎。而实际上，他可以算是第一个发现并研究刘松龄的中国学者，但是因为当时残酷的政治环境，他并没有受到关注。1925年，他赴法留学，1936 年在瑞士获得博士学位，并且因懂拉丁语，他成为去罗马研究基督教传教士档案的第一位中国学者。他对世界中世纪历史、欧洲文化史以及中西早期交流史非常感兴趣，因此在他的文章中就提到了刘松龄及其他的耶稣会传教士。1937 年日本发动侵华战争以后，他作为一位爱国志士回到中国，可是却遭受了不公平待遇。虽然 1950 年以后他在山西大学获得了一个职位，但由于政治原因他再也不能研究自己的学术课题了。在"文化大革命"中，他遭到了严重的迫害甚至毒打，尽管后来平反，但直至他去世，也不敢再写出什么东西，还告诫子女，不要从文。阎宗临因为受到迫害而过早停止研究，是中国和中国历史编纂学界的一大遗憾。近来，在他去世很久以后,他的儿子①收集了他对在京传教士的研究成果,②于 2003 年出版,其中就包括了研究刘松龄的文章。

晚清政局的动荡以及中国历史学界面临的思想压力导致了晚期耶稣会传教士研究的缺失,因此需要对这段时间在华传教士活动进行更加全面深入的研究,并且依据文献和史实重新定位他们的历史角色。重新发现刘松龄历史地位的重要性是诸多相关研究中的一个重要课题。鞠德源教授最先开始进行该项工作,于 1985 年出版了他的第一篇论文③,现在他的工作得到了北京第一历史档案馆与其他专家学者的支持。所以我们希望,中国的历史书籍将来能更加客观地评价刘松龄的工作以及他对中西文化交流所做的贡献。

2003 年,明格斯博物馆在刘松龄出生所在地明格斯举办庆祝刘松龄诞辰 300 周年纪念会,这为重新发现刘松龄历史地位的工作迎来发展契机。博物馆在卢布尔雅那组织了一次专题讨论会,会上不少学者和斯洛文尼亚的汉学家们挖掘出了刘松龄的不少新材料和新成果。同时,一本包含刘松龄信件的论文集④和一本有关他天文学成就的书籍⑤也正式出版。这些工作使刘松龄成为斯洛文尼亚学术文化圈中的一个焦点。为了纪念其突出的天文科学成就,斯洛文尼亚科学家以刘松龄的名字来命名他们发现的小行星。

研究刘松龄在北京的生活成为斯洛文尼亚汉学家的一个新挑战,因为截至目前,几乎没有相关的中文文献被挖掘出来。另一个目的是重新认识刘松龄的价值,让他能与清朝其他杰出的传教士一样,获得应有的历史地位。达到目标的第一步是 2006 年 8 月在卢布尔雅那举办的第十六届欧洲汉学研究会(EACS),会上关于传教士研究的讨论小组中,有关刘松龄的研究占大部分,许多欧洲和中国的汉学家们参加了此讨论组,大家普遍认为刘松龄对世界汉学界和史学界都十分重要,特别是对斯洛文尼亚、奥地利、葡萄牙三个同刘松龄关系密切的国家而言。另外,有关他的信件和历史档案从

---

① 阎宗临一生共有六名子女,均获博士学位,而他唯一一位学历史学的儿子收集了他的研究成果,于 2003 年出版。——译者注

② 阎宗临:《传教士与法国早期汉学》,大象出版社,河南郑州,2003。

③ 鞠德源:《清钦天监监正刘松龄》,《故宫博物院院刊》,北京,1985。另参见鞠德源:《清钦天监监正刘松龄——纪念斯洛文尼亚天文学家刘松龄入华二百七十周年》。

④ *Mandarin*, *Hallerstein*, *Kranjec na kitajskem dvoru* (editor Viljem Marjan Hribar), Muzej Mengeš, 1st ed., Radovljica: Didakta, 2003.

⑤ Stanislav Južnič, *Kitajski astronom iz Mengša*, Ljubljana: Tehniška založba Slovenije, 2003.

另一个角度反映了清代中国的历史,这方面的重要性有待于中国历史学家进一步发掘。

刘松龄工作中极为重要的两个部分是他所取得的文化和外交成果,这在过去几乎完全被忽略了。也许他圆满完成的外交任务当属 1753 年葡萄牙使团访华期间,刘松龄作为中国顾问和外交官员接待葡萄牙皇家大使巴哲哥(Francisco de Assis Pacheco de Sampayo)。1752 年,乾隆皇帝命令刘松龄护送葡萄牙使团往返于广州、北京两地,刘松龄两次南下广州,花费了一年多时间。在故宫博物院(Library of the Imperial Palace)发现了关于刘松龄护送使臣从广州至北京再返回澳门的重要资料。虽然朝廷许多官员对皇帝命刘松龄陪同葡萄牙使团十分不满,但这次外交十分成功,最后皇帝对此十分满意。刘松龄的外交计划之所以能圆满完成与皇帝的支持是分不开的。1753 年 10 月 21 日刘松龄在给他弟弟的信中写道:

> 你已经从别处听说了葡萄牙皇室派代表团来到中国的事情。由于天公作美,使团于去年(1752)8 月到达澳门,10 月 2 日我收到了使者的信件,在信中,使者解释了此行目的,并邀请我亲自去澳门迎接他们,带他们一起进京。我在给你的信中还随附一封葡萄牙王后屈尊邀请我的信件,与其他同事收到的信件相比,我觉得这应该是伟大的国王本人的意思。
>
> 皇帝现在去了鞑靼,按他的习惯,他必然会去狩猎。我已经将使臣来访这件事用口头和书面两种形式汇报给了负责外交事务的官员。我告诉官员:使者希望让我单独去澳门和他会面并带他们来京。官员也认为,我以私人的身份去见使臣十分合适。他给皇帝上奏折,附带我的信件,汇报了这件事。而皇帝原本就十分重视这次来访,我的建议又彰显了中国的热情,所以他十分高兴。甚至没有等到广东地方官员的上书(这让他们对我非常不满意),也没有参考相关机构的意见,就命我即刻去澳门,带领使臣和所有随行人员来京。所以,1752 年 10 月 25 日我在一个鞑靼官员的陪同下离京。我们乘官用的车马和船只,水陆兼程,经过 50 天仓促的行程,于 12 月 13 日安全抵达澳门。这也是我去年为什么应该给你写信但一直耽搁的原因。除了给葡萄牙王后的回信,我就没有时间再给别人写信了。12 月 20 日,使团一切准备妥当,我们从

澳门起航进京,进行这次双方都很期待的会面。①

当时许多欧洲国家都试图与中国皇室建立联系,但都失败了,在这样的情况下,葡萄牙使团却取得了罕见的成功。刘松龄参与了这次会面的各项事宜,担任主要翻译官,还翻译了乾隆皇帝给葡萄牙国王的信件。可以说,这次成功主要归功于他充分的准备以及熟练的外交技巧。最直接的结果是,这件事大大提高了葡萄牙传教士在北京的地位,改善了其工作条件。双方对这次使臣访华都十分满意,访问结束后,皇帝晋升刘松龄为三品大员。刘松龄在 1753 年 10 月 21 日给他的弟弟韦查德的信中描写了这次会面:

> 经过了 134 天的行程,我们在 5 月 1 日到达了庄严的北京城。为了欢迎使团的到来,北京举行了我前所未见的盛大欢迎仪式。按照习惯,我们在北京逗留了 39 天。6 月 8 日,我陪同使团离开北京,10 月 6 日返回澳门。因为陆路颠簸、花费巨大,并且更易感染疾病,因此我们放弃陆路而选择路程远但较舒适的水路,路上共花费了 121 天时间。②

刘松龄对中西文化和外交所做的贡献,促进了中西之间更好的理解和沟通,而他的信件与他同欧洲著名科学院的联系占了重要地位。同时,在中国期间,他也一直同欧洲耶稣会士保持密切联系。在这种联系中,尤为有趣的就是他同弟弟韦查德和妹妹安(Ann)的通信。在这些信中,他提到了自己在中国的生活、在清政府的地位、他和乾隆皇帝的关系、基督教堂在中国的地位以及传教活动的困难。刘松龄的外交任务不仅仅局限在维护皇帝和葡萄牙使团的良好关系上,他还要积极缓和时而紧张的中法关系以及建立同俄罗斯的联系。在北京,他经常有机会接触一些居住在中国或到中国办事的俄罗斯人,因此也十分关注中国人和俄国人之间的冲突,当冲突发生时他甚至会出面解决。由于刘松龄和俄罗斯保持了良好的关系,他经常在信中提到自己在中俄之间的地位。另外,他经常关注居住在北京的俄罗斯人,并描述了他们与中国统治者的关系。如,1743 年 10 月 6 日刘松龄给他的弟弟的信中提到了在北京居住的俄罗斯人,以及一位来中国宣扬新沙皇荣耀的

---

① Pray,G.1781,Letter No.3,page XXIX–XXXII.

② Pray,G.1781,Letter No.3,page XXIX–XXXII.

俄罗斯使者。他写道：

　　我记得，之前我给你的信中提到一个去年抵达这里、待了 6 个月后返回的俄罗斯商队。在乾隆皇帝的许可下，俄罗斯和中国达成协议，每 3 年他们可以到中国进行一次交易，交易品多是不同动物的毛皮。中国人竟然认为欧洲人的着装十分滑稽，而那些俄罗斯人的穿戴跟德国人差不多。统治者赐予他们一间房屋，每次他们来做生意都住在那里。3 位牧师和神职人员长期驻扎，其中也有一些学习汉语和鞑靼语的年轻人，他们日后也许会成为俄罗斯皇宫或中俄边界的翻译人员。他们迫切希望能从俄罗斯再来 3 名不超过 20 岁、懂拉丁语的年轻人。而那几个即将启程回去的人已经在这里待了 10 年或者 12 年，精通两国语言。今年还有一名俄罗斯信使花了 3 个月的时间从圣彼得堡来到这里，宣布新沙皇登基的消息。他返回时，我们的统治者想委托他给新沙皇带些礼物。包括 20 匹波状纹饰的绸缎、20 件小瓷罐与 20 件大瓷罐，使者没有接受，拒绝的理由是：自己没有带什么礼物来，没有沙皇的命令，不敢私自收礼。虽然皇帝命令他带走礼物，他依旧拒绝带任何东西。因此这件事情引起了双方的矛盾。我们也不敢去拜访该使者，因为怕他的坚决或顽固会拖累我们，要知道，清朝对这种不信任的行为已经十分不满了。

　　还有一件事需要在这儿提一下，中国有一个专门负责外国事务的机构，称作理藩院，主要负责管理外国来访人员，处理对外事务等。除了那些直接对皇帝负责的欧洲人，所有的在华外国人都归理藩院管理。这些外国人一般是指早期从北方来的外国人，有蒙古人、喀尔喀人（Khalthas）、厄鲁特人（Eleuts）、西番人（Xifans）、俄罗斯人以及鞑靼的其他部落的人。最初，俄罗斯统治者给我们的统治者写信，而我们的统治者没有写私人信件的习惯，所以到后来，圣彼得堡的长官给理藩院写信，理藩院给他们回复。①

除了对中西文化联系做出贡献以外，刘松龄对中国和朝鲜的科学文化交流也起了重要作用。他在给弟弟韦查德的信中，提到朝鲜使者每年来北

---

① 　Pray G.1781, Letter No.1, page I-XVI.

京一次,每次都去耶稣会传教士住所拜访的事情。朝鲜使者经常提出一些十分有深度的天文问题,因为他们不会说中文,因此经常用书面的方式进行交流,经仆人翻译后,传教士再作答。刘松龄还提到,朝鲜人都十分强壮,他们有强大的军队,并且按中国古代的习俗着装。①

有趣的是,朝鲜大使的报告中记载着一位朝鲜人拜访刘松龄的谈话内容。② 该报告用繁体中文写成,对南堂和刘松龄本人都有描述,这也是现有文献中出现的唯一一次描述刘松龄外貌的记录。报告原文如下:"刘年六十二,鲍年六十四,虽须发已衰白,而韶颜如童,深目睛光如射,宛是壁画中人也。皆剃头,衣帽为胡制。"农历正月初七③,朝鲜使者来到南堂,刘松龄接待了他。使者接着写道,为了表示对刘松龄的尊敬,他不敢大声说话。他描述了南堂的建筑,记述刘松龄带他去楼上欣赏风琴,还记录了他们关于音乐的讨论,其中有对风琴的详细描述。接着,刘松龄带他下楼来到主厅,向他展示了耶和华的雕像和圣坛,并带领他在教堂四周走动,讨论钟表和壁画。农历正月十三,朝鲜使者再次前来拜访,但被告知刘松龄去当值,他可以正月十九再次拜访。所以,正月十九,朝鲜使者再次登门,却被告知刘松龄昨晚整晚在观象台,早上已经睡下了。下人让他等候,并问他拜访原因,他回答说是为了讨论有关天文的问题,并呈上一些礼物,下人让他以书面的形式留下问题。

当被问到对历法的重新计算,刘松龄回答说,中国古代的历法有许多错误,传教士已经做了修正,并正在为皇帝准备一份新的报告,但还没有完成。使者要求看一下这份报告,刘松龄拿出一份西文手稿,图文并茂,字体非常优雅,如打印出来的一样。使者还问了关于自鸣钟和浑天仪的问题,不幸的是,自鸣钟被放置在皇帝宫殿、浑天仪被放置在北京观象台,所以无法参观。随后,使者提到了方位罗盘,并请教刘松龄,方位罗盘是不是分成 32 个区域,刘松龄回答说,方位罗盘有不同的种类,有分成 8 个区域、24 个区域以及 32 个区域等的罗盘,32 个区域的罗盘是用来航海的。他们还提到了其他的仪器,刘松龄为使者展示了一个大约一米长带两个透镜的青铜望远镜,使者非常喜爱,并用它观测了太阳,并提问为何有 3 个太阳黑子看不到。刘松龄解

---

① Pray G.1781,Letter No.4,page XXXIII–XXXVII.

② 《韩国学论文集》,第八辑,北京大学,北京,1998。另见:洪大荣:《刘鲍问答》,收录于《东西交流史论稿》,上海古籍出版社,上海,1998。

③ 按照中国农历是在 1765 年。

释说,有些时候太阳黑子的数量可能达到 8 个,但是数量不稳定。使者还意欲参观另外的仪器,刘松龄告诉使者说,那些大型仪器都在观象台。他接着展示给使者一个较小的仪器与一张星图。最后,使者接受了刘松龄的小礼物,接着便离开了南堂。

欧盟关于中西文化交流的项目为更深入地了解刘松龄旅居中国时所扮演的文化角色以及他为中西早期文化交流做出的历史贡献迈出了新的一步。这个项目从 2007 年持续到 2009 年,主要目的在于提升刘松龄在一些欧洲国家的形象,同时也刺激相关学术课题的研究。研究结果已经出现在葡萄牙、奥地利、斯洛文尼亚和中国的各种研讨会和学术会议上。其中最有价值的是 2009 年 9 月 26 日至 27 日在北京语言大学召开的"早期欧洲来华传教士与汉学研究"国际学术研讨会,对刘松龄给予了特别的关注。这是第一次在中国举行关于刘松龄的国际性研讨会,它的重要之处在于集中了各个研究所的一大批中国学者,让他们开始对这位被遗忘的传教士感兴趣,标志着重新发现刘松龄在中国历史地位的开始。

米加教授在"早期欧洲来华传教士与汉学研究"国际学术研讨会
(2009 年 9 月 26 日至 27 日,北京语言大学)上演讲。

该欧盟项目的最后一项工作是汇编出版关于刘松龄工作、生活的资料。这是第一个完整的英文版本,涵盖了广泛内容,包括他的部分科技成就、基于已知文献在中国的研究现状以及到目前为止发现的大部分信件的全面翻译等(除了一些纯科学的信件还未翻译)。这将第一次为世界公众更加深入了解这位晚清重要的传教士提供了可能性。除了刘松龄信件的英文翻译,书中还附有斯密特克教授研究刘松龄生平的成果,以及尤日尼克教授研究

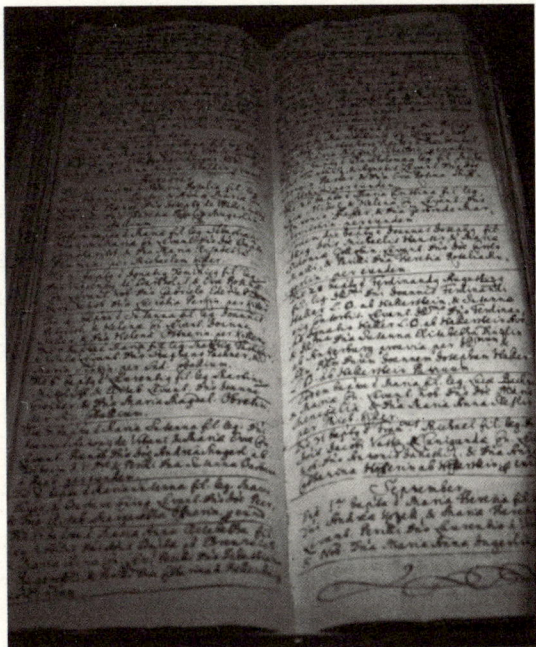

取自卢布尔雅那档案馆的出生证明,2008 年 4 月在斯洛
文尼亚卢布尔雅那的斯洛文尼亚民族博物馆进行展出(本图
由 ACE KIBLA 图片档案馆提供)。

刘松龄在电学、电磁感应实验和真空方面科学成就的成果,这些也有英文译本。因为刘松龄的科学工作不是这本书的主要内容,所以关于电学和真空的那篇论文只代表了刘松龄科学成果的一部分。然而,这个领域却代表了当时科学研究最先进的部分,证明了刘松龄以及当时在北京的其他耶稣会传教士们除了进行天文工作以外,也在参与一些最前沿的科学研究。最后,鞠德源教授的论文展现了他如何从文献中揭示刘松龄在北京身居高位的身份,并对其在华的生活和工作进行研究。

按照影响力来说,整个清朝只有四位欧洲传教士列于刘松龄之上,其中影响最大的是汤若望一品官,然后是南怀仁(F.V.)、戴进贤与傅作霖(Felix da Rocha)二品官。1746 年戴进贤去世后,刘松龄接任钦天监监正,并一直任职到 1774 年去世。同时,他还是当时一流的科学家,同伦敦、巴黎和圣彼得堡等地的科学院一直保持联系,并且深受乾隆皇帝的器重。在经受各种困难以后,他成为任职时间最长的一位钦天监监正,长达 28 年。刘松龄是当时中西交流的重要纽带,无论对欧洲还是中国,他的工作都是十分有意义的。

　　耶稣会解散以后,虽然耶稣会士依然能够作为宫廷天文学家被允许在北京工作,但是教皇克莱芒十四世(Clement XIV)下令解散耶稣会的第二年,刘松龄就去世了。耶稣会解散与他去世时隔很短,是特别值得关注的。我们知道教皇解散耶稣会是在 1773 年,这个消息传到北京的时间是 1774 年的 8 月 5 日①,而刘松龄在 1774 年 10 月 29 日辞世,因此,刘松龄在去世前应该得知了此消息。通过这个联系我们可以推测:这个打击加速了他病情的恶化,致其 3 个月后死亡。刘松龄被安葬在位于北京的外国传教士墓地,他的墓碑与其他传教士的墓碑一起保存在那里。而我们所做这些的目的是为了宣传刘松龄的事迹、思想以及美好品格,恢复他的历史地位,使他能和清朝其他著名传教士一样,在历史上占有一席之地。

---

① Lettres édifiantes et curieuses de Chine par les missionnaires jésuites, 1702–1776, chronologie, introduction, notices et notes par Isabelle et Jean-Louis Vissière, de l'Université de Provence, Paris, Garnier-Flammarion, 1979.

中国宫廷最后一位伟大的天文学家：刘松龄

□兹马戈·斯密特克(Zmago Šmitek)

刘松龄不仅是他所处时代最重要的天文学家之一、欧洲著名科学机构的通信者，而且也是地图绘制学家、编年史家，在必要的时候还曾成为中国政治事务的调停人。他把所有这些与其在北京的传教事务结合了起来，我们同样可以毫不夸张地称他为第一位也是最杰出的一位斯洛文尼亚首席汉学家。他在传播中国文化知识以及使汉学逐渐成为一门科学等方面的贡献，在 18 世纪的欧洲引起了很大的反响。事实上，作为一位博学的耶稣会士，刘松龄获此殊荣是可以理解的。因为在为数不多的可以不受约束地在北京工作的欧洲人中，耶稣会的成员为欧洲提供了大量的报告、文献与书籍，这些都越来越引起欧洲的注意。同时，他们还为耶稣会培养了一些熟悉当时东方情况的一流学者①。

刘松龄工作的数量、多样化及其国际化特征，令记录他的事迹成为一项艰难的任务。和他的生活有关的文献资料与他的原创工作散布在不同地点：卢布尔雅那、维也纳、罗马、里斯本、伦敦、圣彼得堡、北京，可能还有其他地方。提到他名字的资料数量同样相当庞大，而其中一些不仅非常稀少而且不易获得。尽管我们现在已经拥有相当多关于研究刘松龄在北京

---

① Arnold Rowbotham, *Missionary and Mandarin*, Berkeley, 1942, p.243.

的一些同事的专著①,但是还没有人对刘松龄本人进行过全面的、科学的研究②。

北京与欧洲的地理距离迫使刘松龄只能通过写信与欧洲进行沟通。海上邮路决定了固定的通信速度,因此,信件总是在 9 月到 12 月之间从北京出发。刘松龄的一句话显示了这种海上通信是多么不确定,他在北京的同事费隐(X.E.Fridelli)收到的一封信从欧洲出发后竟然在路上传递了 13 年③!此外,通信内容必须遵守已经建立并被严格执行的准则,而不是按照传教士们个人的主观意愿来写。

耶稣会自建会以来就有一个明确的特点,即他们认为信件联络非常重要。信件主要表现为四种形式:寄给教省主教的使徒行传,寄给教会成员的报告,出版的信件以及私人信件(寄给亲属或朋友)④。因此,写信人与收信人之间的关系,显著地影响着信件的内容和风格。相应地,那些信件的历史与民族价值取向可以被赋予不同的评价。例如,耶稣会教省的官方报告就是在单个成员报告基础上的综合。它们的典型特征是更加公正、更具有比较性与批判性。与之相反,私人信件的表达则更加自由,也包含了更多对

---

① Compare;Antoine Gaubil, *Correspondance de Pékin1722-1759*,publiée par Renée Simon,Études de Philologie et histoire,Génève 1970;Henri Bernard S.J., *Le frère Attiret au service de K' ien-Iong*(*1739 -1768*),《震旦》(*Bulletin de I' Université l' Aurore*),Serie Ⅲ,Tome Ⅳ,Nos. 1 et 2,Shanghai 1943;G.R.Loehr,*Giuseppe Castiglione*(*1688-1766*),pittore di corte di Ch' ien-Lung,Roma 1940; Joseph Krahl S.J., *China Missions in Crisis*.Bishop Laimbeckhoven and His Times 1738-1787,Analecta Gregoriana,Vol.137,Series Facultatis Historiae Ecclesiaticae,Section B,n.24,Roma 1964;Otto Werner,*Gottfried Laimbeckhoven Wien 1926*;Alfred Zertik,*P. Xaver Ernbert Fridelli*,Chinamissionar und Kartograph aus Linz,Schriftenreihe des Institutes für Landeskunde von Oberösterreich 14,Linz 1962.

② Anton Dimitz 和 Viktor Steska 写过大量关于刘松龄的研究(后者的资料来自 Dimitz),但是在缺乏其他资料的情况下,他们过分依赖 *Compendium Welt-Bott* 中的信件,参见:A.Dimitz, *Ein Beitrag zur Biographie der Hallersteine*,*Mittheilungen des historischen Vereins für Krain*,November 1861,pp.81- 84;A.Dimitz,*Ein Krainer als Hofastronom in Beijing 1739-1774*,Laibacher Wochenblat 1881,No.50- 55;V.St(eska),*Kranjec P.Augustin Hallerstein*,*Slovenska družina 1916*,pp.108-112,145-150.Magdalene Schindler 的研究尽管不够深刻,但是十分有趣,参见:P.Augustin v.Hallerstein,*Ein Jesuiten- missionar in China*,*Zulassungsarbeit zur wissenschaftlichen Prüfung für das Lehramt an Gymnasien*, Universität Regensburg,September 1980(typescript,42 pp.,The Archives of the Ljubljna Archbishop- ric).J.Stein 根据刘松龄与南怀仁(G.L.)的通信,在他的著作中主要描述了刘松龄前往中国的旅程,除此之外没有提到更多文献,参见 *Missionaris en astronom.Augustinus von Hallerstein S.J.*, Studien Hertogenbosch 1928,Vol.110,pp,115-128。

③ *Der Neue Welt-Bott*(further:Welt-Bott),book Ⅳ,part 30.,Wien 1755(ed.Franz Keller),Letter No. 588,p.94.

④ John Correia-Afonso S.J.,*Jesuit letters and Indian History*,2 nd ed.,Oxford University Press,Bombay- London-New York 1969,p.8.

"一手"材料的直观描述。

对于写信以及对资料密级的分类,耶稣会士都有着明确的规定。写信人要求避免使用长的介绍、夸张的修辞方法以及空洞的语言,尽可能清晰、准确与客观①,信件的内容也要基本满足这些要求。1547 年年底,耶稣会创始人之一的依纳爵·罗耀拉(Ignatius Loyola)命令印度的传教士把当地的气候、食物、习俗、人的品性以及他们的民族属性,与宗教事务一起进行汇报②。后来耶稣会在其他地方的工作也采用了这种模式。

除了耶稣会教省定期送到罗马的年度报告以及其他一些用于内部使用的信件以外,大部分通信都是准备出版的。公众——不论教会的还是世俗的——都对这类文献怀有极大兴趣。它既能唤醒宗教热情,同时也可以满足人们对异国风土人情的好奇。这些信件在出版之前,通常会被重新编辑,其中一些还会被适当地删减。不过,许多个人遗物中的私人信件仍旧无法出版,并最终逐渐流失。

如果将以上这些发现联系到刘松龄留下的著作,很快就会注意到,我们只能主要相信他出版过的信件。尽管我们认为他的私人信件曾经有很多,但是保存下来得少之又少。在他的信件中,有一种特殊的"出版"信件非常重要,那就是他寄给不同欧洲学术协会的科学交流的信件。

传教士信件《新世界报告》的提要中出版了八封刘松龄的信件③,其中五封是寄给他弟弟韦查德的,第一、第七和第八封则分别寄给了耶稣会奥地利教省大主教弗兰西斯·莫林德(Franziscus Molindes)、在里斯本的葡萄牙王后的告解神父约瑟夫·里德(Joseph Ritter)和来自那不勒斯教省的前驻中国传教士倪天爵(Nicholas Giampriano)。匈牙利耶稣会士、历史学家乔治·普雷(Georg Pray)在 *Imposturae CCXVIII in dissertatione R.P.Bendiciti Cetto*(维也纳,1781)的拉丁译本中,在正文(第 1—55 页)之前以附件的形式出版了刘松龄的另外八封信,标题为"Epistolae anecdotae R.P. Augustini e comitibus

① John Correia-Afonso S.J., *Jesuit letters and Indian History*, 2 nd ed., Oxford University Press, Bombay-London~New York 1969, p.5,7.

② John Correia-Afonso S.J., *Jesuit letters and Indian History*, 2 nd ed., Oxford University Press, Bombay-London~New York 1969, p.13.

③ *Welt-Bott* IV, part 30., No.584, pp.71-73(Lisbon 7/12/1735); No.585, pp.74-76(Lisbon 24/4/1736); No.586, pp.76-78(Goa 13/1/1738); No.587, pp.79-93(Beijing 4/11/1739); No.588, pp.93-97(Beijing 6/11/1740); part 34., Wien 1758, No.675, pp. 39-42(Beijing, 10/11 or 10/10/1741——信首与信尾的时间竟然不一样); No.681, pp.74-78(Beijing 1/11/1743); No.696, pp.125-128(Beijing 28/11/1749). Dimitz 和 Steska 的报告中只提到了五封(No.584-No.588)。

Hallerstein ex China scriptae"①。所有这些信都是寄给他弟弟韦查德的。普雷在工作中还借用过刘松龄其他出版物中的资料②,而且在他后来的著作《中国的礼仪之争》(*Historia controversiarum de ritibus sinicis*)中也提到了刘松龄③。

　　然后,我们将目光从刘松龄的私信转移到他与欧洲科学机构之间的交流上。其中最重要的是他寄给伦敦的皇家学会的信件,发表在 1742 年与 1753 年之间的《哲学汇刊》(*Philosophical Transactions*)上④。在这些信件中,有两本(《哲学汇刊》1742—1743 年和 1745—1746 年)没有提到他的名字,但是这些工作都很可能是他参与并以他的天文数据为基础的。这些信件的拉

---

① (Georg Pray),*Imposturae CCXVIII in dissertatinone R.P.Benedicti Cetto*,*Clerici Regulares e Scholis Piis de Sinensium Imposturis detectae et convulsae*,Budae 1781,letter No.1,pp.I–XVI(Beijing 6/10/1743),No.2,pp. XVII–XXIX(Beijing 28/11/1749);No.3,pp. XXIX–XXXII(Province Quantung 21/10/1753);No.4,pp. XXXIII–XXXVII(Beijing 6/10/1757);No.5,pp. XXXVIII–XL(Beijing 29/10/1761);No.6,pp.XL–XLIV(Beijing 12/9/1764),No.7,pp.XLV–XLXIII(Beijing 27/10/1765),No.8,pp.XLIX–LV(Beijing 24/9/1766)。由于 Pray 的疏忽,似乎本来应该是附加在信件 No.8 后面的附言,被放在了 No.6 的后面。信件 No.5 的德文原稿存放在斯洛文尼亚共和国档案馆中(Archives of the Republic of Slovenia)。

② 例如,刘松龄关于中国人口的计算就被引用过,参见:*Mémoires*,*concernant l'histoire…des Chinois*,Tome 6,Paris 1780,p.292.Pray 还时常引用 *Welt-Bott* 中出版过的信件。

③ Georgii Pray,*Epistola ad Benedictum Cetto in qua novae huius in rebus sinicis imposturae deteguntur.Accedit historia controversiarum de ritibus sinicis ab earum origine ad finem compendio deducta*.Pestini Budae ac Cassoviae 1789,p. 17,249。德文译本为:*Geschichte der Streitigkeiten über die chinesischen Gebräuche*,worinn ihr Ursprung,Fortgang und Ende in drei Büchern dargestellt wird,2 volumes,Augsburg 1791。

④ *Observationes Astronomicae habitae in Collegio Pekinensi a Patribus Societatis JESU a Mense Novembri 1740…*(没有刘松龄的名字,但很可能借用了他的数据),Philosophical Transactions 1742–1743 (Vol.XLII),pp.306–314。

　　–Via cometae,qui ab Initio Martii 1742 usque ad initium Aprilis apparuit,ex Obs.In Observatorio et Coll.Patrum S.Jesu Peini Sinarum habitis deducta…(没有刘松龄的名字,但很可能借用了他的数据)。Philosophical Transactions,1745–1746(Vol.XLIV),伦敦 1746,pp.264–266。

　　–Epistola a Rev.Patre P.Augustino Hallerstein,S.J.M.Collegii Astronomici Pekinensis Praeside,ad Cromwell Mortimer,M.D.Secret.R.S.missa,una cum Observationibus Cometae visi Pekini 1748.Novae Constellationis;Occultationis Martis et Lunae Dec.6.1747.Conjuctionis Martis et Veneris mense Martio 1748 & Congressus Jovis & Veneris Jan.1.1748 ibidem quoque factis.Philosophical Transactions 1749–1750(Vol.XLVI),London 1752,pp.305–315.

　　–A Letter from Reverend Father Augustin Hallerstein,of the society of Jesus,President of the Astronomical College at Pekin in China,to Dr.Mortimer,Sec.R.S.Dated Pekin,Sept.18,N.S.1750,Philosophical Transactions 1751–1752(Vol.XLVII),London 1753,pp.319–323.

　　–Extracts of Father Augustin Hallerstein's Astronomical Observations made at Pekin in 1746 and 1747.Philosophical Transactions 1751–1752(Vol.XLVII),London 1753,pp.376–384(with appendix of Dr. Brevis)。

丁文与英文原稿都保存在皇家学会档案馆(Archives of the Royal Society)中，我们后面再作介绍。现在，我们来看另外两封含有天文内容的信件，它们被寄给圣彼得堡科学院并发表在刊物 Comentarii 上①。这些信的部分片段也被收录进了《中国丛刊》(Mémories, concernant l' histoire, les sciences …des Chinois)②。

刘松龄最重要的著作，是在维也纳皇家天文台台长马米兰·赫尔(Maximilian Hell)的命令下，于1768年在维也纳出版的天文观测文集，作者为刘松龄，书名为《天文观测》(Observationes astronomicae)③。这部巨著建立在1717年至1752年的天文观测记录的基础之上，是由北京的传教士刘松龄、戴进贤、徐懋德和严嘉乐(Karel Slaviček)合作完成的。不过，书中由刘松龄撰写的导论落款为"北京，1754"，因为关于这部著作还有一段有趣的故事，虽然刘松龄1755年就告诉圣彼得堡科学院，他的著作已经可以出版了，但是直至1763年他才把文稿交给俄国外交大使伊万·克罗波特夫(Ivan Kropotov)，并由他安全转交给圣彼得堡科学院主席基里尔·拉祖莫夫斯基(Kiril Razumovski)。尽管刘松龄也收到了来自巴黎的出版许可，但他好像还在设法获得葡萄牙国王的支持④。

1757年，刘松龄在寄给他的兄弟韦查德的信中说明了这种情况："尼古拉斯·德利尔(Nicolas de l' Isle)，巴黎的皇家天文学家，再一次——这已经是第三次了——表示希望他的助手能够出版我们的观测成果，但这时我正致信给国王，希望能将这些观测作为使团礼物(beneficio legationis)的答谢献给他。两年前，当我写信告诉圣彼得堡科学院我已经准备好出版这些观测时，我立刻就收到了他们主席先生的回复，他非常渴望得到这些观测，并且毫不怀疑它们将在圣彼得堡很顺利地出版。"⑤

---

① *Mercurius in sole observatus Pekini Sinarum Anno 1756. Die 7. Novembris Mane*, Novi Commentarii, *Academiae Scientiarum Imperialis Petropolitanae*, Tom IX. pro Annis 1762 et 1763, Petropoli 1764, pp.503-512(summary on pp.53-54); *De Differentia Meridianorum Petropolitani et Pekinensis*, Novi Commentarii…, Tom XIX. pro Anno 1762 et 1774, Petropoli 1775, pp.630-635(summary on pp.70-71).

② *Mémories, concernant l' histoire, les sciences, les arts, les moeurs, les usages etc. des Chinois, par les missionnaires de Pekin*, Tome 6, Paris 1780, pp.292,374-380(刘松龄按照省份进行的中国人口计算)，另参见 Tome 9, p.440 and Tome 11, p.563。

③ Maximiliano Hell, *Observationes Astronomicae ab Anno 1717 ad Annum 1752 a Patribus Societatis Jesu Pekini Sinarum Factae*, Vindobonae 1768.

④ Francisco Rodrigues, *Jesuitas Portugueses Astronomos na China 1583-1805*, Porto 1925, p.125.

⑤ Georg Pray, *Imposturae*, p.94.

　　不过,那时葡萄牙宫廷与耶稣会的关系已经冷却了下来,刘松龄的请求被拒绝了。这些文稿最终从圣彼得堡到了维也纳,由赫尔神父将其出版。后来(耶稣会 1773 年被解散后),这部著作很可能重印过,因为在一些副本的扉页和导论中,刘松龄耶稣会士的身份被删除了①。在第一版中刘松龄题献给作为北京传教团保护人的葡萄牙国王的献词,也已经被删除了②。

　　《天文观测》的底稿被包装成了书的样式,其中含有赫尔版中的部分材料,现存于维也纳国家图书馆(Vienna National Library)③。不过,这似乎只是刘松龄北京原稿的一个副本。刘松龄的一些其他天文数据被赫尔收录进了他的著作 Ephemeridae④(未查证出确切的中文名称——译者注)。刘松龄这些成就中的一项(载于赫尔 1772 年的 Ephemeridae),被丹尼尔·伯努利(Danièle Bernoulli)从拉丁文翻译成德文,发表于由约翰·埃勒特·波得(Johann Elert Bode)在柏林编辑的《天文年鉴》(Astronomisches Jahrbush)第一卷⑤。

　　1744 年,由于钦天监的需要,戴进贤和刘松龄开始筹备《钦定仪象考成》⑥。戴进贤、傅作霖、鲍友管(Anton Gogeisl)与刘松龄还合编了一部名为

---

① Carlos Sommervoegel S.J.,*Bibliotheque de la Compagnie de Jesus*,Nouvelle édition,Tome Ⅳ,Bruxelles – Paris 1893,p.51.

② Francisco Rodrigues,op.cit.,p.125.

③ Mss 10.144.

④ Maximiliano Hell,*Ephemeridae astronomicae… ad meridianum Vindobonensem*,Viennae 1758-1793(第一版标题为 *Ephemerides…*).刘松龄的贡献:Eclipsis solis die 25 Maji 1770 observata Pekini Sinarum in Collegio S.J.a R.P.Hallerstein,tubo dioptrico 8 pedum cum micrometro anglico,Ephemerides astronomicae Anni Bissexti 1772,Viennae 1771,pp.248-249; Lucis borealis Pekini sub Elevatione Poli 39.54 a R.P.Hallerstein observatam,op.cit.,pp.250-251; Eclipsis Soli 1770 Mai 25 mane observata Pekini Sinarum in Collegio S.J.a R.P.Hallerstein,Ephemerides astronomicae Anni 1774,Viennae 1773,Appendix,pp.155-162 及 attachment II,Figurae ad Problema R.P.Hallerstein Pekini Sinarum; Ecl(ipsis)Lunae tot.1772 Oct.11 sub med.noctem obs.Pekini in Coll.S.J.tubo 6 pedum cum micrometro anglico a R.P.Augustino Hallerstein,Ephemerides astronomicae Anni Bissexti 1776,Viennae 1775,Appendix,p.17; Eclipsis Soli 1773 Mart.23 p.m.observata Pekini sinarum in Collegio S.J.tubo 8 ped.cum micrometro anglico,op.cit.,pp.18-19.

⑤ Astronomisches Jahrbuch oder Ephemeriden für das Jahr 1776 nebst einer Sammlung der neuesten in die astronomischen Wissenschaften einschlangenden Beobachtungen,Nachrichten,Bemerkungen and Abhandlungen(von J.E.Bode,Astronom der Akademie),tom 1,Berlin 1774.第二部分第一册的 pp.169-173 发表了一篇文章:Des Herrn Pater Hallerstein's d.G.P.Mandarinen und Praesidenten des Collegii Mathematici in China,Beobachtung der Sonnenfinsterniss den 25sten May 1770 früh,zu Pekin in dem Jesuiter Collegio,durch ein achtfussiges mit einem Englischen Micrometer versehenes Fernrohr; nachdem um 7 Uhr mit diesem Micrometer der Durchmesser der Sonne von 31′40″ befunden worden.

⑥ 李约瑟著,王铃协助:《中国科学技术史·第三卷》,剑桥,1959,第 452 页。

《仪象考成》(1757 年出版,共 35 卷)的星表,收录了 3083 颗星,星表的序言由中国皇帝亲自撰写,而这部星表在 20 世纪初曾被翻译再版①。

刘松龄的部分遗作仍然没有出版。斯洛文尼亚档案馆保存着两封刘松龄寄给妹妹玛利亚的信的副本②,耶稣会罗马档案馆(Rome Jesuit Archives)藏有两份刘松龄寄给教会的传教申请和他的八封信件,以及七封不同人寄给刘松龄的信件③。当然,肯定还有更多的通信已经遗失。例如,刘松龄在 1739 年初寄给兄弟韦查德的信中曾提到一封来自澳门的信,但这封信从未出版,也没有留下任何文本④。斯洛文尼亚历史学家迪米兹(Dímítz)和斯特斯克(Steska)还提到一封刘松龄寄给他的弟弟韦查德,落款日期为 1774 年 10 月 12 日的信[因此,这应该是他去世前不久寄出的一封信;韦查德从布鲁塞尔(Brussels)的洛塔林宫廷(Lotharingian court)写给克拉斯卡(Carniolia,或斯洛文尼亚语:Kranjska)的家信中也应该提到了这封信]。

刘松龄自己声明,他曾经数次与来自奥地利的葡萄牙王后玛利亚·安娜(the Queen of Portugal Maria Anna of Austria)会面,并向她承诺报告自己在中国的生活⑤。葡萄牙历史学家弗朗西斯科·罗德里格斯(Francisco Rodrigues)曾经得到过刘松龄的这类信件,他曾提到一封 1752 年 12 月 8 日从广州寄给王后的信⑥。刘松龄还与巴伐利亚耶稣会士、葡萄牙王后的告解神父约瑟夫·里德取得了联系⑦。从盖拉德(R.P.Gaillard)——他调查了圣彼得堡科学院档案馆——的手稿资料中可以看到,该机构的登记上记录着"数

---

① Tsuchihashi P. & Chevalier S., *Catalogue d'Étoiles*, *observées a Pekin sous l'Empereur Kien Long* (*Chhien-Lung*),XVIIIe siècle,Annales de l'Observatoire Astronomique de Zo-Se(Zikkawei)1914 (1911),7,No.4(quoted by:Needham,p.454).

② Letters from Beijing,31/10/1750 and 11/9/1756,the Archives of the Republic of Slovenia,Dolski archive,Fasc.194,Raigersfeld XXV.同一卷宗中还有 *Welt-Bott* 中 No.584−588 的信件副本及 Pray 的著作 *Imposturae* 中 No.5 信件的德文原件。

③ Archivum Romanum Societatis Iesu,Indipetae,FG 755,Vol.24,ff.593−594(request,dated Vienna,8. 10.1727);Epistolae Sinarum 1731−1771,Iap.−Sin.181,ff.227−228[letter to Laimbeckhoven(?),Peking 1/9/1751];ff.237−239(letter to Visconti,Peking 9/11/1751);ff.245v(letter to de Sousa,Peking 17/2/1752);ff.247−248(letter to de Sousa,Peking 25/3/1752);ff.252(letter to Visconti,Canton 6/12/1752);ff.281−282(letter to Ricci,Peking 1/10/1771);Iap.−Sin.184,ff.251(letter to general of Jesuit order,Peking 2/11/1771);在 Joshph Déhergne,Répertoire des jesuites de Chine de 1552 a 1800,Bibliotheca Instituti historici S.J.,Vol.37,Roma 1973,str 123 中提到了写给耶稣会会长的、落款日期为"7/12/1751"的信。

④ *Welt-Bott* IV,part 30.,No.587,p.79.

⑤ 同上,No.585,p.75.

⑥ Francisco Rodrigues,op.cit.,p.80,note 1.

⑦ *Welt-Bott* V,part 34.,No.681,p.74.

封信,寄给主席(指圣彼得堡科学院主席——译者注),来自刘松龄、魏继晋
(Florian Bahr)、傅作霖……"。由这些材料我们还可以得知,刘松龄的信是
1755 年 6 月 12 日寄给科学院的①。作为北京的钦天监监正,刘松龄也和支
那(Sinoa)岛上的安南(Anamite)统治者的天文学家、耶稣会士约翰·希伯特
(Johann Siebert)有着定期的通信②。他还与俄国宫廷的内科医生、后来来到
巴黎的葡萄牙人安东尼奥·桑切斯(Antonio Ribeyero Sanchez),以及当时在
伦敦的卡斯特罗(De Castro)博士保持着通信③。可能在 1747 年之前,刘松
龄就开始和法国天文学家德利尔(de l'Isle)交换天文数据,当时后者正在圣
彼得堡活动,在德利尔回到巴黎法兰西公学院(Collège Royal)之后,这种交
流仍然一直继续着④。

　　刘松龄寄往欧洲的各种资料,大部分都是他自己的观测、调查与研究。
偶尔,他也会从他收到的私人信件或欧洲同事寄到耶稣会教堂的信件中收
集资料。有些时候,他还可能会从他的日记中提取资料,因为他曾经逐条地
精确叙述过旅行过程中的数据、地名以及其他细节,例如他描述从澳门到北
京的行程⑤。

① *Proces-Verbaux de l'Academie des Sciences*, Tome 2, p.412(引自 Francisco Rodrigues, op.cit., p.64,
　　125).

② *Welt-Bott* Ⅴ, part 36., No.706, p.50.

③ 参见:英国皇家学会档案馆,刘松龄写给莫蒂默的、落款日期为"18/9/1750"的信。

④ Antoine Gaubil, op.cit., p.633,641.

⑤ *Welt-Bott* Ⅳ, part 30., No.587, pp.79—90.

Janez Dizma Florjančič de Grienfeld：奥地利统治时期的克拉斯卡（Ducatus Carnioliae Tabula Choro-graphica）地图，1744，比例尺为 1∶100000（本图经斯洛文尼亚国立大学图书馆许可使用）。

生平信息

在卢布尔雅那大教堂的洗礼登记簿上，关于刘松龄（Augustin Haller-stein）的内容是：1703 年 8 月 28 日，费迪南德·奥古斯丁（Ferdinand Augus-tin），约翰·费迪南德（Johann Ferdinand）与妻子苏珊娜（Susana）的儿子①。大多数关于刘松龄的传记都把这个时间错写成了 8 月 18 日。然而，通过刘松龄的一封信件，我们不仅可以知道他出生的日期，甚至还可以知道他出生的时刻：8 月 27 日晚上 9 点②。事实上，接下来的一天正好是刘松龄的保护

---

① The Archives of the Ljubljana Archbishopric, *Book of baptisms 15*, p.106.

② *Welt-Bott* Ⅳ, part 30., No.587, p.86。只有 Déhergne 使用的时间是正确的，还有一些作者则表示 8 月 28 日是对的。

圣徒——圣奥古斯丁的纪念日,这也可以说明前面关于刘松龄出生的数据是正确的。

当时刘松龄的家族居住在明格斯(Mengeš)的霍夫曼堡(Hoffmansburg),其实它是玛利亚·罗萨莉亚·霍恩瓦特(Maria Rosalia Hohenwart)嫁给费迪南德·伊格纳茨(Ferdinand Ignaz)男爵哈勒·哈勒斯坦(Haller von Haller-stein,刘松龄的祖父)时的嫁妆①。约翰·费迪南德和男爵夫人玛利亚·苏珊娜·伊莎贝拉·厄伯格(Maria Susana Elisabeta Erberg,1681—1736)的子女有刘松龄,他的哥哥弗朗茨·亚当(Franz Adam)和弟弟约翰·韦查德,以及另外两个兄弟和七个姐妹②。刘松龄和弟弟韦查德都加入了耶稣会。韦查德,1706 年 1 月 5 日出生,1723 年 10 月 15 日在卢布尔雅那加入耶稣会③。1724—1725 年,他作为见习修士住在那里。1726—1727 年在克雷姆斯(Krems),他得到了低年级教师的职务。1728 年,他在维也纳通过了数学课程,在接下来的一年成为了帕绍(Passau)的人文学科教师,并于 1730 年到维也纳学习神学④。随后,他便在维也纳大学(1730)教伦理学,并成为卡尔·洛塔林公爵的告解神父(1738—1773)。就是在那里,他收到了耶稣会的解散令。1774 年,他仍然在布鲁塞尔,这个可以从他的遗嘱(现存于斯洛文尼亚档案馆)中看出⑤。公爵去世后,他和亲戚厄伯格家族(Erbergs)一起生活在卢布尔雅那附近的道尔(Dol)庄园,于 1780 年 10 月 9 日去世⑥。正如刘松龄家族一样,厄伯格家族也有一个耶稣会传教士:在南美洲工作的沃尔夫冈·伊诺仁斯·厄伯格(Wolfgang Inozenz Erberg)。

---

① Majda Smole, *Graščine na nekdanjem Kranjskem*(*The Feudal Residences in former Carniola*).Ljubljana 1982,p.291.

② *Neue deutsche Biographie*,Bd.7,Berlin 1966,p.557; *Slovenska enciklopedija*(《斯洛文尼亚百科全书》),Tom 4,Ljubljana 1990,p.5.

③ Ludwig Schiviz von Schivizhoffen,*Der Adel in den Matriken des Herzogtums Krain*,Görz 1905,p.415; Majda Smole,op.cit.,p.291.

④ Ladislaus Lukács,*Catalogus generalis* Ⅰ,Romae 1987,p.501.

⑤ 斯洛文尼亚共和国档案馆,遗嘱Ⅲ,文献.H,No.56(落款为布鲁塞尔,25/2/1774)。The Archives of the Republic of Slovenia,*Testaments* Ⅲ.,lit.H,No.56(dated in Brussels 25/2/1774)。

⑥ 据 Joža Glonar,*Hallerstein Weichard*,*Slovenski biografski leksikon*(Slovenian biographical lexicon) Ⅰ,Ljubljana 1925-1932,p.290,去世日期为 10 月 11 日,这很可能是葬礼的时间。他个人财产的清单现在还保存着(斯洛文尼亚共和国档案馆,The Archives of the Republic of Slovenia,Zap.Inv.,fasc.XXIII,lit.H,No.82)。

18 世纪的卢布尔雅那(莱柏克)景观,刘松龄于 1703 年 8 月 27 日出生在这里,并于 28 日在这里洗礼(本图经斯洛文尼亚明格斯博物馆许可使用)。

明格斯的霍夫曼堡,刘松龄家族在明格斯的住所,又称为"拉夫巴城堡"(本图经斯洛文尼亚明格斯博物馆许可使用)。

　　刘松龄从卢布尔雅那耶稣会学院毕业后,于 1721 年 10 月 26 日在维也纳加入了耶稣会。1722—1723 年,他作为见习修士住在卢布尔雅那。在接下来的一年,他在莱奥本(Leoben)通过了人文课程,并于 1725 年到克拉根福(Klagenfurt)教语法学,1726 年或者 1727 年他又在维也纳通过了数学课程。1728 年,他在卢布尔雅那教修辞学,后于 1729—1730 年到格拉茨(Graz)学习神学①。根据准确资料,他后来成为了蒂米什瓦拉(Timisoara)耶稣会学院的负责人②。1727 年 10 月 8 日,他从维也纳寄出去国外传教的申请,但他的愿望在八年后才最终实现。

中国之行

1735 年 9 月,刘松龄经由的里雅斯特(Trieste)前往热那亚(Genoa)。此行他可能是独自一人,也可能是由维也纳耶稣会士南怀仁(Gottfried Laimbeckhoven,南京主教区主教,他此后旅途的同伴,下文用 G.L.表示)陪伴③。休息了两周之后,他们于 10 月 30 日离开热那亚,随英国商船"珀涅罗珀(Penelope)"号前往里斯本(Lisbon)。穿过直布罗陀海峡(Gibraltarstraits)以及沿着伊比利亚半岛(Iberian Penninsula)的航程并没有遇到什么麻烦,南怀仁(G.L.)、刘松龄以及 15 名其他乘客一起留宿在船尾的舱房内。刘松龄不习惯坐船,几乎一路都在受疾病折磨。尽管他们到达里斯本已经 11 月 18 日了,但是他们还必须在检疫区再停留一天半。当第二天下午最终上岸的时候,他们在里斯本港口受到了热烈的欢迎。他们被安排在圣安东尼学院(St. Anton's College)住宿。他们最先见到的人当中有一些是耶稣会士,刘松龄从里斯本大学的数学教授伊曼纽尔·堪普斯(Emanuel De Campos)教士那里得知了莫卧儿帝国(Moghul Empire)一个藩邦统治者的请求。这个统治者写了一封信给果阿总督,说他需要一个传教士教自己学习数学和天文,承诺为其建造住所和教堂,并允许其在自己的领土内无阻碍地传教。葡萄牙宫廷天文学家约翰·巴普蒂斯·卡本(Giovanni Baptista Carbone)也获悉了这封信,于是他写申请给耶稣会大主教(the General of the Jesuit Order),提议刘松龄和南怀仁(G.L.)(至少是两人其中之一)担任此职位。尤其是当时中国还在禁教,因此刘松龄此时也在考虑如何解决这件事情④。他在信中告诉弟弟说,他在途经热那亚时听到一个关于在南印度传教的振奋消息。一位在印度马杜赖国(Indian Kingdom of Madurai)活动了 14 年的、来自西西里教省的

① Ladislaus Lukács, op.cit., p.501.

② *Neue deutsche Biographie*, p.557;Joseph Déhergne, op.cit., p.122.

③ *Welt-Bott* Ⅳ, part 30., No.584, p.71.刘松龄肯定是在 9 月 26 日左右到里雅斯特的,这一点我们可以从奥地利教省耶稣会士 Udalric Bombardi(马达尔里克·庞巴迪)的一封信中看出,这封信交给刘松龄并由他转交给传教士 Joseph Bonani(约瑟夫·伯纳尼),而这封信的落款就是的里雅斯特的 9 月 26 日(参见 *Welt-Bott* Ⅳ, part 33., No.617, p.83)。

④ *Welt-Bott* Ⅳ, part33., No.617, p.72。1724 年,中国皇帝雍正下谕禁止传教士的活动。

传教士[很可能是印度教区代理总长弗朗西斯科·塔毕尼(Francesco Tambi-ni)，刘松龄曾在热那亚遇见过他]告诉他，在马杜赖、迈索尔(Mysore)和卡纳塔克邦(Karnataka)有 15 万名基督教信徒，为他们服务的是 28 名传教士①。这些传教士的食物只有米饭和水，他们必须保持这样严格的节食，否则就会激怒已经皈依的教徒以及那些尚未皈依的异教徒。他们声称每年至少可以为三千名成年人以及大多数他们的孩子施洗入教②。

等待罗马答复的同时，刘松龄在学习葡萄牙语和天文学。他还从《葡萄牙的亚洲》(*Asia Portuguesa*)③一书(这本书是他在里斯本偶然发现的)中复制了一份葡萄牙在东方防御工事的图片，并把它们寄给他在维也纳学院的老师约翰·桑那(Johann Thullner)神父作为数学书柜的装饰。

很明显，耶稣会领导层拒绝了让刘松龄去印度传教的建议(尽管他在信中没有详述此事)，因为 1736 年 4 月他又开始制订去中国的计划了。他完全清楚长时间海上航行的危险，因此他尤其注意自己的心理准备状况。登船前夜，他在里斯本给弟弟写信讲述了被北非海盗俘虏的五位葡萄牙耶稣会士的命运。耶稣会士在梅克内斯(Meknès)渡过三年的奴隶生活之后，葡萄牙国王才把他们从摩洛哥苏丹(the Sultan of Morocco)手中赎出来。在他们恢复自由之后，刘松龄在里斯本曾与他们交谈。他们告诉刘松龄，他们曾被使唤从事干推倒墙、搬石头和灰泥等如此卑下的劳动。他们不得不日夜劳动，没有停歇，还要忍受鞭打④。

到达里斯本不久，刘松龄和南怀仁(G.L.)一起参加了拥有奥地利血统的葡萄牙王后玛利亚·安娜(Maria Anna)的接见。在正式接见之前，他们还在皇宫与王后的告解神父、来自克拉斯卡贵族家庭的耶稣会士卡尔·伽伦弗(Karl Gallenfels)见了面。

1736 年 4 月 24 日，刘松龄向王后辞行。同一天清晨，在圣安东尼学院的教堂里举行了一场为航行祈福的弥撒。下午三点，人们陪同旅行者来到港口，来到这艘原本用来装载重货而非快速运输的"圣彼得·诺拉斯科(St.

---

① 马杜赖传教团(mission Madurai)，创始人为意大利耶稣会士 Nobili，遍布南印度的大部，迈索尔传教团(mission Mysore)分布在西部海岸和印度次大陆的中部，而卡纳塔克邦传教团(the mission Karnataka)是由法国耶稣会士管理，分布在印度东部海岸的重要地区。

② *Welt-Bott* IV，part 30.，No.584，p.73.

③ Manuel de Faria y Sousa，*Asia Portuguesa*，Lisboa 1666(tom 1)，1674(tom 2)，1675(tom 3)；1703 年第二版(2nd edition 1703)。

④ *Welt-Bott* IV，part 30.，No.585，p.75，No.586，p.76.

Peter of Alcantara 或者 S.Pedro de Alcantra)"号前。这艘船装满了货物,此外还载着 294 名乘客、全体船员以及 22 门大炮。该船将运送 180 名士兵去果阿,他们将被派驻到葡萄牙在印度的堡垒中(这些人中的大多数都犯过罪,因此以这种方式服刑)。第二天,他们随着一支 20 艘船组成的船队(其中 5 艘是军舰,一路护送他们,直至 4 月 30 日抵达马德里)离开了港口。5 月 6 日,他们来到了加那利群岛的拉帕尔玛岛(Canary Island of La Palma),5 月 16、17 日他们还观测了佛得角群岛(Cabo Verde Islands)。接下来的航程总是被一阵阵短时间的风暴扰乱,有时甚至一天遇上好几次。这就是为什么他们没有继续沿着非洲海岸前行,而是远离南方转向了西方,几乎一直到了巴西大陆附近的费尔南多-迪诺罗尼亚岛(Fernando de Noronha)。6 月底的时候,他们距离布宜诺斯艾利斯(Buenos Aries)海岸是如此的近,以至于不得不留意这里的西班牙船只可能会发动突然袭击。于是他们重新转向公海,并在 6 月的最后一天通过了阿森松岛(the Island of Ascension)。8 月 4 日,根据他们的计算,他们猜测已经驶过了好望角(Cape of Good Hope)。航船前行十分缓慢,因为他们不得不一直与强风进行对抗。只有在 8 月 20 日到达纳塔尔(Natal),以及 9 月 16 日在索法拉(Sofala)附近葡萄牙有一个小的堡垒和贸易殖民地,他们才得以抛锚休整。疾病在船上肆虐,夺去了许多人的生命。10 月 17 日,船驶进了一片暗礁群,他们不得不派一艘载着十个人的小船去附近的莫桑比克(Mozambique)求助。10 月 20 日,小船返回并带来一个黑人穆斯林舵手和一些食物,他们把这些食物分给众多病人。不过,强风使他们无法立即离开这个地方。大风摧毁了两个锚上的绳索,还好他们用备用锚成功地固定住了船。仅仅一周后风暴停了(那天第 33 名船员去世),第二天清晨,乘着舒适的微风,他们到了距离莫桑比克只有四英里的地方。直至 10 月 29 日,经过了 188 天的航行,他们最终到达了莫桑比克港①。他们不得不在那里度过冬天,以等待更加合适的天气条件。

莫桑比克岛隶属于果阿总督管辖,但它也有每三年更换一次的地方长官。由于这里土地贫瘠,房屋不超过两百座。这里的居民包括一支葡萄牙守卫部队、黑人土著、穆斯林以及阿拉伯和印度的商人。在岛上,有一座住着 10 到 12 个僧侣的耶稣会学院,不过,当时只有负责人在那儿。除此之外,

---

① 对路途的描写引自 Laimbeckhoven(南怀仁)的记述,参见 *Welt-Bott* Ⅳ, part 28., No.555, pp.64–134。

岛上还有一座本教区教堂以及两个修道院。刘松龄住在学院中,他很幸运经受住了两次发烧,将近 100 个同船的士兵都因此而身亡。在几个月的时间里,他和南怀仁(G.L.)几乎每天都要上两次医院,而那里住着船上一半的士兵。他只去过非洲大陆海岸一次,去参观当地的传教士教堂和堡垒。他在信中曾提到,那里除了一个传教士,还有其他六个神父为黑人土著们服务。这些黑人都住在很遥远的地方,主要在赞比西河(Zambezi)的下游①。

中华帝国地图,1748 年,由耶稣会士合作完成(本图经斯洛文尼亚明格斯博物馆许可使用)。

九个多月之后的 1737 年 8 月 16 日,这批传教士才又随着"欧罗巴"号(Europa)继续他们的航程。这艘船由一个信仰天主教的英国人暴风(Tempeste)统领,船上有 650 个要送到果阿的黑人奴隶。在船上,刘松龄遇到一位也是从莫桑比克上船的孟加拉(Bengali)商人,此人认识葡萄牙在印度好几处堡垒的指挥官弗兰茨·伽伦弗(Franz Gallenfels——刘松龄曾在里斯本见过他的兄弟卡尔)。9 月 19 日,航船乘着舒适而稳定的风到达了目的地,抛锚停航在果阿附近的阿瓜达(Aguada),着陆的当天晚上,传教士们与果阿的耶稣会士们以及来自圣达菲神学院(Santa Fe seminary)的孩子们,一起参

① *Welt-Bott* Ⅳ, part 30., No.587, p.80.

加了在圣方济·沙勿略（St.Francis Xavier）墓前的弥撒。最初的八天，他们都住在圣保罗学院（St.Paul's college），后来又到了一批传教士，这些人本来是和刘松龄他们同时从里斯本出发的，不过这些人去了一趟果阿南部的撒尔塞特半岛（peninsula of Salsete），而且又在马尔高（Margao）附近的拉克尔（Rachol）的学院里耽搁了几天，因此迟到了几天。最后，所有的传教士都被安排进了不同的耶稣会士寓所。刘松龄和两个来自上德国（Upper Germany）的神父一起住进了克劳岛（Choram）上的神学院，并在那里待了好几个月。这时，他的葡萄牙语已经熟练到了可以讲道的程度①。

刘松龄去到果阿的时候，那里正处在危急的关头。印度的马拉塔人（Marathas）攻击了葡萄牙人，他们占领了果阿北部马诺拉（Manora）和塔纳（Tana）的军事基地，并且包围了勃生（Bassein）镇。之后不久，即 1737 年底、1738 年初，当时的军事处境很糟糕，巴德兹（Bardez）省已经落入了敌人手中，克劳岛上惊恐的居民撤到了安全地带，果阿所有的贵重物品都转移到了防备更好的莫尔穆（Murmogao）城堡②。刘松龄记述了这些事件。

包括刘松龄在内的传教士团队，不得不在果阿停留七个多月，因为果阿总督无法为他们提供护航以对抗印度海盗有可能发动的袭击。因此，他们只好等待 5 月的到来，到那时海盗会由于顾忌强西北风而不敢冒险出现在公海③。与此同时，刘松龄开始熟悉周围的环境。尽管他还没有完全弄清楚，但他已经知道了一些有关五座大型天文台的事情，这些天文台由大斋君辛格二世（Maharaja Jai Singh Ⅱ）依照伊斯兰天文传统在印度北部刚刚建成。其中最大的那座位于斋浦尔（Jaipur），1729 年果阿总督的特使、耶稣会士曼努埃尔·德·菲格雷多（Manuel de Figueredo）曾去视察过那里。其他一些葡萄牙的、法国的、德国的耶稣会士后来也去那里参观过④。这时，刘松龄是否意识到了自己将被命运安排成为这位著名印度天文学家的同事，这个问题尚无定论。不过，那封他曾经在里斯本听说的信，那封促使他决心奔赴印

---

① *Welt-Bott* Ⅳ, part 30., No.587, p.81。

② *Welt-Bott* Ⅳ, part 30., No.586, p.77；No.587, pp.81-82。

③ Cf.*Welt-Bott* Ⅳ, part 36., No.702, p.26.

④ Prahlad Singh, "Stone observatories" *Jantar- Mantars of India*, Jaipur(1986), pp.17-18, 31.

度的信,毫无疑问出自大斋君辛格二世之手①。

刘松龄也密切关注着中国的政治变化,那里蕴藏着更加广阔的传教前景。1735 年雍正皇帝驾崩后,权力移交到了他宽容的儿子乾隆(生于 1711 年)手中,为复兴传教做出的努力已经开始显现成效②。

1738 年 5 月 11 日,经过长达五天的准备之后,在果阿的传教士们登上了来自澳门的葡萄牙商船圣安娜(St.Anna)号。包括刘松龄和南怀仁(G.L.)在内,一共有 11 名传教士:鲍友管、约翰·希伯特、魏继晋、纽介堡(Chrysos-tom Joseph Neugebauer)、白乃心(Johann Gruber)、文森·帕勒斯(Venceslav Palaczek)以及三个葡萄牙人,刘松龄被推选为他们的领导,他已经庄严宣誓过四次了。他们被安排在一个狭窄的——仅有 13 英尺长、14 英尺宽的船舱中,而且里面也没有床,因此他们只好搭一个专用的公共睡铺。他们是夜里出发的,这样就不会引起印度海盗玛纳吉·安格里拉(Manaji Angria)的警卫们的注意。5 月 13 日,航船在门格洛尔(Mangalore)前方抛锚停航,并装了一批胡椒粉与檀香木上船。他们在那里一直待到了 5 月 16 日下午,然后当天晚上便驶进了风暴。5 月 20 日,他们到达了科摩林角(Cape Comorin),21 日到达了锡兰(Ceylon)海岸附近,27 日又来到了尼科巴群岛(Nikobar Islands)前方,然后 29 日到了苏门答腊(Sumatra)附近,他们曾经数次碰上当地人的船只。刘松龄和南怀仁(G.L.)还利用他们的天文学计算,参与确定航船的位置。5 月 30 日,船进入了马六甲海峡(Malaccastraits)。在此之后,阵阵的顶头风再次延长了他们的航程。为了获取足够的水、木材和水果,他们在苏门答腊海岸附近马六甲海峡内的波罗瑞拉(Povereira 或者 Pulo Varella)岛上待了三天。6 月 23 日,他们看到了马来亚的海岸(Malayan Coast),29 日他们在距离马六甲一英里的地方抛锚。刘松龄和船长一起乘小船登上了岸,他肩负着为他的传教团在城中寻找合适住所的任务③。曾经作为葡萄牙殖民地的马六甲,现在被荷兰政府掌管,那里的居民有欧洲人、马来亚人、中国人

---

① Jai Singh 寻找专业帮助的请求于 1727 年最先到达果阿(P.S.S.Pissurlencar, Assentos do Conselho do Estado,Tome Ⅴ,Goa 1957,p.631)。1733 年协商后的葡萄牙文件,与其他东西一起被 A.B.de Bragança Pereira 收录到 Arquivo Portugues Oriental(Nova edicão),Tomo I,Vol.Ⅲ,Parte Ⅳ(1727–1736),Bastora 1940,p.298(No.156)。还有几份果阿总督写于 1737 年的关于此事的报告,收藏在帕纳吉历史档案馆(Historic Archives of Panjim)。到了 18 世纪 40 年代,J.Tieffentaller 的耶稣会天文学家、数学家 A.Gabelsperger,A.Strobl 来拜访 Jai Singh,但是由于 Jai Singh 的去世(1743),导致这项工作没有能够即时展开(D.Ferroli,*The Jesuits in Malabar*,Vol.2,Bangalore 1951,p.593)。

② *Welt-Bott* Ⅳ,part 30.,No.586,pp.77–78。乾隆于 1735 年登基,但更换年号是在 1736 年。

③ Laimbeckhoven(南怀仁)关于旅程的记述,参见:*Welt-Bott* Ⅳ,part 30.,No.590,pp.99–115。

以及穆斯林。那里卫戍部队的大部分士兵是德国天主教教徒,不过他们已经过了一年没有牧师的日子,更是15年没有遇到德国牧师了。

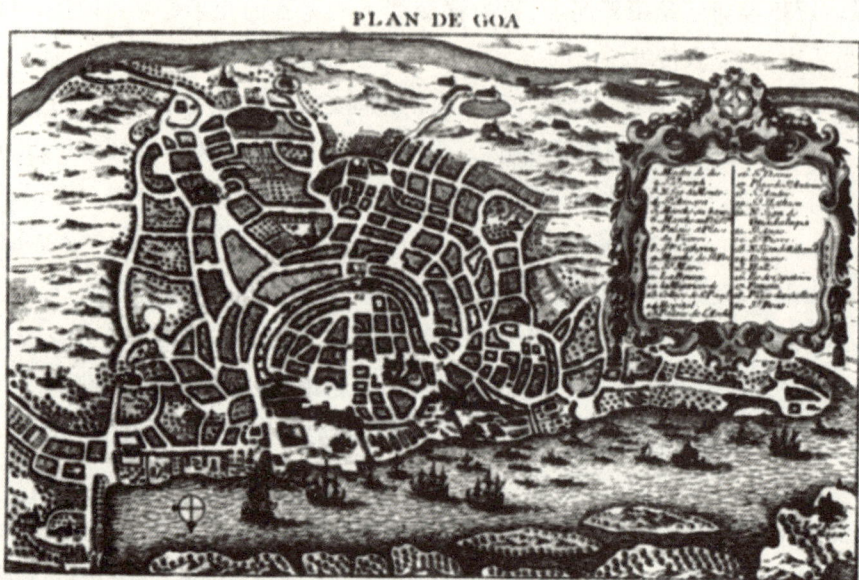

果阿地图,18世纪中期(本图经斯洛文尼亚明格斯博物馆许可使用)。

因此,他们向刘松龄和他的旅伴们询问,可不可以留下一位牧师在马六甲,哪怕只是暂时的。刘松龄被这个请求吸引住了,尤其当他知道即便他留下来一段时间,还可以乘坐下一趟从金奈(Madras)到澳门的葡萄牙船只,或者是来自庞第皆瑞(Pondicherry)的法国船只、来自金奈的英国船只、来自苏拉特(Surat)的穆斯林船只继续旅行,这些船都是开往广州的。7月2日的夜里,他的朋友们离开了,这时刘松龄在访问马六甲的天主教信徒的家庭,在夜间在这些人家中做弥撒,尽管这种行为是官方所禁止的。卫戍部队的情况更为麻烦,他们不能离开堡垒,因此刘松龄只能悄悄潜入那里,在那里待上一整个晚上,为他们举行信仰活动。为了避免惊动新教政府官员,他在马六甲一直穿着平民的衣服,直到8月4日当他登上法国船只"圣本尼狄克(St.Benedictus)"号时,他才重新穿上牧师的长袍。

过了两天,船便到了新加坡(Singapore)。到8月23日,由于风比较合适,已经看见了中国的岛屿。25日晚,他们在澳门前方抛锚,然后在接下来的几天内,他们都在缓慢行驶、小心入港。8月27日夜晚,即圣奥古斯丁的纪念日(也是刘松龄的生日和命名日),他们进入了虎河(Tiger River)口。第二天,他们在广州附近的Wampu(未查证到具体的地名——译者注)找到了停泊处。刘松龄在船上给澳门督察员（Visitor in Macao）写了一封信，告诉他已经抵达。收到回复之后，9月1日，刘松龄乘坐一艘小船进入广州。第二天，他由一艘法国航船的随船牧师陪同，游览了广州的郊区，还受到了一个当地法国教堂代表的款待。后者帮忙找到了一艘中国船只，刘松龄乘坐它于9月4日日出之前最终到达了澳门。就在刘松龄刚刚到达圣约瑟夫教堂（St Joseph's residence）时，一场飓风袭击了（广州的）市镇，毁坏了许多房屋以及周围海港的船只①。

在澳门，他全神贯注于研究中国。他还应政府的要求，绘制了一幅市镇及其周围的地图。他听说，他将被送到北京去做宫廷天文学家和数学家。如果刘松龄在马六甲待的时间太长，那么他的旅行同伴南怀仁（G.L.）就会获得这个职位。不过，事情总算使双方都能感到满意，因为相比科学研究来说，南怀仁（G.L.）更愿意从事直接传教的工作②。

3月1日，刘松龄离开澳门前往北京，同行的还有魏继晋、鲍友管、王致诚（Attiret）和杨自新（Thébault）。他们穿着中国服装，由一位广州官员陪同着。从3月4日到4月4日，他们在广州待了一个月，但是在刘松龄的信中，关于这件事并没有提到多少细节。他们乘坐一艘帆船开始沿河进入中国内陆，一直到了江西省的首府——南昌。5月3日，从这里他们乘坐由骡子拉的轿子，开始了更加费力和危险的旅程。他们跨过扬子江，到达了江南省，然后再沿着运河北上。他们经过的无数村庄与城镇，在刘松龄的旅行笔记中，被提到的只有名字或是几句简短的话。他描述得比较详细的，只有位于旅程起点的清远（Jinyuan）镇的佛教胜地，记述的主要是那里佛教僧侣的仪式③。

接近北京的时候，他们在一个村庄遇到了两位带着耶稣会省主教信件的使节，于是他们当晚就回了信。两天后，同一位信使带回了教省主教的新消息，还带了葡萄酒和其他食物。6月13日，在北京的郊外，教省主教徐懋德与法国传教士寓所（French residence）的负责人沙如玉（Chalier）前来迎接他们，并陪同他们一起进入中国首都。传教士们穿过外城区来到清廷中心地带，然后到了耶稣会书院④。他们呈上献给中国皇帝的礼物，正式接见

---

① *Welt-Bott*, No.587, pp.85-86.

② Joseph Krahl, op.cit., p.4.

③ *Welt-Bott*, No.587, p.87.

④ 同上，p.90. Felix A. Plattner, *Jesuiten zur See. Der Weg nach Asien*, Zürich 1946, pp.305-306。

是好几天以后的事情了。期间皇帝赐给他们一些珍贵的毛皮和丝绸。

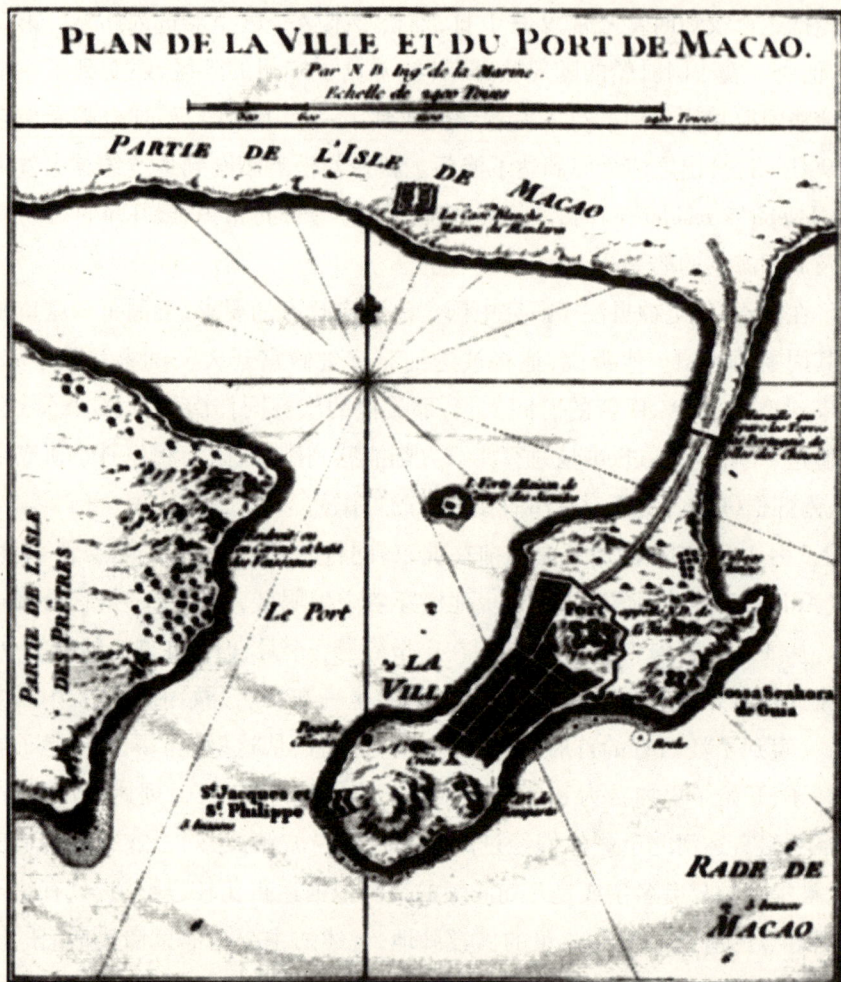

澳门地图,18 世纪中期(本图经斯洛文尼亚明格斯博物馆许可使用)。

刘松龄所处的北京时代

刘松龄到达北京的时候,耶稣会士们在那里有三座天主教教堂:东教堂(东堂,亦称圣约瑟夫教堂,其中有耶稣会士的寓所)、南教堂(南堂,书院教堂)和西教堂(西堂,其中有法国耶稣会士的寓所)。前两座由葡萄牙人掌管,第三座则由法国人掌管。这些教堂的名称源自它们相对皇宫的位置。罗马传信部(Roman Congregation for the Propagation of the Faith)的记录显示,其实这里还有一个起初没有获得正式承认的小教堂,后来被命名为西堂,而那座法国教堂则改名为北教堂(北堂)。①

圣约瑟夫教堂的寓所里住着教堂主管人陈善策(Dominic Pinheyro),来自奥地利教省的教长、传道士费隐(他曾经因绘制地图而获得奖赏,并因此走遍了整个中国,从云南一直到鞑靼和满洲),来自捷克(Czech)教省西里西亚(Silesian)的耶稣会士魏继晋(他会演奏管风琴,还会作曲),中国神父沈东行(Joseph Sarayua),修道会教友、画家郎世宁(Giuseppe Castiglione),以及来自佛罗伦萨(Florentine)的雕刻家与设计师利博明(Andrea Moggi)教友。

书院教堂的居住者有北京教区主教徐懋德(中国朝廷五品官员),神父戴进贤(中国朝廷二品官员,钦天监监正),来自摩德纳(Modena)的任重道(Jacob Antonini),来自里斯本的傅作霖,来自德国教省的鲍友管,北京主教索智能(Policarp de Sousa),葡萄牙传道士高嘉乐(Charles de Rosende),中国传教士程儒良(Julian Chim)和樊守义(Ludwig Fan),以及修道会的两位教友:出生在那不勒斯(Neapolitan)的罗怀忠(Joseph de Costa,医生与药剂师)和来自楚格(Zug)的瑞士人、82 岁的专业钟表师林济各(Franziscus Stadelin,他已经在中国待了 33 年)。刘松龄在中国期间曾这样写道,林济各差不多已经完全忘记德语了,他的表述当中时常夹杂着汉语和葡萄牙语——尽管这两门语言他学得也不好——这样一来,只有精通这三门语言的人,才能明白他在讲什么②。刘松龄到达后不久,林济各和任重道就都去世了(1740年)。

刘松龄记录说,有 13 个人住在法国耶稣会士寓所:寓所负责人沙如玉(此外他还是钟表师)神父,巴多明(Parrenin)神父,宋君荣,冯秉正(Maillá),孙璋(La Charme),殷弘绪(D'Entrecolles),赵加彼(Bouffel),吴君(Foureau)以及两名中国牧师,长期住在这里的教友有画家王致诚、医生安泰(Rosset)以及钟表师杨自新。刘松龄与吴君一直保持着特别好的关系③。

传教士德理格(Teoderic Pedrini)在北京城郊海淀有自己的小教堂,罗马传信部的记录显示这里还有两个牧师(他们还试图在这里建个修道院)。刘松龄到达的时候,北京一共有 34 名天主教传教士,其中 31 名来自欧洲。由于有成员去世且鲜有新成员到来,其实他们的人数和结构每年都在变化。

---

① M.Henri Cordier, *La suppression de la Compagnie de Jésus et la mission de Peking*, Extrait du T'oung-pao, 2e Série, Vol.XVII, No.4, Octobre 1916, Leiden 1918, p.14; Joseph Krahl, op.cit., p.191.

② *Welt-Bott* Ⅳ, No.587, p.91.

③ 同上, No.588, p.94。

刘松龄最初住在书院教堂,1743年年底之前搬到了圣约瑟夫教堂附近的寓所。他和陈善策、魏继晋、郎世宁、利博明共用一所房屋。当时住在书院的还有徐懋德、高嘉乐、傅作霖、戴进贤、鲍友管、罗怀忠,以及一位新来的捷克神父、音乐家鲁仲贤(Johannes Walter)。在法国寓所,包括负责人宋君荣神父在内,共有5名僧侣和4名常驻教友。到1743年年底,欧洲传教士的人数锐减至22人①。与后来相比,这个数目还比较大,按照在北京的耶稣会教省的统计,1757年只剩下了15名欧洲传教士,其中5人还是相对于葡萄牙人保留自治权的法国传教团成员②。从此以后,传教士的人数稳定了下来:1766年共有16名耶稣会传教士,6名葡萄牙人,6名法国人,还有4名德国人(刘松龄也算在其中)③。

除了这些欧洲人,传教团中还有一些中国牧师(1757年4个,1766年6个)。17世纪80年代初,俄国东正教堂也开始在北京活跃起来。这座教堂由俄国俘虏修建而成,他们是被中国人在黑龙江(Amur River)上的雅克萨(Albazin)堡垒附近抓获的。到1720年时,最初的100人中只有不到一半仍然参加东正教活动,他们的住处靠着京城城区的东北城墙。刘松龄当然也认识一些俄国人,因为他们也时常会拜访耶稣会士。在1689到1755年期间,由于俄国商队来到北京,北京东正教堂[供奉圣索菲亚(St.Sophia)]的重要性逐渐增强。俄国人向中国各省府派送传教士以及学汉语的学生,暗地希望可以比耶稣会士技高一筹,并成为中国宫廷的顾问④。不过,他们在中国的传教事业并不成功,从刘松龄的报告中也可以确认这一点⑤。

在城墙外面,葡萄牙与法国的耶稣会士有他们各自的、被城墙围起来的墓地,这里还有一间房屋和一座教堂,每年春秋两季在这里举行两次纪念仪式。

刘松龄认为,中国官方对传教士是持猜疑态度的⑥。从北京居民的保留态度也可以感觉得出,只有很少数人皈依了天主教信仰⑦。基督教礼仪是允

---

① *Welt-Bott* V,No.681,p.75.

② Joseph Krahl,op.cit.,pp.191–192.

③ Georg Pray,*Imposturae…*,pp.LII–LIII.

④ Eric Widmer,*The Russian Ecclesiastical Mission in Peking During the Eighteenth Century*,Harvard East Asian Monographs 69,Cambridge Mass.and London 1976,主要在 p.20,24,44。

⑤ *Welt-Bott* IV,No.587,p.92.

⑥ *Welt-Bott* IV,No.587,p.92.

⑦ 同上。不算孩子的话,1743年他们一共为200个来自社会不同阶层的中国人洗礼(*Welt-Bott* V,No.681,p.76.)。

许的，但仅限于北京及其附近地区（距城步行一小时路程以内范围）。信徒不许从教堂大门进入，只能从侧门进去。礼拜日和纪念日会举行包括弥撒在内的布道（1743 年，刘松龄和魏继晋轮流在圣约瑟夫教堂讲道，而在书院教堂讲道的是高嘉乐，法国教堂则是宋君荣和孙璋）。妇女是不允许参加教堂仪式的，因此她们偷偷地去拜访耶稣会士寓所附近一所独立的圣母玛利亚教堂（Chapel of the Blessed Virgin）。传教士很少会在中国人家中做弥撒①。

王慧琴：刘松龄，2007。

　　传教工作在中国的其他地方是严令禁止的。乾隆皇帝非常坚决地遵从他父亲的建议：传教士在宫廷非常有用，不过在其他地方就没什么用了。然而，传播天主教的尝试在一些地方省份仍在进行，因此对传教士和皈依者的

---

① *Welt-Bott* Ⅴ，No.681，p.76.

迫害不断发生。传教士冒着生命危险传教,不过对于当地信徒,只要他们拒绝新信仰(按照日本的惯例,他们必须把画着十字架的纸或是衣物踩在脚下)可以避免坐牢和折磨。除了肉体的刑罚,他们还会面临没收财产或是流放远方的惩罚①。

1749年,在中国不同省份逮捕的一些传教士被判处死刑。同时,刘松龄和傅作霖被指控向北京天主教教徒散布宗教书籍和图片,他们被召集到法庭,不过由于皇帝的干预而免受处罚②。刘松龄认为,当他们的敌人是行政官员(尤其是理藩院)时,中国皇帝对传教士的态度是保持中立的。

在这样的环境下,对最高层来说,北京传教士的位置是不明确且不合适的。因为他们不允许离开帝国的首都,所以像是一种人质,然而另一方面,他们在宫廷中又扮演着中国宫廷的调停人与谈判人的重要角色。因此,在1754年5名葡萄牙耶稣会士因为在江南地区非法传教而被判处死刑,传教士席澄元(Sigismondo a S.Nicola)上书申请赦免的时候,刘松龄参与了与一位高级官员的谈话,最终使这些人得到赦免,只是被流放到澳门③。

尽管如此,还是可以听到许多在其他传教修道会的成员中流传的所谓关于对北京耶稣会士被动工作的指责④。由于罗马传信部对在中国的耶稣会士已有的不信任,这种指责愈演愈烈。教皇克莱芒十一世(Pope Clement XI)已于1715年下令,禁止对上帝使用"天主"(Lord of Heaven)以外的名称。他还谴责对先人的崇拜,不论在家里、墓地或在孔庙,都是一种迷信,以后中国天主教徒要禁止参加这种礼仪。无论如何,对于耶稣会士准许中国异教礼仪的怀疑,在随后的几十年中一直持续着,并且最终导致了教皇本尼狄克十四世于1742年颁布教皇诏书《自上主圣意》(Ex quo singulari)禁止此类活动。

由于中国皇帝希望把传教士们留在宫中,耶稣会士的位置有所缓和。从17世纪初开始,中国对物理世界和实用科学的兴趣逐渐占据优势,这也促成了上述局面⑤。在天文学领域,这种兴趣尤其强烈,因为人们发现中国原有的历法越来越不可靠,需要彻底改进。刘松龄所在的时代,北京耶稣会士拥有天文学、数学、音乐、绘画、机械(钟表制造)、建筑以及医药方面的专业

---

① *Welt-Bott* V, No.696, p.126。

② 同上。

③ Joseph Krahl, op.cit., p.114.

④ 同上, p.80。

⑤ Nicolas Standaert, *Znanost, filozofija i religija u suočavanju Kine i Zapada u XVII. Stolječu*, Filozofska istraživanja 29, Zagreb 1989, pp.449-450.

知识。因此，我们认为刘松龄"除了绘画之外，中国皇帝几乎毫不赏识欧洲科学，而大臣们则纷纷效仿皇帝[1]"的评论略微夸张。如果这样的低估与冷漠是事实的话，那么刘松龄根本就不可能获得数量众多且责任重大的任务。然而，事实是他很难证明自己的知识是无用的[2]，或者，用他自己的话来说："总是会由于新的方式而获得中国人的尊重。"[3]这种态度与耶稣会的传教方法是一致的，即不是死板地执行天主教的教条，而是将基督教的外延与道德和理智的概念结合起来，就像儒家与佛教所宣称的一样。

在深深被科学吸引的同时，刘松龄一直都很清楚，自己的首要任务仍然是传教。在他的一封信中，他特别强调："我们来这里不是为了修订天文历表，不过，由于天文学对于保护和维持我们的传教是必不可少的，我们会朝着这个目标做我们能做的一切，我们也愿意将我们的工作，交给所有对之感兴趣或者可以帮助我们的人。"[4]在当时的环境下，传教士打算与当地人建立非侵入性的接触，尤其是当他们由于好奇来教堂，听传教士向他们解释宣传教义的时候："如果我们有机会与别人闲谈（这种事情经常发生），我们不会隐瞒我们的戒律；相反，我们要坦率地指出他们的失误，并为他们解释信仰的真理。当他们来到我们的教堂，并对绘画以及其他的解释感兴趣的时候，我们会积极地回应他们，同时坚决主张他们接受信仰以完成救赎。他们很喜欢听我们讲解，但只有很少人会接受洗礼。"[5]中国人问他们，为什么他们要从那么远的国家来到这里，他们总会回答说，他们的目的是传播真正的信仰。因此，不仅皇帝和大臣们知道传教士们，而且老百姓也知道他们。

也许正是由于当地人对传教的回应大都比较冷淡，因此刘松龄的信件中只有很少关于传教工作的信息（只有在 1766 年他汇报说传教取得了重大进展）[6]。大部分最忠实的信徒是穷人，按照刘松龄的记述，为他们提供食物和住宿非常不容易[7]。传教士们会首先为弃童施洗，他们都是慕道友每天清晨从北京的大街上带回来的[8]。设法让中国贵族皈依基督教的计划没能成

① *Welt-Bott* V，No.675，p.41.

② 同上，No.696，p.128。

③ 同上，No.681，p.77。

④ Georg Pray，*Imposturae…*，p.XXV.

⑤ 同上，p.XVI。

⑥ 同上，p.LIII。

⑦ 刘松龄 1743 年 10 月 6 日的这封信，在 Pray 之后还被 Ludwig von Pastor 引用过，参见：*Geschichte der päpste seit dem Ausgang des Mittelalters*，Bd.16，Abt.1，Freiburg im Breisgau 1931，p.322。

⑧ Columba Cary-Elwes，*China and the Cross*，New York，1957，p.143.

功,因此另外一种能够证实天主教信仰的办法变得至关重要:利用欧洲的科学。正如李约瑟所言,这种行为暗含了一种固有的逻辑,即先进的科学只能存在于基督教世界:每一次对日食、月食的成功预言都间接证明了基督神学的正确①。刘松龄在天文学上的每次胜利都意义重大,因为这个学科关系着中国宫廷最为敏感的领域:从事关农业周期的历法计算到决定宗教仪式的星占预报。天文学家的这种职责,正是他们能够加入国家管理并且直接对皇帝(每年都要接收并批准历法)负责的原因②。

刘松龄最重要著作《天文观测》(*Astronomical Observations*)的标题页,1768。

刘松龄的科学工作

1743 年 12 月葡萄牙耶稣会士徐懋德去世后,刘松龄开始在钦天监任

---

① Joseph Needham, op. cit., p.449.

② 同上,p.171。

职。在众人的提议下，他被任命为监副。刘松龄在谢恩书中请求不拿俸禄，但是皇帝没有批准。当时，刘松龄的官阶是六品。由于监正戴进贤亡故，刘松龄于 1746 年 5 月 6 日继任监正，并从此晋升为五品官员①。当时，清王朝的官阶按照文官与武将分为九个品级（每品又分为正从二级）。当然，这并不能反映实际管理的权力——中国官员真正喜欢的，只不过是朝廷等级的体现。在 17、18 世纪，共有 11 名耶稣会士获得官阶，其中大多是钦天监监正或监副。

钦天监监正总是由葡萄牙传教士或由葡萄牙赞助的传教士担任。按照官阶顺序，钦天监通常由一名满族亲王主管，然后是两名监正（一名是满族人，另一名则是欧洲人）、两名监副（最初是一满一汉，但到 17 世纪汉族监副的位置被欧洲人取代）以及两名助手（都是欧洲人）。此外，这里还有 190 名中国雇工，不过他们的天文知识都很贫乏。钦天监隶属于礼部（因此刘松龄偶尔也会担任一些庆典的主持），与其他部门则无甚关联②。这些满、汉职员们基本没什么用处，而且按照法国传教士宋君荣的说法，有时他们简直就是障碍，"这些汉人和鞑靼人给戴进贤和刘松龄两位神父带来了许多麻烦……"③他们都是阴谋者，而且贪得无厌。刘松龄曾在一封信中记述了中国天文学家试图在皇帝面前诋毁耶稣会士形象的行径④。我们可以断定，正是中国对欧洲天文学的消极态度，才导致了各种攻击耶稣会天文学家言论的出现。这种态度在 17 世纪的中国学界便已经出现，并且在刘松龄的时代愈发明确⑤。

从前面所提到的种种区别以及矛盾来看，如果说耶稣会士所考虑的宇宙结构与中国人的宇宙结构实质上是相同的，那未免太荒谬了。与之前的耶稣会士一样，刘松龄不得不遵循托勒密的地心体系，尽管他个人可能更相信日心模型。他的看法与中国传统的宇宙（类似于地心说，不同的是地球被设想为方形的平原）相当一致。此外，中国关于宇宙的概念要更加正确，它

---

① *Welt-Bott* Ⅴ, No.683, p.91; Lo-shu Fu, A Documentary Chronicle of Sino-Western Relations (1644—1820), Tucson 1966, p.178.

② Henri Cordier, op.cit., p.12.

③ Lettres édifiantes et curieuses, *écrites des Missions étrangères par quelque Missionnaires de la Compagnie de Jesus*, Tome Ⅳ, p.65 (quoted by: Louis Pfister, *Notices biographiques et bibliographiques sur les Jésuites de l'ancienne mission de Chine*, Variétés sinologiques, No.59, Chang hai 1932, p.754).

④ *Welt-BottI* Ⅴ, No.588, p.95.

⑤ 更多细节参见: John B.Henderson, *Ch'ing Scholars' Views of Western Astronomy*, Harvard Journal of Asiatic Studies, Vol.46(1986), No.1, pp.121-148.

被认为是天体在其中运行的虚空,而不是耶稣会认为的水晶球体系。一些其他宇宙学问题也存在着本质的矛盾,例如,中国的"天"的概念和基督教的"天"的概念。尽管如此,耶稣会士还是给中国天文学带来了毋庸置疑的进展,诸如预报日月食的可靠方法、行星运动的几何解释、地球表面是球形的知识、欧洲代数的状况、建造天文仪器的知识以及观测天体的新方法等[①]。

刘松龄出任钦天监监正之前,北京的天文观测还不是特别全面和系统;1741年至1746年间,由于监正戴进贤年迈,且刘松龄此时正全神贯注于学习汉语和书法,观测工作更是陷入低迷[②]。后来,刘松龄将戴进贤从1718年至1745年的天文观测记录带回耶稣会,并按照适当的时间顺序和行星体系抄录整理成书。他意识到当时钦天监的观测仪器数量不足且样式陈旧,其中大部分都来自17世纪最后二十几年。因此,他这样描述戴进贤与他自己的工作:"我们都尽可能地努力……钦天监那些又大又重的仪器,虽然庄严雄伟而且是用纯铜打造,但是根本无法达到现在所需的精度。我们在教堂中可以使用的仪器,只有测微计、摆钟以及两英尺(半径)的四分仪。几天前,我们添置了六分仪,这是在安东尼奥·桑切斯医生(葡萄牙人,俄国宫廷的首席医生)的友情支持下收到的。虽然利用测微计和摆钟也有可能达到足够的精度,但是这种情况很偶然,不可能经常那么精确。另一方面,无论如何我们都应该尽可能安装使用六分仪。至于四分仪,我们已经向里斯本宫廷求助,因为我们实在没钱购买。事实上,所谓的北京耶稣会士的财富只是个传说,其实我们什么都没有。"[③]

1745年,俄国圣彼得堡科学院主席伊万·阿尔伯特·科夫男爵(Baron Ivan Albert Korff)的一封信寄到了北京,地址为数学管理委员会(Collegium of mathematics),一并寄来的还有三套该科学院出版的书籍,以及一份交流科学工作的邀请函。

耶稣会士于是回寄了一套中国的数学与其他著作,以及一些天文观测的记录[④]。这种合作以俄国商队为中介一直持续着。1753年末,一支商队从

---

① Joseph Needham, *Chinese Astronomy and the Jesuit Mission.An Encounter of Cultures*, China Society Occasional Papers, No.10, London 1958, pp.1-2.

② 1740年11月,他曾将日月食的计算寄给他的弟弟韦查德(*Welt-Bott* Ⅳ, No.588, p.97)。

③ Philosophical Transactions 1751-1752, pp.320-321; *O observatorio astronómico de Pequim*, sécs.XVI a XIX, Exposição iconográfica, Missão de Macau em Lisboa 1991.

④ Georg Pray, *Imposturae*, No.2, p.XXIII; *Welt-Bott* Ⅴ., No.696, p.128。可能是北京的法国耶稣会士宋君荣促成了这种联络,他之前曾于1731年向圣彼得堡科学院寄过书籍,并成为其荣誉会员。

莫斯科出发来到北京,这支商队由阿列克谢·弗拉德金(Aleksey Vladykin)率领,他是圣彼得堡外务管理委员会的汉语和满语翻译。他十分了解中国的首都,因为他曾在那里学习语言。俄国圣彼得堡科学院向商队派遣了一名会员,卢卡·耶拉契奇(Luka Jelačič)医生,他曾经于1744年至1746年以同样的方式去过北京。他的任务是为圣彼得堡博物馆(Kunstkammer)采集西伯利亚与中国的民族物件,同时为俄国圣彼得堡科学院挑选与自然科学相关的中国书籍与资料。1754—1755年,耶拉契奇在北京必定见到了刘松龄,因为刘松龄曾特意下令准备一份重要的天文观测报告,以及收集耶稣会士记录的关于中国植物与动物的资料。因此,很可能是在刘松龄的帮助下,耶拉契奇采集购买了42本中国书籍带回俄国。其中比较重要的著作,例如《八旗通志》(Annals of the eight banners),记录了清朝的早期历史。这本书后来被俄国的早期汉学家伊拉里昂·K.罗索欣(Ilarion K.Rossohin)翻译成了俄语,此人不久前曾在北京的俄国传教团学习。该书翻译完成后,于1784年由阿列克谢·莱昂蒂耶夫(Aleksey Leontjev)出版①。

在耶拉契奇的中国采集中,有一些历史、医学、天文、地理和数学领域[在词典中被统称为"诸艺"(various arts)]的著作,其中5本是由北京耶稣会士提供的:一张星图、一张旧的中国地图、一份云南省的总述以及一份湖广省南麓镇(Nanlu)的概述②。有趣的是,1762—1764年,耶拉契奇与俄国外交大使伊万·克罗波特夫(Ivan Kropotov)一起第三次到中国,不过这个我们后面再谈③。

1746年,北京的传教士收到了来自伦敦皇家学会并由皇家学会秘书克伦威尔·莫蒂默(Cromwell Mortimer)签署的邀请函,提议双方合作交流。从宋君荣的笔记中得知,他和刘松龄都同意成为皇家学会的通讯会员。多亏了宋君荣,他们与法国科学院也取得了联系,1748年11月他们寄了一些刘松龄的报告过去。正是这样一种方式,开启了清廷钦天监(特别是刘松龄个

① Eric Widmer,op.cit.,pp.162-164; T.K.Šafranovskaja, *Poezdka lekarja Franca Elačiča v 1753-1756 gg.vPekin dlja popolnenija kitajskih kollekcij kunstkamery,Iz istorii nauki i tehniki v stranah vostoka 2*, Moskva 1961,pp.126-131。关于 Jelačič 1754-1755 年在中国的收集,参见:Jean Bacmeister, *Essai sur la Bibliothèque et le Cabinet de curiosités et d'histoire naturelle de l'Academie des Sciences de Saint Petersbourg*,(St.Petersburg)1776,pp.173-174。

② 这份清单是博作霖 1755 年列出的,现保存于圣彼得堡科学院档案馆(Francisco Rodrigues,op. cit.,p.123)。

③ T.K.Šafranovskaja,op.cit.,p.131.

人)与欧洲学术界生机勃勃而又硕果累累的合作。另外值得一提的还有他与奥地利和葡萄牙宫廷(某种程度上也算是对科学的贡献)的联系。

皇家学会的邀请函,是刘松龄在 1742 年至 1743 年与 1745 年至 1746 年的《哲学汇刊》发表了两篇北京的天文报告(1740 年 11 月与 1742 年 3 月的观测)之后发出的①。当英国的接收函经过漫长的海上通信到达中国时,刘松龄第一次以自己的名字在 1749 年至 1750 年的《哲学汇刊》(1752 年出版)上发表了天文观测报告。彼时,已经是他在领导钦天监的工作了。

下一期的《哲学汇刊》(1751—1752 年)发表了一封刘松龄的长篇信件,该信曾于 1751 年 12 月 19 日首先在皇家学会宣读,并于 1753 年出版其英译本。在这封信中,刘松龄对莫蒂默先生 1746 年 2 月 5 日从伦敦寄出的接收函以及一本《哲学汇刊》的副本表示感谢,不过他们直至 1749 年才收到。作为礼尚往来,他们向伦敦寄了两本中国书籍,一本是对数表,另一本是日月表(依据牛顿理论),都由戴进贤翻译,在当时清廷钦天监被用来计算历书和日食、月食。此外,他们还附上了 1746 年与 1747 年相关天文观测的摘录。接着,在这封长信中,刘松龄还介绍了清廷钦天监的设备,然后回答了有关香獐子(musk deer,一种动物,与普通的鹿类似,它身上的麝香可以提取香水)、中国的地形图和城市示意图以及汉语词典的疑问。

刘松龄信件中关于地质学和动物学的资料很少,只是在回答欧洲友人的询问时才会出现。

为了满足弟弟的心愿,1738 年他在果阿时曾打听过一种叫做"ariquirize"(后文称"arikviriz"——译者注)的宝石。他还设法弄到一幅艾启蒙(Ignatius Sickelbarth)在北京书院教堂画的母麝香鹿②,并记下了这种动物的汉语和拉丁语名称:香獐子,the damula odorifera(有香味的母鹿)。他承诺会把收集的昆虫、蝴蝶、贝壳等的标本寄往伦敦,并且他做到了③。

刘松龄对中国地图绘制学的贡献也值得一提。1738 年末,应澳门统治者的要求,他绘制了一幅澳门城市及其周围的地图,并且将地图的一份副本寄给了果阿总督。1739 年 3 月 1 日刘松龄便离开了,第二份副本由纽介堡

---

① 参见本书第 28 页注释④。

② Philosophical Transactions 1751–1752,p.321 and picture attachment between pages 320 and 321.

③ 同上,p.323。Philosophical Transactions for the year 1753(London 1754)的第 253—260 页发表了耶稣会士汤执中(d'Incarville)写的一封信,信中就有这些收集的资料。

完成,而这次是准备呈献给葡萄牙国王的①。10 年后,在中国皇帝的命令下,他与葡萄牙耶稣会士傅作霖一起绘制了位于朝鲜附近木兰地区的地形图,那里是乾隆皇帝举行秋季狩猎巡行的地方。去木兰狩猎的途中,要经过热河(Rehe 或 Jehol)的夏日行宫(即避暑山庄——译者注)。1750 年,刘松龄在写给克伦威尔·莫蒂默的信中,描述了他在这里的经历:

> 去年我与傅作霖一起越过曾将汉人和鞑靼人分隔开来的长城,到了鞑靼北部。按照皇帝的要求,我们绘制了该地的区域地图。按照祖父定下的规矩,皇帝每三年会在这里举行一次狩猎巡行,以防止鞑靼人由于清闲而变得羸弱,以此也保持他的精力旺盛,确保他的朝廷和军队随时应战。尽管如此,他们却还是一天天衰弱下去,甚至他们现在比汉人还要柔弱。鞑靼人自己应该关注这些。诸位先生,如果我们有足够时间来校正并完成这幅地图,我会将地图的副本寄给您。皇帝非常喜欢我们的成果。当我们回来之后,他非常亲切地接见了我们,并问了我们许多关于那个地区的问题。这幅地图的东西距离是一度,南北也是一度。位于北纬 41°30′—42°30′。西侧界限与北京所在的经线相同,在中国,无论是天文意义还是地理意义上,这条经线都相当于起始子午线。整个地区是一条山脉,荒无人烟,野兽倒是很多,如鹿、野猪、熊、老虎等。各个方向的峡谷均有重兵把守,不会放任何人通过。②

1755 年 4 月 1 日,宋君荣给伦敦皇家学会的秘书托马斯·伯奇(Thomas Birch)寄去一些中华帝国、鞑靼区域以及朝鲜附近区域的地图,其中也许就有刘松龄绘制的③。1761 年,耶稣会士将中国地形图呈献给乾隆皇帝,这幅地图是由刘松龄和蒋友仁(Benoit)参考前人的调查而完成的。1708—1709 年间,杜德美(Pierre Jartoux)、雷孝思(JeanBaptiste Régis)和费隐曾绘制过朝鲜边境地区的地图④。

1750 年时,刘松龄还没能见到伦敦皇家学会索求中国地图以及城市示

---

① *Welt-Bott* Ⅳ, No.587, p.86.

② Philosophical Transactions1751–1752, pp.321–322.

③ Antoine Gaubil, op.cit., pp.806–807.

④ Jean Pierre Abel Rémusat, *Nouveaux mélanges asiatiques*, Tome 2, Paris 1829, p.50.

意图的请求①。当他 1752 年离开北京前往澳门时,他准备携带一份北京的城市示意图并送往伦敦,不过后来地图没有能够及时完成②。

刘松龄后来好像没有再参与地图绘制方面的工作。当中国征服最西北部的准噶尔以后,被派去那里的是傅作霖和高慎思(Joseph d'Espinha)。1758 年,乾隆皇帝占领了东突厥斯坦(Chinese Turkestan)地区,他希望刘松龄去绘制这个地区的地图。北京耶稣会士也劝他接受这项任务,不过一些朋友建议他不要接受。他自己可能也感觉到了,这次旅程会异常艰辛并且旷日持久,而他已经年近 60 岁。因此他一直保持沉默,直到皇帝自己宣布,鉴于他已经年老力衰宜改用他人③。因此,傅作霖和高慎思再次被派去西北边疆(1760)。不过,现代一些学者认为,刘松龄与他们一同去了,可见这种说法是错误的。④

除此之外,刘松龄对中国地理学的贡献,是他于 1754 年确定了北京的精确地理位置⑤。他通过戴进贤在北京以及德利尔(de l'Isle)在圣彼得堡分别观测木星卫星轨道的记录,计算出了北京的地理位置。他发现,北京与圣彼得堡分别所在经线之间的时间差为 5 小时 44 分钟 16 秒,或 5 小时 44 分钟 30 秒,因此,他得出了相应的距离。在亚洲社会地理学方面,刘松龄的重要贡献是 1760 年与 1761 年之间对各省人口进行的计算。夹杂在刘松龄葡萄牙语译文当中的汉语统计数据,在刘松龄死后被法国耶稣会士占有;1777年,法国耶稣会士将这些数据连同他们自己的注释一起寄回法国⑥。这些数据包括 19 个省的人口,1760 年总数为 196,837,977 人,1761 年总数为 198,214,553 人。从这些数据可以看出一年的增长人数为 1,376,576 人。刘松龄的数据比 1743 年钱德明(Amiot)统计的要精确得多,因为后者仅仅对中国人口进行了近似的估算:将纳税户数乘以 6,再加上假设的偷税者数目,得出2 亿的整数。

刘松龄统计的 1761 年中国人口的数据,18 世纪末第一次发表在巴黎的

---

① Philosophical Transactions 1751—1752,pp.321-322.

② Philosophical Transactions 1753(London 1754),p.312.

③ Georg Pray,*Imposturae*,No.5,p.XXXIX.

④ 例如,这种错误结论在 John F.(Frederick)Baddeley 的书中就有,参见:*Russia,Mongolia,China*,Vol.1,London 1919,p.CXCI.

⑤ Georg Pray,*Imposturae*,p.107,111.

⑥ 这份清单出自传教士晁俊秀(M.Bourgeois)之手,信件落款为北京 1777 年 11 月 1 日(参见:*Mémoires*…,Tome 9,p.440)。

《中国丛刊》上，在格鲁贤（Grosier）的《中国概述》[*A General Description of China（for the years 1760 and 1761*）] 中被引用。19 世纪初，雷慕沙（Rémusat）将其录入自己的《亚洲杂文新编》（*Nouveaux mélanges asiatiques*）①。他们的工作促进了许多问题的研究，而这些问题后来被社会科学家和经济学家所关注，例如伏尔泰（Voltaire）、卢梭（Rousseau）、亚当·斯密（Adam Smith）、魁奈（Quesnay）、梅西埃（Mercier）和杜尔哥（Turgot）。他们试图为如此高的人口出生率寻求解释，但最首要的问题是，这么多人是如何维持生计的——仅仅因为气候适宜或土地肥沃，或者是因为工作习惯，特别是高超的农耕技术，还是因为政府的英明治理？所有这些，引发了学者对比欧洲农民与中国农民的生存条件的深远思考②。

在叙述刘松龄前往中国的旅程时，我们已经谈过了一些他记录的有关东亚地理政治条件的信息。此外，他还记述了中国人在爪哇（Java）反抗巴达维亚的荷兰人（Dutch in Batavia）的起义（1741），以及中国军队在四川西部对抗西藏山民的一次不成功的远征（1747—1749）③。1761 年，刘松龄将中国与西部的蒙古或鞑靼之间战争的消息寄回了欧洲。"他们被俄国人称为卡尔梅克人（Kalmyks）、厄鲁特人（Eluts）、准噶尔人（Dzungars），或者是漫游的鞑靼人（Travelling Tartars），因为他们住在帐篷里④。他们的南边是一些穆斯林，这些人也要交税，而且很明显都是布哈拉人（Buharian）。"他简短地叙述了这场战争爆发的原因和中国人的胜利，这时皇帝已经将"东至中国，南至西藏（Tibet）及莫卧儿帝国，西至布哈拉（Buhara），北至俄罗斯西伯利亚（Russian Siberia）之间的所有领土"都纳入了自己的帝国⑤。他还提到，这场与鞑靼人的战争从 1753 年到 1758 年持续了 5 年。这里需要进行一些解释：1754—1755 年，蒙古西部贵族阿穆尔萨纳先是将中国军队带到了准噶尔，但接着又背叛了他们。1756 年，他不得不从中国人那里逃出来，跑到哈萨克人

---

① Mémoires…，Tome 6，Paris 1780，p.292，pp.374-380 中表格的注释；Tome 9，p.440.由于阅读或是印刷时的错误，数字略有些轻微的差别：198，213，718（Mémoires 6），198，214，555（Mémoires 9）；AbbéGrosier，A General Description of China，Vol.1，London 1788，pp.385-388；Jean Pierre Abel Rémusat，op.cit.，Tome premier，Paris，1829，p.32。

② Friedrich Andreae，*China und das achtzehnte Jahrhundert*，参见：*Grundrisse und Bausteine zur Staas-und zur Geschichtslehre*，Berlin 1908，pp.168-173。

③ *Welt-Bott* V.，No.675，pp.40-41；No.696，p.127.

④ 刘松龄使用的词汇是：Callmucos，Eluthos，Tchongaros，Tatari vagabundi（Georg Pray，*Imposturae*，No.5，p.XXXVIII）。

⑤ 同上。

那里,后来又跑到了俄罗斯人那里。1757 年 9 月,他在托博尔斯克(Tobolsk)附近死于天花,年仅 35 岁。根据刘松龄的记述,叛乱还延伸到了塔里木盆地(Tarim Basin)的穆斯林区域,大小和卓(Kodzichan 或 Khozi Khan)率领的叛乱从 1758 年一直持续到 1759 年。他们和东边的蒙古人一样,由于不满强制兵役、征调、赋税以及中国商贩的剥削而发动叛乱。不过,准噶尔人和喀尔喀蒙古人(Halha Mongols)的联合行动没有能够实现①。

我们曾经提到,在兼并了准噶尔和东突厥斯坦之后,中国统治者下令绘制这片区域的地形图。他还下令让北京的四位欧洲画家[耶稣会士郎世宁、王致诚、艾启蒙和安德义(Augustinian Jean Damascene Sallustio)]创作了一系列描述这次战争的绘画。绘画共 16 幅,以他们的绘画为基础,在法国被制成铜板,每一块铜板各印刷一百份②。这件事情也可以从刘松龄的信中得到证实③。

不过,只有在中国宫廷以及耶稣会学院定期召见中国附属地区使臣的时候,刘松龄才能探听到一些关于准噶尔人和突厥斯坦人的侧面信息。他不无赞赏地这样描述着朝鲜人:

> 天底下最精明的人啊,他们可以整整一个小时不停地提问,而避免回答任何问题。无论什么时候他们来到北京,只要得到允许,他们便会来我们的住处,首先向我们求取一些墨水和书写工具。大多数时候,他们当中没人会讲汉语,所以要通过写字来交流。当我们让仆人书写答案的时候,他们就继续发问,而且常常会问与天文学相关的非常深刻的问题。如果我告诉他们可以把这些问题留给我,等我有时间的时候再做答复,他们却不愿意留下一个字,而说他们会改日再来拜访。他们个个身强力壮,都是杰出的战士,穿着中国的旧式服装,有时是长袍(togas),有时则是短衣(coats)。他们永远不会被征服而成为中国的一个

---

① C.R.Bawden,*The Mongol Rebellion of 1756-1757*,Journal of Asian History,Vol.2,No.1,Wiesbaden 1968,p.14-21.

② Henri Cordier,*Histoire générale de la Chine*,Tome 3,Paris 1920,p.350.

③ 此处刘松龄的信件被 Pray(*Imposturae*,No.6)引用之后,还被 Paul Pelliot 在文章中引用过,参见: Les,"*conquètes de l' empereur de la chine*",T'oung Pao,Vol.20,No.5,Leiden 1921 pp.269-270;在他之前的 Christoph Gottlieb von Murr 其实也引用过,参见其作品:*Litterae patentes Imperatoris Sinarum Kang-hi*,Nurimbergae et Altdorfii 1802,pp.24-25。

行省,但也不可能免于岁岁进贡。①

在刘松龄的前任戴进贤和倪天爵所处的时代,朝鲜人就已经开始拜访北京书院教堂了。1741 年,朝鲜天文学家安国宾(An Kuk-pin)还曾来到这里,由徐懋德指导,扩充自己的知识②。

在答复他弟弟提出的问题——他是否知道关于基督教在日本的传播情况时,刘松龄在一封信中说,大家对日本总是缄口不谈,就好像它根本不存在一样:

使节们来自暹罗(Siam)、南圻(Cochinchina)、东京(Tonking,此处"东京"指的是越南的河内——译者注)以及琉球(Riu-Kiu)——菲律宾和日本之间的岛屿;朝鲜的每年都会来,但是没有任何有关日本的消息。朝鲜人说,天气好的时候,他们都可以看见日本的山脉,但除此之外他们也一无所知,或者更准确地说,是他们不愿意说。③

中国人也能从外国人的谈话中获取一点有关欧洲的信息。那时候到过欧洲的中国人非常少[其中最早的满族使节是图里琛(Tulishen),他曾于1712 年出使土尔扈特部(Volga Kalmyks),他的叙述成为中国了解西伯利亚以及东欧的知识来源]。在 1786—1787 年完成的百科全书式的著作《皇朝文献通考》中,刘松龄作为帝国天文学家,在最后一部分也被提及,紧接着是一些关于他家乡的资料。不过,正如我们所料,这些材料描述的并不是关于克拉斯卡或者奥地利,而是德国④。可能是中国人自己作了这些替换,不过更有可能是刘松龄自己这样告诉他们的,以减少无谓的地理解释,也有可能是由于在欧洲,奥地利耶稣会士统统都算作德国人的事实。

在刘松龄及其弟弟韦查德所在的耶稣会的成员看来,关于地理学和民族学的资料与天主教的传教活动一起混杂在信件中,是一件非常合理的事(甚至耶稣会考虑要有计划地将信件发表在传教士的《新世界报告》中)。例

---

① Georg Pray, *Imposturae*, No.4, p.XXXVI–XXXVII.

② Juan G.Ruiz de Medina S.I., *Oringines de la Iglesia Catolica coreana desde 1566 hasta 1784*, Bibliotheca instituti historici S.J., Vol.XLV, Roma 1986, p.96.

③ Georg Pray, *Imposturae*, No.4, p.XXXVI.

④ Gerd Kaminski Else Unterrieder, *Vonö sterreichern und Chinesen*, Wien-München-Zürich 1980, p.43.

如,刘松龄将南印度传教成功的事情,以及1735年雍正皇帝死后天主教在中国传播的情况,都传达给了他的弟弟①。但他把更多的篇幅留给了他在途中参拜过的教会机构与教堂,以及他在北京的传教士同事。在他们的通信中,尤其有趣的是关于中国儒教及其礼仪的讨论。刘松龄以简短的话回答了弟弟的问题:

1.中国朝廷的信仰,或者立场是什么?它的基本原则是什么?我这样回答你:这种信仰是对天,或者最高之主(the highest Lord)的崇拜,它主要的原则是:弃恶向善;己所不欲,勿施于人;善恶天自知;不要妄自尊大,因为头顶上乃最高之主宰。这样一来,向他们讲授上帝(此处"上帝"指的是基督教的上帝——译者注),就会很难有人相信——因为最高之主宰与天为同一,即物质的天。不过,这只是注经者所做的解释,并不是经文本身:当我们否认它而提出相反的解释,他们也常常会赞同。这就是朝廷、帝国和皇帝的信仰,而皇帝,不论作为个人,还是作为官方,都要对天尊敬。这种信仰下,死后的状况是未知的。孔夫子的学生问他:死是什么?他回答说:未知生,焉知死?同样地,按照帝国的惯例,皇帝会向公众发布公告来陈述他的统治,其中常常会用到这样的程式化言辞:如果朕不这么做,有何面目去见列祖列宗在天之灵?

2.朝廷以外的人也这么认为吗?我告诉你,很明显,所有人都这样认为。

3.那些学者们也和朝廷中人信仰一致吗?我告诉你,是一样的。

4.谁是这种崇拜仪式的执行人?他的职责是什么?我告诉你,这个执行者就是唯一的统治者,他的职责就是每年在特定的时间祭天。按照规定,在祭天之前有三天的隔离和斋戒,通常是用禁食(fasting),而我宁愿用节欲(abstinence)这个词,因为不是戒除食物,而是要戒除享乐。皇帝专门有一个宫殿"斋宫",在这三天里,他单独生活,至少在晚上要留在那里。朝廷中负责协助皇帝祭天的官员都在他们的工作地睡觉。夜幕降临之前,会有皇帝指定的两名官员前来视察,看他们是不是都在。顺便提一下,一个视察人员曾在康熙皇帝面前指控当时担任中央斋宫主管(Head of Central Tribunal)的一个欧洲人没有执行斋戒,但是

① *Welt-Bott* Ⅳ, No.584, p.73; No.586, p.77.

皇帝回答说"他在家的斋戒比你在斋宫的斋戒还要虔诚"。祭典是这样安排的:冬至那天,皇帝到天坛(Tiantan,或 Temple of Heaven)祭祀;天坛在京城的南边,围绕着城墙大约有半法里(Gallic mile)长;春分这天,皇帝按相似的方式到日坛(Ritan,或 Temple of Sun)祭祀,日坛在京城的东边;夏至这天,皇帝按相似的方式到地坛(Ditan,或 Temple of Earth)祭祀,地坛在京城的北边;最后,秋分这天,皇帝再到月坛(Yuetan,或 Temple of Moon)祭祀,月坛在京城的西边。在开春之前,还会在天坛举行一次祭典祈求丰收:如果春雨迟迟不降,他们还会在相同的地点祈雨。每年还有一种有关耕种的祭典,在名叫先农坛(Shennongtan,或 Temple of the first agriculturist)的地方举行;皇帝亲自到那里耕作,握着犁翻开土壤,然后再把种子撒进去;皇帝在乐器和歌声伴奏下由皇子和官员们协助,以此鼓励耕作。仪式结束以后,皇帝会祭天:先农坛在京城南边,天坛的西边。献祭的时间通常在黎明之前,持续大概一个小时,日出之时结束。我不清楚仪式的细节,只知道他们会献祭红牛和黑牛,同时下跪并祈祷;所有这些祭典都是皇帝亲自执行,如果他不能来,会指派一名皇子代行,不过祭典这种事情应该是由统治者本人执行的。

5.他们有什么纪念日(此处"纪念日"指的是宗教的节日——译者注)吗?我回答,没有其他的。①

1.除了那些官员每月两次向百姓说教的地点,他们这个神圣的信仰和老师们还有其他神圣的场所吗?我回答,除了孔夫子的祠堂,就没有其他地方了,孔夫子的祠堂里面也只有一张桌子和一个大约一英尺长、半英尺宽的牌位,上面写着四个字:"至圣先师(the holiest Teacher)"。但这里并没有每月两次的集会,每年也没有。虽然也会有人向百姓讲话,但是这种人非常之少;他们很少会这么做,而且无论是在哪里做这种事,祠堂或是公堂,他们都只会对少数人说教。换句话说,没有什么比百姓集会更令人讨厌与猜疑了。

2.凭着他们自己的良心,百姓认为他们必须参加这种集会吗?这是国家法律规定的吗?这是一个平民必须履行的职责吗?不是的。

3.违背灵魂不朽的著作是否有可能不受处罚?我告诉你,很少会有

---

① Georg Pray, *Imposturae*, No.4, p.XXXIII–XXXVI.

著述讨论这个话题。关于灵魂以及死后的状况,虽然不同的(作者)会有不同的看法,这些主张和观点没有任何根据,除了对祖先的信仰和一些无法理解的传统。恰恰是我们如果教导他们灵魂以及灵魂不朽的话会更容易让他们信仰基督。①

从这些材料可以看出,尽管刘松龄自己不参加中国的宗教礼仪,但是他对此非常了解。他对儒家经典也很了解(他曾提到,比如《孟子》:孟夫子的哲学观点)。这种兴趣已经成为在华耶稣会士的一种传统,他们试图在儒家经典中寻找到解释一神论的可能。因此,他们尝试将中国的"天"的概念和人格化的上帝结合起来。他们也研究中国的年代学,试图将其与《圣经》中的《创世纪》结合起来(不过,在诺亚儿子们的后裔当中并没有提到中国人)。另一方面,在欧洲,关于中国宗教礼仪及其与基督教相较的激烈辩论还在继续,这场争论直至1742年教皇对耶稣会的适应策略发布禁令才结束。

刘松龄在信中只谈到了儒教,没有提及道教和佛教,尽管这三种信仰可能并非是出于偶然才纠缠在一起的。从活跃在17世纪初北京的利玛窦(Matteo Ricci)开始,传教士们就已经在试图证明基督教是儒教的上层建筑。利玛窦本人就经常在信中引用儒家经典,来证明早期中国信仰中的一神论。这就是为什么他的主要敌人不是儒教(更确切地说,在他眼中所有非儒教的信仰都多多少少是堕落的),而是佛教和道教②。刘松龄在北京的同事汤执中称赞儒教说,它与佛教不同,因为它是"一神"教,因此它更加博学与独创③。儒学与欧洲启蒙主义的唯理论符合得更好,这种精神的一致性使得当时的欧洲人只愿意学习中国的儒学④。

尽管学习必需的宗教和哲学内容也并非易事,但学习语言才是主要的障碍。不过在这方面,刘松龄显示出了他的天赋和勤勉。他到达澳门不久,便开始坚持不懈地学习汉语⑤。在北京,刘松龄继续全神贯注地学习汉语,

---

① Georg Pray, *Imposturae*, No.7, pp.XLV-XLVI。译文感谢 Martin Benedik 讲师。

② D.Lancashire, *Buddhist Reaction to Christianity in Late Ming China*, The Journal of the Oriental Society of Australia, Vol.6(1968-1969), No.1-2, pp.82-83.

③ Henri Cordier, *Voyage à la Chine au XVIIIe siècle du p.Pierre d' Incarville*, Extrait du Bulletin de la Section de Géographie 1917, Paris 1919, p.30(192).

④ Adolf Reichwein, *China und Europa, Geistige und künstlerische Beziehungen im 18.Jahrhundert*, Berlin 1923, p.87.

⑤ *Welt-Bott* IV, No.587, p.86.

一直到 1746 年,他甚至因此而忽视了天文观测①。他对汉语的掌握,给中国皇帝留下了很深刻的印象②。当时的督察员雅各布·菲利普·西蒙(Giacomo Filippo Simonelli)还特别鼓励他去学习汉语经典文献,因为"当下没有比这更重要的,而对一个在中国的传教士来说,也没有比这更有用的了;只有这样他才能拥有威信,赢得别人敬重,否则中国人不会听你讲话,或者他们即便听了也不会相信"③。1743 年,刘松龄便已自称,他可以不做太多准备就用汉语向中国人宣讲基督教的真理,而且他正在阅读并能够理解由传教团创始人用汉语写的大量著作。在此之前一年,他已经开始阅读、理解并翻译那些无法理解(或者有人指导才能明白)的中国经典文献了,虽然他承认,如果要到达精通的程度,自己还有很长的路要走。他用毛笔学习中国的书法,并且作为练习,他抄写托马斯·厄·肯培(Thomas de Kempis)著作的旧中文译本。不过,他还无法用汉字把自己的想法写出来④。

他描述了翻译汉语文献时使用的辅助手段:"将汉语词汇翻译成拉丁语或者欧洲其他语言的汉语词典非常稀少,而且均有缺陷。论完善程度,没有一本能够达到出版的水平,论价钱,又物非所值。我们到这里后刚开始的几年用的词典,要么是前人留下来的,要么是自己花大量时间整理的。不过,除了刚开始的两三年,这些词典对阅读和理解那些由我们的神父们编撰的、有关基督教义的著述,也没有什么特别的用处。为了能够阅读更加难懂的汉语书籍,尤其是那些经典,我们开始使用由汉语解释汉字的词典,不过只是一些简单的方式,类似于使用史蒂芬斯(Stephens)、尼邹利阿斯(Nizolius)等人的拉丁词典。"⑤

1753 年葡萄牙外交使团到北京访问时,选择刘松龄作为顾问和中介,主要原因很可能是因为他对汉语和葡萄牙语皆非常精通。自然,他与葡萄牙宫廷良好的关系,对这次任命也产生了很大作用,比如葡萄牙王后,她就与刘松龄有私交,还指示过使臣可以直接去联系他⑥。不过事实上,刘松龄最主要的职责,是同时为葡萄牙使团和乾隆皇帝做谈话翻译,将葡萄牙语翻译成汉语,而且还要顺便为皇帝把汉语翻译成满语。虽然北京的传教士有几

---

① Philosophical Transactions 1751–1752,p.321。

② *Welt-Bott* V,No.689,p.26(letter of G.Laimbeckhoven)。

③ 同上,No.681,p.77。

④ 同上。

⑤ Philosophical Transactions 1751–1752,pp.322–323.

⑥ 同上,1753,London 1754,p.312(letter of A.Gaubil)。

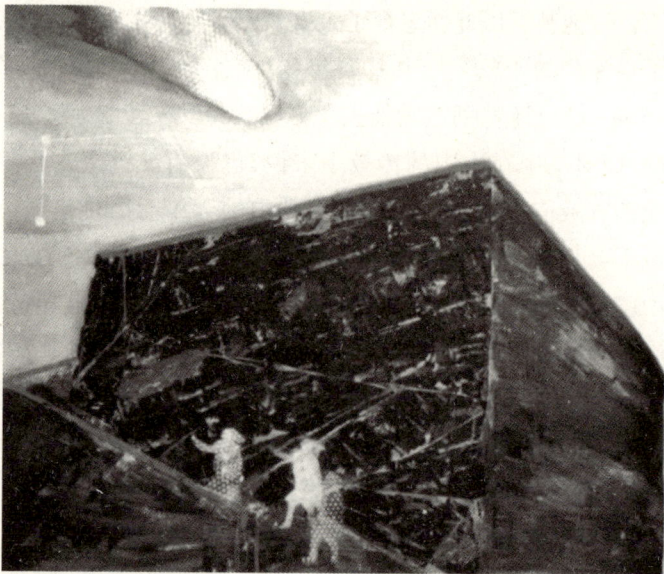

王慧琴:北京观象台,2007。

位都出生在西班牙,可是没有一个人可以替代刘松龄。

由巴哲哥率领的葡萄牙外交使团,来与中国皇帝直接对话,旨在面对"态度专横的广东官员"时,保护葡萄牙人在澳门的权利①。有关中国在澳门司法裁定权的误会,是首要的议题。此外,他们还尝试争取结束各省的传教士案件,以及加强两国之间的贸易往来。

1752 年 8 月 15 日,巴哲哥和他的随员们到达了澳门,然后将葡萄牙前国王遗孀玛利亚·安娜写的一封信寄给刘松龄②。她要求刘松龄尽力与中国皇帝斡旋,以使她的使团得到最大的关注与尊重③。在北京的朝廷,刘松龄获得了(伴随)使团进京的许可,然后于 10 月 25 日,他和一位姓舒(Shu)的清廷官员一起动身前往澳门,12 月 13 日到达,12 月 25 日,他便已经开始和使团一起穿过广州返程北京④。中国皇帝下令,使团途径省份的总督巡抚,都要以最高礼遇来招待他们。1753 年 5 月 1 日,在刘松龄的带领下,他们进入了北京。队列最前面是骑着马的传教士。他们跟着刘松龄和陪行官

---

① *Lettres édifiantes…*,28e Recueil,Paris 1758,p.Ⅵ.

② Joseph Krahl,op.cit.,p.93.巴哲哥的使团以及刘松龄的角色在 Joseph Ritter 的书中有所提及,参见:*Vita et virtutes Mariae Annae Portugalliae et Algarbiae Reginae*,Viennae 1756,pp.213-215(该书以德语出版,并有西班牙语译本)。

③ Francisco Rodrigues,op.cit.,pp.79-80.

④ Andrew Ljungstedt,*An historical sketch of the Portuguese settlements in China and the Roman catholic church and mission in China*,Boston 1836,p.103.

员,在他们后面是三名骑着马的带刀侍卫,护卫着 29 个包着黄色丝绸的箱子,里面是献给中国皇帝的礼物。队列中还有带着小号和大键琴的音乐家,护卫队的成员以及随从,他们都骑在马上,两边的马镫旁各有一个黑人男孩,两边还各有一名侍从。大使坐在一顶精美的轿子里,由 8 个衣着华丽的中国人抬着。轿子后面是唱诗班的成员,还有许多仆人打扮的黑人男孩围绕着他们。再后面是 12 个箱子,由金镶边且配有金银刺绣的帕切科盾徽（coat of arms of pacheco）的蓝色丝绒包着。队列的最后是骑着马的侍卫[①]。根据确凿的资料,巴哲哥的随员共有 71 人[②]。刘松龄提到的有 63 人,其中有 8 名贵族（gentlemen）,20 个侍卫,10 个穿制服的随从,15 个黑人,5 个号手等等[③]。

刘松龄还参加了 5 月 4 日乾隆皇帝首次接待使团的宴会。10 天之后,双方互相交换礼物,在北京宫廷工作的传教士与巴哲哥一起,被邀请参加了皇帝的新宴会。这是一次更加深入交流的机会。不过,在刘松龄的建议下,巴哲哥没有提各省传教士的事,以避免情况变得糟糕。在北京待了一个多月以后,巴哲哥在刘松龄与一位姓海（Hay）的满族官员的陪同下离开了北京。1753 年 10 月 6 日,他们到达了澳门[④]。巴哲哥带回了用满语、汉语以及葡萄牙语三种语言写就的乾隆皇帝的信件。满语原件先翻译为汉语,然后刘松龄再根据汉语文本翻译成葡萄牙语[⑤]。尽管如此,大使还是没有能够实现预期的结果。首次接待巴哲哥宴会的第二天,刘松龄就被皇帝晋升成了中国的三品官员,而且还得到了二千两（或 7.56 千克）白银,作为他们招待巴哲哥费用的报偿[⑥]。四次横穿中国的行程,既有陆路又有水路,把刘松龄累得筋疲力尽,回来以后,他不得不休养调息几个月。

1763 年 5 月到 8 月,刘松龄还结识了此时待在北京的俄罗斯外交大使伊万·克罗波特夫。他的任务是传达女皇叶卡捷琳娜二世（Catherine Ⅱ）登上俄罗斯帝位的消息,调整俄罗斯教派在北京的状态,以及商谈边境黑龙江

---

① Andrew Ljungstedt,*An historical sketch of the Portuguese settlements in China and the Roman catholic church and mission in China*,Boston 1836,p.103.

② Joseph Krahl,op.cit.,p.93.

③ Georg Pray,*Imposturae*,No.3,p.XXXI.1836,p.103.

④ Andrew Ljungstedt,op.cit.,p.104.Eduardo Brazão,*A Paper on the History of Portuguese Diplomatic Relations with China*,Portuguese Institute of Hong Kong,Section of History,Hong Kong 1949,pp.13~19.

⑤ *Lettres édifiantes*…,p.Ⅹ.

⑥ 同上,p.Ⅹ;Lo-shu Fu,op.cit.,p.191。

上的水路交通事宜。此外,还有一些调解两国之间误会的议题。中国征服新疆(1758—1759)之后,时常有成群的准噶尔人穿越边境逃跑,去找俄罗斯人避难。由于俄罗斯不愿意将避难者遣还中国,因此中俄关系变得紧张,中方切断了贸易往来。很明显,有必要对中俄边境进行更加明确的界定。当时中国皇帝与克罗波特夫之间的谈话没有取得任何进展。克罗波特夫返回莫斯科之前,刘松龄把呈交圣彼得堡科学院主席基里尔·拉祖莫夫斯基伯爵的《天文观测》(*Observationes astronomicae*)交给了他。刘松龄还将一份副本寄往维也纳,寄给马克西米利安·赫尔神父,并由他出版成书。圣彼得堡科学院为了表彰刘松龄的工作,于 1762 年将他推举为荣誉会员[①]。

整整 5 年之后,伊万·克罗波特夫第二次来到中国时,刘松龄还在北京。当时,因为南部和西南边境的战事,中国希望能与俄罗斯达成协议。1768 年10 月 18 日,克罗波特夫在北京签署了 1727 协议的附件,至今仍然有效。刘松龄在其中是否发挥了作用,我们只能去猜测[②]。

1745 年,刘松龄与戴进贤(其死于 1746 年 3 月底)一起,还有菲利普·西宾(Philip Sibin)和南怀仁(G.L.),被任命为中国和日本教省的主教和督察,他们要轮流当政[③]。这样,刘松龄以副主教的身份领导了传教团六年(1752—1753 以及 1766—1769),执行督察的职能则有十余年(1751—1762)[④]。除此之外,我们对他的晚年知之甚少。1765 年,他向弟弟索求博洛尼亚或是巴黎的天文期刊,以及一些能够取悦中国朝廷官员的礼物。他说,他已经 63 岁了(来北京已经 27 年),但他仍然强壮健康,只是胡子变得灰白了。他说他在中国过得非常安宁与满足,而此时战火却正在蹂躏欧洲[⑤]。这样平静快乐的生活也并非完美,由于他担任澳门的不定期信使,他也必须在

---

① E.S.Kuljabko-I.A.Perel'muter, *iz naučnoj perepiski peterburgskih učenyh XVIIIv.*(Obzor arhivnyh materialov), Strany i narody vostoka, Vypusk Ⅷ, Akademija nauk SSSR, *geografi č eskoe obš č estvo*, Vostočnaja komissija, Moskva 1969, p.137.

② Kropotova missii v Kitaj 1762-63, 1768, in: *Diplomati č eskij slovar v treh tomah*, Tom vtoroj, Moskva 1985, pp.114-115.

③ *Welt-Bott* Ⅴ, No.715, p.99.

④ Joseph Déhergne, op.cit., p.122; Louis Pfister, op.cit., p.756; J.B.Goetstouwers, *Synopsis historiae societatis Jesu*, Lovanii 1950, p.652,653; Ernesto Sales, *A companhia de Jesus em Portugal e nas missões*, Revista de Historia Ⅹ(Lisboa 1921), No.37-40, p.182, 186, 188. Very different data are stated by Celestino Testore(Hallerstein, Augustin von, Enciclopedia Cattolica, Vol.Ⅵ, Cittádel Vaticano 1951, p.1342-1343), that Hallerstein was provincial in the years 1757-1762 and 1766-1773 and visitator from 1751 to 1758.

⑤ Georg Pray, *Imposturae*, No.7-8.

朝廷中保护自己①。

还有一些其他原因，当刘松龄知道在欧洲的耶稣会正面临着巨大的压力时，他可能就不会那么安宁满足了。18 世纪 50 年代，葡萄牙政府对耶稣会的敌对与日俱增，到 1759 年达到极致，庞巴尔侯爵（Pombal）决定从葡萄牙驱逐耶稣会士。至 1762 年，迫害扩大至葡萄牙的海外领地，包括澳门。而北京的耶稣会士则由于信息阻隔与距离遥远，仿佛一切没有发生一样照常生活。他们甚至还经历了某种复兴，耶稣会士的数量在 1763 年至 1773 年之间增加了 17 名新成员，既有欧洲人也有中国人②。

刘松龄在给弟弟寄去最后一封公开信（1766）之后，身体状况急剧下降。在这个时期，我们还知道，他在 1771 年寄给罗马耶稣会总会长的信中，就包含他已故的同事魏继晋和鲍友管的讣告③。正如赫尔的 *Ephemerides* 中所显示的那样，直至 1773 年春，刘松龄仍在领导天文观测并将它们寄往维也纳。1773 年 11 月 13 日，他向朝廷请辞官职。不过，皇帝于 11 月 26 日拒绝了他的请求，并且要他尽最大努力继续工作④。1774 年 7 月 29 日，刘松龄患上了中风，虽然他活了下来，但是身体变得更加羸弱。

刘松龄恶化的身体状况与耶稣会解散消息的到来，恰巧同时发生。不过，教皇关于这件事的信件在澳门耽搁了整整 12 个月⑤，解散耶稣会的消息真正到达北京的时候已经是 1774 年 8 月 5 日了⑥。因此，我们猜测这个打击加速了刘松龄健康状况的恶化，并导致他再次中风后于 10 月 29 日逝世。由皇帝出资，他被安葬在北京的耶稣会士公墓。一些墓穴有双层顶盖的石棺，每个石棺前有一块称颂逝者逝前贡献的墓碑。公墓隐在树影之下，夹杂在密集的草丛之中⑦。

1900 年的义和团运动中，公墓遭到了严重毁坏。墓穴被打开了，尸骨扔得满地都是，墓碑也破碎了。这些毁损部分由中国政府出资修复，一些墓碑（包括刘松龄的）今天仍然立在车公庄大街（Chegongzhuang dajie）市委党校

---

① Lo-shu Fu, op.cit., p.246.

② Kenneth Scott Latourette, *A History of Christian Missions in China*, Taipei 1966, p.167.

③ 参见第 31 页注释③。

④ Lo-shu Fu, op.cit., p.273.

⑤ Joseph Krahl, op.cit., pp.223~224.

⑥ Mitja Saje, *Difficult Position of Augustin Hallerstein*（1703~1774）*in Chinese Court*, Studia Orientalia Slovaca VII/2008, Univerzita Komenskieho Bratislava 2008, p.70.

⑦ Lewis Arlington and William Lewisohn, *In Search of Old Peking*, Peking 1935, p.253,255.

庞大建筑附近的公园里。

刘松龄在中国朝廷无疑是最尽职与最杰出的官员之一。他拥有的天文学家与数学家的声誉,总体来说很大程度取决于中国皇帝与传教士以及欧洲的关系①。他去世以后,钦天监监正的职位由葡萄牙耶稣会士傅作霖接任。在北京首都图书馆,保存着许多耶稣会士的文献,在这5133卷之中,还能辨认出哪些是刘松龄的著作。这当中最重要的就是《天文观测》(1768)和赫尔的著作 *Ephemerides*(1733,此处应为1773年——译者注)②。

刘松龄的遗产基本上就只有这本在北京国家图书馆发现的1729年格拉茨出版的小册子(他所有收藏中唯一用斯洛文尼亚语写的)*Catolish Kershanskiga Vuka Peissme*,可能是他从家乡到北京一路随身携带的③。有趣的是,他的旅伴中有一名贵族的儿子,那个人从刘松龄的少数物品中拿走了这本斯洛文尼亚歌谣集。

刘松龄去世不久以后的1775年,乾隆皇帝挑选了御前侍卫和珅做他的亲信,自此他的帝国便开始衰落。皇帝把最重要的国家事务委托给和珅,但和珅却以此来谋取自己的利益。尽管乾隆皇帝统治中国到1795年,并且作为幕后操纵者到他去世的1799年,但他并没有能够防止中国的道德和经济衰退。与此同时,刘松龄的工作在欧洲获得了广泛的认可。

当刘松龄还活着的时候(1770),一份关于他的著作《天文观测》的综合介绍在法国科学出版物发表④。1771年,约翰·伯努利(Jean Bernoulli)在柏林发表了一篇关于这部著作的校订⑤。三年之后,丹尼尔·伯努利(Daniel Bernoulli)为《波德的年鉴》(*annals of Bode*)将刘松龄之前出版在赫尔 *Ephemerides* 中的《天文观测》翻译成了德文⑥。同年,《新博学通报》(*Nova acta eruditorum*)中也提到了《天文观测》⑦。在由蒙丢克拉(Jean Etienne Montucla)扩充过后的宏伟著作《数学史》(*Histoire des mathematiques*)的第二版中,

① Similar report on Cochinchina by Josef Neugebauer in *Welt-Bott* Ⅴ,No.715,pp.97-98.

② M.Henri Bernard-Maitre,S.J.,*La science européenne au tribunal astronomique de Pékin*(XVIIe-XIXe siècles),Université de Paris,Les Conferences du Palais de la Découverte,Serie D,No.9,Paris 1951,p.38.

③ Boleslaw Szczesniak,*Slavonic Books in the Pei-T' ang Library in Peking*,Archivum historicum S.I.,Roma 1953,p.340.

④ *Journal encyclopédique*,Tome 1,Partie Ⅱ(15.januar),A.Bouillon 1770,pp.180-188.

⑤ Jean Bernoulli,*Recueil pour les Astronomes*,Tome 1,Berlin 1771,p.153.

⑥ 参见本书第30页注释⑤。

⑦ *Nova acta eruditorum anni 1772 publicata*…,No.4,Lipsiae 1774,pp.155-159.

2008 年 4 月在斯洛文尼亚卢布尔雅那的斯洛文尼亚民族博物馆展出的中国文档(中国国家档案局送给斯洛文尼亚共和国档案馆的礼物,本图由 ACE KIBLA 图片档案馆提供)。

2009 年 10 月 30 日,在马里博尔的斯洛文尼亚国家剧院的艺术展出(由 ACE KIBLA 举办)中,由王慧琴设计的刘松龄形象。

刘松龄被列在北京最功勋卓著的耶稣会天文学家和数学家的位置①。刘松龄的信件被普雷出版,19 世纪初也曾被德国学者克里斯托弗·戈特利普·冯·穆尔(Christoph Gottlieb von Murr)引用过②。他的地图测绘学工作被希·尤利乌斯·科拉普罗特(Heinrich Julius Klaproth)了解和尊重,同时梅德勒(J.H.Mädler)在他的《天文学史》(History of Astronomy)中宣称刘松龄是最

① J.F.Montucla, *Histoire des mathématiques*, Tome premier, Paris 1799, pp.471, 473-474.

② Christophorus Theophilus de Murr, *Litterae patentes imperatoris sinarum Kang-Hi*, sinice et latine, Norimbergae et Altdorfii 1802, p.25. Murr has mentioned Hallerstein also in the booklet *Acht und zwanzig Briefe über die Aufhebung des Jesuitenordens*, Nürnberg 1774, p.69.

杰出的耶稣会天文学家和数学家之一,而且还特别提到了他对木星卫星的观测①。还值得注意的是,1770 年日食期间,他采用了确定太阳和月亮中心之间最小距离的几何分析方法(参见赫尔 *Ephemerides*)。

刘松龄在中国的活动,开始于中国历史上最辉煌的时期之一,而他又恰好死在一个时代的终结(清王朝的衰落,耶稣会海外文化实践的结束,葡萄牙在亚洲势力的衰退)。耶稣会解散令到达北京以及刘松龄去世以后,北京的耶稣会会士继续秘密地工作着。1805 年,最后的三名耶稣会会士去世。直到 1842 年,耶稣会会士才又回到北京,不过这时的北京传教事业已经是由遣使会在控制了。

---

① J.H.v Mädler, *Geschichte der Himmelskunde*, Bd.1, Braunschweig 1873, p.340.

献给中国皇帝的真空和电

□斯坦尼斯拉夫·叶兹尼奇（Stanislav Južnič）

由于刘松龄极其精确的天文著述①大部分都发表在了非常有影响力的欧洲中心，因此北京耶稣会会士的早期仪器［比如克拉维斯星盘②（Clavius astrolabe）和德川义直公望远镜（the telescopes of the Schyrlean type），中国的耶稣会会士大概是在江户幕府第一任将军德川家康（Shogun Iyeyasu Tokugawa Yoshinao）时期把它们传到日本的③］也得到了改进。尽管刘松龄是日本耶稣会的宗教督察，但他从来没有去过日本，那里只有荷兰联合东印度公司（Verenigde Oostindische Compagnie）的船只才允许进入长崎（Nagasaki）港的人工岛屿出岛（Deshima）④。他也许曾经偶尔从朝鲜使团宾客那里听说过一些关于日本的事情。刘松龄在做戴进贤与徐懋德的助手时，学会了利用牛顿力学进行观测工作⑤。通过法国与葡萄牙下属的耶稣会士团体之间的新的合作方式，刘松龄延续了北京的法国耶稣会士张诚（Gerbillon）、白晋（Bouvet）和托马斯（Thomas）⑥的数学教学。刘松龄与法国耶稣会士宋君荣及钱德明（Amiot）关系尤为密切。因此，当仪器与信息的互换在北京耶稣会士之间变得越来越重要时，如果这两个团体之间存在着巨大的竞争，无疑是刘松龄在中间及时调停。在耶稣会被禁止之前的最后十年，他们的首要任务已经从宗教转移到科学上面了。

刘松龄在不断地试图说服他欧洲的通信对象，使他们相信天文、物理仪器缺乏的情况。为了获取（当然他也有资格得到）更好的仪器，在某种程度上，这是一种聪明的伪装策略。刘松龄的欧洲通信者接受了他的理由，并且帮助了他，因为他们希望刘松龄团队在装备升级后能够得到更加准确的观测数据。除了偶尔会有来自欧洲的商贸或外交人员，在中国没有人能同他

① Lu，Shi，2003，290.
② Ahn，2002，319.
③ Nakamura，2009，108.
④ Rinaldi，2006，56.
⑤ Lu，1997，336.
⑥ Han，Jami，2003，156.

们竞争。

通过刘松龄母亲的亲戚厄伯格家的藏书来看他在卢布尔雅那的科学背景

圣方济各会托钵僧安东·玛利亚·席尔［Anton Maria Schyrleus,或 Schyrlof Rheita,Šek of Reity,1604 年生于蒂罗尔州的霍伊特（Reutte in Tyrol）,嘉布遣会修士（OFMCap）,卒于 1660 年 11 月 14 日①］的成果带来了望远镜的一个新的时代,他还间接地与圣方济各会托钵僧马尼（Valeriano Magni）和刘松龄的斯洛文尼亚同胞简·韦查德·佩洛（Janez Vajkard Auersperg,生于 1615 年）的早期真空泵研究有关。1645 年,席尔发明了地球望远镜②,这种望远镜现在还有人在使用,而开普勒望远镜已经没有人使用了。像所有的天主教教徒一样,席尔支持的是第谷体系,在 1757 年对日心说的禁令解除之前,包括刘松龄在内,他们都必须这样做。他发明这种望远镜的时候,已经与约翰·菲力普·冯·匈柏恩（Johann Philipp von Schönborn,1605—1673）③进行了大量的通信,在刘松龄和他的同事将真空泵介绍给中国皇帝之前,此人正是早期真空泵研究极为重要的先驱。1651 年 3 月 21 日,席尔写信给他的兄弟,洛林（Lorraine）和巴伐利亚（Bavaria）的军队指挥官阿尔伯特［Albert,1668 年 11 月 17 日生于波尔兴（Bolchen）］,谈到了他送给匈柏恩主教作为收藏的双目望远镜④。后来他们发生了争执,1653 年 1 月 21 日,匈柏恩利用美因茨（Mainz）政府把在布鲁塞尔（Brussels）的席尔逮捕。匈柏恩主教在维尔茨堡（Würzburg）和专家伊格纳兹·贝左尔德（Ignaz Christian Bezold）⑤一起建立了一个私人天文台,成为了继威廉·黑森－卡塞尔（William Hesse-Kassel）伯爵（1532 年 6 月 24 日生于卡塞尔,1592 年 8 月 25 日卒）与第谷（Tycho）之后最早的专业天文场所。在刘松龄的卢布尔雅那同胞、维也纳宫廷的总理大臣简·韦查德·佩洛亲王的支持下,匈柏恩对皇帝利奥波德（Emperor Leopold）的继位发挥了决定的作用。正如格里克（Guericke）后来在他的著作中所承认的,1654 年佩洛曾帮助过他在雷根斯堡

---

① Thewes,1983,10,45.

② Thewes,1983,13; Weisgerber,1948,207.

③ Thewes,1983,19.

④ Thewes,1983,22-24; Weisgerber,1948,207,211.

⑤ Thewes,1983,44.

（Regensburg）的早期真空实验。1648 年,格里克在马德堡（Magdeburg）制造了他的第一个真空泵。两年之后他制造了一个泵,这个泵后来被用于他著名的 1654 年雷根斯堡实验,即许多匹马都无法拉开两个仅仅由外部大气压力维持在一起的抽空的半球。在不知道罗伯特·波义耳（Robert Boyle）在英国的类似发明的情况下,这次成功使得许多王公争相购买极为流行的格里克泵,而匈柏恩购买格里克泵的数量是最多的。匈柏恩是维尔茨堡和沃尔姆斯（Worms）的主教亲王（Bishop-Prince）,还是美因茨的大主教（Archbish-op）和选帝侯（Elector-Prince）,因此他完全不会缺乏资金。他不是为自己买这些仪器的,而是要捐赠给维尔茨堡耶稣大学（Jesuit University of Würzburg）。1655 年 6 月 22 日,基歇尔（Kircher）的学生肖特（Schott）途经美因茨,并写信告知基歇尔格里克泵之事。1655 年至 1656 年间,在这些泵还没有到手之前,肖特与维尔茨堡大学的一个数学教授就已经兴奋不已了。基歇尔写了许多关于中国的事情,他写的故事缔造了汤若望及其同事的传奇,吸引着包括刘松龄和加布里埃尔·格鲁伯[Gabriel Gruber,是汤若望当时的同事白乃心（Johann Gruber, 1623—1680）的亲戚]在内的新一代耶稣会传教士,尽管格鲁伯从来没有被派往中国。除了天文学,真空泵也发展成为了需要当时最贵重仪器的"大科学",但与天文学相比,它进入中国则要晚得多,因为天文学是中国在所有领域中的最爱①。中国人非常清楚如何使用刘松龄的天文成果,但真空泵、耶稣会士拉那·泰尔齐（LanaTerzi）的真空气球、孟格非（Montgolfier）的气球以及电,在他们看来好像都是没有用的器具。

　　我们几乎完全不知道,刘松龄和他的同事还广泛地研究了有关真空和电的物理实验。在卢布尔雅那,刘松龄有机会学到许多有关真空的知识,因为佩洛是在那里度过晚年的。佩洛的合作者②格里克的工作就很接近于带电的真空实验,因为格里克在早期球形手擦起电机（spherical hand-rubbed electrical machine）方面完成了很有价值的研究,而在刘松龄的家乡卢布尔雅那的耶稣会学校,此物至少要到 1755 年才会出现。刘松龄有可能对真空实验感兴趣,是因为来自他家乡的简·韦查德·佩洛亲王,此人是奥托·格里克 1654 年开创性的雷根斯堡真空实验期间最重要的帮助者。以前佩洛手下的葛莱芬登[Graflinden,位于卢布尔雅那南部的格特希尔（Gottscheerland）]

---

① Rinaldi,2006,38.
② Guericke,1986,76-78.

的税务官厄伯格(Erberg),是刘松龄的外公。厄伯格家有一个丰盈的藏书室,从那里刘松龄可以得到当时欧洲的科学讯息。有关这个藏书室的细节信息详列表中。

1737 年刘松龄离开欧洲之前,刘松龄的舅舅巴伦·弗兰克·米歇尔①[Baron Franc Mihael,弗兰克的儿子是沃夫·丹尼尔·巴伦·厄伯格(Wolf Danijel Baron Erberg)②,孙子是约瑟夫·卡拉萨克·巴伦·厄伯格(Jožef Kalasanc Baron Erberg)③]的藏书室中有关数学、物理学和医学的书籍④:

数学:

Stainer (Erberg).1716.*Anathema Astronomico-Sciathericum*.Ljubljana.

(De la Hire).1727.*Astronomicae tabulae*.Paris.铜版印制。

Philippe de La Hire1678 年成为巴黎科学院的成员。他的儿子 Gabriel-Philippe 继承了他在法兰西公学院(Collège de France)的教授职位。Gabriel-Philippe1694 年成为院士,发表了大量有关磁体的研究。Jožef Kalasanc Erberg 曾在物理种类中编录过一份他的著作(1750)清单。

A.E.B. von Birkenstein. 1689. *Erzhenerzogliche Handigriffe des Zirkels und Lineals*.Augsburg.4°.

Desplaces,Philippe (*1659 Paris;†1736).1716.*Ephemerides des mouvemens celestes pour les années 1715,jusqu'en 1725*.Paris;Jacques Collombat,8°.

Desplaces 的扉页上,画着手抚着巨大行星系统模型的天文缪斯女神乌剌尼亚(Urania)的传统肖像。她的仆人拿着天文测量仪器:星盘、望远镜、用于球面测量的罗盘和六分仪。缪斯身后的建筑是巴黎天文台,在那里 Desplaces 利用 Hire 的算表来计算 1715—1744 年期间的历表。在他死后的 1763 年,他的历表才由 Lacaille 发表。

Euclid;Melanchton,Philipp;Theon of Alexandria (flourished 364);Campano Da Novara (†1296);Hypsicles of Alexandria;Marinus (5th Century).1537. Elementa geometria (*Euclidis megarensis mathematici clarisimi Elementorum geo-*

---

①　Baron Franc Mihael(*1679.9.27Ljubljana;†1760 Ljubljana).

②　Wolf Danijel Baron Erberg(Volbenk *1714.8.27Ljubljana;†1783.8.7 Dol).

③　Jožef Kalasanc Baron Erberg(*1771.8.27Ljubljana;†1843.7.10 Dol).

④　Verzeichnis der Bücher in der freiherrl/ichen/Erbergischen Bibliothek am d.J.1798.ARS 730,GrA,I Lusthaler Archive,books 17 and 18.

metricorum, Lib. XV） Basilae：Jo. Heruagium （Herwagen，* 1497；† 1559?）. Folio.

Honoratio Fabri. 1669. *Synopsis geometrica cui accessere tria opuscula，nimirum，de linea sinuum & Cycloide，de maximis & minimis，centuria et synopsis trigonometriae planae*. Lyon：Anton Molin.

Fabri 死后的数十年间，他的物理学被认为是一种独特的体系。在 Avignon 度过初学生涯之后，Fabri 在里昂耶稣学院（Jesuit College of Lyon）教授哲学和数学。后来他在罗马成了调查神学专家，不过他由于被设定为笛卡尔分子（Cartesian）而遇上了麻烦。他出版了 31 本书，主要都是关于物理学的，他成集的作品也有 400 页。当时他出版的物理著作（1669）是公理化体系的，和 20 年后牛顿的《原理》（*Principia*）一样。在卢布尔雅那，他们还买了 Fabri 的神学著作①。1726 年，卢布尔雅那的耶稣会士购买了两部 Fabri 的物理学著作。1682 年，耶稣会士出版了 Fabri 的传记，后来维也纳人在 1731 年重印了这本传记。1732 年，卢布尔雅那的 Jožef Martinuzi 出版了 263 页 Fabri 关于数学、物理和地理的教学工作，以及 Martinuzi 的物理教授 Barbolan 对这些内容的查验分析。

Giuseppe Maria Figatelli. 1669. *Trattato aritmetico*. Venezia. 8°.

Frölich，G. 1691. *Collectiones mathematica*.

Frölich 只是出版了这些未标日期的著作，并不是作者②。格拉茨大学（Graz University）的哲学和物理学教授 Faludi 重印了这部著作，不过没有提及作者，标题也作了些微改动。这本书的第一部分涉及的是几何问题，以及一些包含几何器具的图表③。最后，他们列出了优秀学生的名字，其中很多是克拉斯卡人。

Ferenc Faludi（* 1704 年 3 月 25 日，Güssing；† 1779 年 12 月 18 日，Rechnitz，Burgenland）是维也纳大学（1730—1734）与格拉茨大学（1738—1739）的数学教授。他的父亲是 Batthyáni 伯爵家族的成员（Stewart of Count Batthyáni），而更低级的贵族 F. Faludi 成为了一个诗人、作家以及译员。他就读于克塞格（Köszeg）和索普朗（Sopron）的小学（lower schools），在格拉茨（Graz）学习了三年哲学，然后到了维也纳大学（Viennese University）教授几

---

① NUK-12573.
② Sommervogel，3；1027-1028.
③ Faludi，1739，4-5.

何(1730—1734)。1737—1740 年期间,他在格拉茨讲授数学和哲学的课程,并出版了 Pardies 的几何学,后 Baron Erberg 将该书购入自己的藏书室。1741—1745 年,作为罗马圣彼得教堂(the church of St.Peter in Rome)的告解神父,Faludi 在林茨(Linz)讲授了一年几何,一直到他离开前往匈牙利去担任布拉迪斯拉发(Bratislava)的行政长官(prefect)以及图书馆馆长(librarian),后来他还出任了特尔纳瓦(Trnava)的教区长(rector)(1748—1750)①。

Wilhelm Jakob van's Gravesande (*1688;†1742).1727.*Matheseos universalis elemeta*.Lugduni Bata.(Leyden).8°.

Jacob Gooden S.J.1704.*Trigonometria Plana et Sphaerica*.Leodii.

Hans Jacob Kärnbürg.1701.*Teusch, und Cränerische Wehrungs Veränderung*.Laibach.

Kearner von Kärnbürg (Kearnburg)将他研究克拉斯卡(Carniola)与德国货币之间汇率的著作献给了 Postojna、Ptuj 以及其他一些地区的领主——Janez Anton Jožef Crumau Eggenberg 亲王。Kärnbürg 解答了商人们的问题,并且介绍了一些那个年代异常普遍的组合和概率计算的问题。他转换了货币单位,计算了不同数量工人的持续工作时间,士兵薪水的分配,86 个常规列(regular row)中 860 名士兵的排列,以及家庭主妇和她的 100 磅纺纱机的结局。他增加了黄金产品的表格,以及计算领主什一税的便捷表。

Franz Lessler von Kezler.1612.*Unterricht in der mathematischen Künsten*.4°.

R.P.Bernard Lamy.1682.*Elemens de mathematique*.Amsterlodami.8°.

Lamy18 岁时开始在巴黎学习。四年后,在他的初级学业修辞学的最后一年,他遇见了 Malebranche,并和他成为朋友,一直到 Malebranche 去世。1671 年和 1672 年,他在索米尔学院(the College of Saumur)教授哲学,后来到了 Angers。他在 Angers 教授被禁止的笛卡尔哲学之后,国王路易十四1676 年开除了他。不过四年的流放结束之后,他来到 Grenoble 讲课。1679年,他发表了力的平行四边形合成法则(Varignon 也同时发现了这条法则)。Lamy 的著作 1687 年重印,1685 年他把几何学加入了他的数学教科书。第二年他被允许返回巴黎,不过到 1690 年,他更愿意前往 Rouen。1701 年,他在 Rouen 出版了关于透视的讨论②。1734 年,Lamy 的数学文集在阿姆斯特丹（Amsterdam）出版。

Mr.Lieutand（Jaques，* around 1660；† 1733）.1728.*Connoisance des temps* (*pour l' année* 1729) *au méridien de Paris*.

Eustachii Manfredi.未注日期（1725 或 1738）.*Novissimae ephemerides motuum coelestu* (e Cassinianis tabulis ad meridianum Bononiae supputatae).Bologna.

Anonymus.1726.Manuale Horographicum.Greaci.12°.

Niccolo Antonio de Martino（* 1701；† 1769）.1725.*Elementa algebrae pro novis tyronibus timultuario studio concinata*.Neapoli：Mosca，8°.两部。

N.Antonio de Martino 的著作包括很多几何证明。他于 1723 年开始讲课，1732 年成为那不勒斯大学（Napoli University）的数学教授、军事工程师、炮兵学校校长，以及那不勒斯最有影响力的牛顿追随者。Erberg 也买了两本 Martino 的著作（1741）与 Tacquet 的算术装订在一起的印本。

（Alencé）.1697.*Mathematusche neuerfinden Curiositäten*.Maynz（Mainz）.8°.

1663 年，内科医生、天文学家 Alencé 成为了国王的秘书和顾问。他负责安排伦敦皇家学会的秘书奥登伯格（Oldenburg）与巴黎科学院最重要的院士惠更斯（Huygens）之间的通信；他还与莱布尼茨互相通信。1685 年，他在荷兰（Netherland）待了三年，为国王路易十四的收藏购买书籍。在此期间，他还出版了一本关于气压计、温度计以及湿度计的著作，并在其中提出黄油熔点是除水的冰点之外的另一个决定性温度点。

Isaac Newton. 1723. *Philosophianaturalis principia mathematica*. Amsterlodami.4°.

厄伯格家族曾购买过著名的牛顿《原理》的拉丁文第二版的重印本，此外他们还在阿姆斯特丹购买了牛顿的《光学》。

Ingnaz Gaston Pardies.1696.*Opera mathematica*.Paris.

Ingnaz Gaston Pardies.1738.*Elementa geometria*.Graecii.8°.

J.Friderik Penther.1732.*Praxis geometria*.Basilea.Folio.

Johann Friedrich Penther（* 1693；† 1749 Aachen），曾在 Aachen 附近的伯爵的 Stolberg 矿上工作过。他的《几何学》是一部成功的著作，四年之后，他成为哥廷根大学的数学和经济学教授。他使读者从最简单的几何学课程走到了艰深的测地学上。直到 1776 年，他的教材共重印了 7 次。[①]

Anonymous.1678.Practica, *cioè Nuova invenzione di conteggiare*.Venetia.

在 1589 年至 1719 年间，类似标题的著作(edition)在博洛尼亚(Bologna)、威尼斯(Venice)和布雷西亚(Brescia)都有出版，其中有乘法表、商业规则建议，甚至还有欧洲大部分主要城市之间邮递速度的列表。厄伯格家族同样也购买了 A.Richtern 的商业手册。

Truchses, Eusebius; Maralt, Joannes Nicolaus.1665.*Quodlibetum de significatione cometarum, dequa astrologica universa, et aliud Varias QQ. Philosophicas Complectens, Quae, Ex praelectionibus R. P. Eusebii Truchses* …Ingolstadii: Georg Haenlin.8°.

1758 年至 1766 年间，Truchses 是 Ingolstadt 的一个哲学教授，后来他成为了慕尼黑(Munich)和奥格斯堡(Augsburg)的教区长(rector)。1672 年 9 月 9 日，Truchses(*1631;†1713)写信给他之前的罗马教授基歇尔(Kircher)询问维苏威火山(Vesuvius crater)。1687 年，他成为了耶稣会德国教省的驻罗马助理。

Christian Wolff.1718.*Ratio praelectionum Wolfianarum in mathesin, et philosophiam universalis*.Hale, Magdeburg.8°.

Thoma Renner.1674.*Quadratura circuli noviter inventa*.Viennae.8°.

August Richtern.1726.*Die auf neue Manier abgefasste, und expedite Rechnungsbeamte*.Leipzig.8°.

Frans van Schooten (*1581).1627.*Tabulae sinuum, tangentium, secantium, ad Radium* 1000000 *avec l'usage d'icelles en triangles plans*.Amsterlodami.

Schooten 的表格甚至在首版之后的一个世纪还可以用，而且它的尺寸比之前的任何三角手册都要小。Frans van Schooten 是莱顿机工学校(Machinist School of Leyden)的一个教授。1637 年，笛卡尔(Descartes)拜访了他，并把他介绍进入梅森的巴黎圈子(Mersenne's Parisian circles)。Schooten 的同名儿子 1631 年在莱顿开始研究数学，1643 年成为父亲的助手，后来继承了父亲的克里斯蒂安·惠更斯教师[the teacher of Christiaan Huygens (*1629;†1695)]职位。

Kaspar Schott.1663.*Arithmetica practica generalis ac specialis; ex cursu math-*

---

① Cantor, 1908, 4:529.

ematico ejusdem Auctoris extracta, atque correcta, et haec secunda editione in usum iuventutis mathematum studiosa proposita. Herbipoli（Würzburg）: Hertz.8°.（NUK -4111）.

Johann Christoph Sturm.1699.*Mathesis juvenilis.*Vol. Ⅱ Norinbergae.8°.①

Johann Christoph Sturm.1689.*Mathesis enucleata.*Norinbergae.8°.

Johann Christoph Sturm.1670.*Scientia cosmic, seu Astronomia, tam theoretica, quàm sphaerica.*（Tabulis comprehensa.Norinbergae）.Folio.

Andréas Tacquet.1738.*Elementa Geometriae.*Patavii.

Andréas Tacquet.1704.*Arithmeticae Theoria, et Praxis.*Amsterlodami.8°.

Tacquet 的算术是仅有的、厄伯格购买了两个不同版本的数学著作。

Johann Widmann von Eger.1519.*Untericht in der Arithmetik, und Geometrie.* Gedrückt zu Hagenau.8°.

1480—1485 年间,Johann Widmann von Eger（Johannes Weidmann,* 1460 年左右,卢布尔雅那或者波西米亚的 Eger;† 1510 年左右,Heagenan）在莱比锡大学学习。卢布尔雅那耶稣会士购买了他 1489 年的计算指南,因为 Eger 的著作与早期组合和概率理论一起放在最早的数学指南中②。

Johannis Wilson.1718.*Principia trigonometriae succincte demonstrata auctore Joanne Wilson.*Lugduni Batavorum: Petrus Vander.

Christian Wolff. 1725.*Afangs Grunde der mathematischen Wissenschaften.*4 Bande.Frankfurt.8°.（后来的版本属于卢布尔雅那的耶稣会士）。

Christian Wolff. 1711. *Zu der Trigonometrie und Ausziehung der Wurzeln nöthige Tafeln darinnen die Sinus und Tangentes für jede minuten des quadrantens nebst ihren Logaritmis und des Logarithmis der gemeinen Zahlen von 1 bis 10000 wie auch die Quadrat= und Cubic= Zahlen von 1 bis 1000 enthalten sind nebenst einer allgemeinen regel alle geridelinichte und spharische triangel auzulössen herausgaben von Christian Wolfen auf der königlischen preusich Friederich Universität.*Halle: In Rengerichter Buchhandlung.8°.（NUK-22079）.

物理学:

M.Catonis（Katon）et Varronis.1541.*De re rustica libri.*Lugduni ap.Geyphi-

① Aracil,1998,231.

② Cantor,1900,4:228,392.

um.8°.

R.P.Casati S.J.1722.*Dissertationes physica de visilibus,visione,et apperentis visus*.Graecii.12°.

Coehorn.1706.*Nouvelle fortification*.A la Hague.8°.

1703.*Dissertationes physica clarissimorum virorum*.Tyrnaviae.8°.①

Robert Flud.1617.*Utriusque Cosmi majorio selicet,et minoris historia*.Oppenheim.Vol.Ⅲ.②

Laurent Gobart S.J.1716.*Tractatus de barometro*.Viennae.12°.③

Guil.Jac.'s Gravesande.1725.*Introductio ad philosophiam Newtonianam*.Lugd.Batav.4°.④

(Daniel,Gabriel).*Iter per mundum Cartesii*.12°.(sine anno et loco).⑤

Nicolo Lemery.1719.*Corso di chimica*.Vol Ⅱ.Venezia.8°.⑥

Michelis Maieri.1611.*Symbola aurea mensa*.Francoforti.8°.

(Gabriel Hevenyesi,student Laurent Tapolezany).1690.*Meteora Rationibus, et experimentis physicis illustrata Quae … pro superma Philosophiae laurea consquenda…publice propugnabir… Laurent Tapolczany… praeside R.P.Gabriele Hevenesi,i Soc.Jesu*.Viennae:J.J.Mann.12°.

Gabriel Hevenyesi (*1656-03-24,Miske;SJ【加入耶稣会】1671-10-23;†1715-03-11,Vienna)在刘松龄家族所在的克拉斯卡(Carniola)异常盛行,那里保存了他的实验物理著作,甚至还有他神学著作的斯洛文尼亚语译本。他是维也纳与特尔纳瓦(Trnava)教区长,最后成为了耶稣会奥地利教省大主教。他共出版了34部著作,卢布尔雅那耶稣会士在他死后重新出版了其中三本⑦。

M.le Chew.Newton.1720.*Traité d' Optique*.Amterdam.8°.

M.Pascal.1690.*Traité de l' equilibre des liqueres,et de la pesanteur de*

---

① 特尔纳瓦(Trnava)大学的物理课程是 1675 年由耶稣会士 Márton Cseles(或者是 Szentiványi 的 Curiosora)开始的。

② Robert Fludd.

③ 厄伯格家还有 Dillherr1746 年在格拉茨(Graz)出版的版本。

④ 卢布尔雅那耶稣会士购买了 1769 年(维也纳版本出版的 9 年之后)Gravesande 关于牛顿物理学的著作的后来的版本。

⑤ Daniel 出版过一些笛卡尔学说的著作。

⑥ Nicola Lemery(*1645;†1715)1667 年在巴黎建立了配药学(pharmacy)。

⑦ Reisp,2001,130;Andritsch,1965,109,262.

lumela' de l' air.Paris.8°.

Jacobi Rohaulti.1729.*Physica*.Lygd.Batav.8°.

Giuseppe Rosaccio.1693.*Teatro del Cielo，e della Terra*.Trevigi.8°.

Rosaccio 早期遗著中的一本是 1666 年出版的，刘松龄的一位亲戚 Baron Marko Anton Taufferer（*1655；†1709）年轻时购买了一本，还于 1672 年 2 月 3 日在书中写下了藏书标签。Rosaccio 主要讨论了欧洲地理学①，不过他也描述了托勒密的行星系统（Ptolemaic planetary system）、真空、天球的数目、赫耳墨斯·特里斯墨吉斯忒斯（Hermes Trismegistes）的研究、德谟克利特（Demokrit）对地震原因的分析、金属的形成机理以及宇宙高处火天球中的彗星②。

（Krieger）.1722.*Rudimenta physica de motu，motora，et mobile*.Graecii.12°.

Ensebio Squario Veneziano；（Pietro Buoninsegno）.1738.*Dissertatio sopra le aurore boreali：dove con sistema particolare fondato sopra i Newtoniani principi，sopra le leggi della meccanica，e sopra le migliori，e più accurate oservazioni si tratta delle medesime，e dove si riferisce principalmente la storia，e le cagioni dell' aurora，veduta qui in Venezia li 16. Dicembre verso le ore 2. della notte nell' anno MDCCXXXVII*.Venezia：Pietro Bassaglia.4°.③

Christoph.Sturmii.1707.*Physica compendiaria*.Norimbergae.8°.④

（Krieger）.1720.*Tractatus meteorologicus in quatuor libros Aristotrlis*.Venezia.8°.

（Cavriani，Ottavio）.1737.*De velocite accessus et recessus：a puncto aut linea data，& de Hermanni paralogismo；disquisitio physico-mathematica cui adiunctae sunt aliquot propositionesphysico-mathematicae de aequilibrio*.Bononiae.4°.

M.L.L.de Vallemont.1696.*La physique occulte，ou traité de la Baguette divinatoire*.Paris.12°.

De Vauban.1718.*Veritable maniere de fortifier*.A Amsterdam.8°.2 parts.

Sébastien le Prestre，Seigneur de Vauban 是国王路易十四军队的军事工程师和元帅。他参加过 300 多次战役，曾负伤 8 次。他关于防御工事的著作成

---

① Rosaccio，1666，34.

② Rosaccio，1666，3，4，8，10，13，19，34，122.

③ 威尼斯医生 Squario 的鼎盛时期是 1728—1756 年。

④ Erberg，1798，100.

为一个经典,在刘松龄的时代仍然有用。Vauban 以土木工程师(civil engineer)的身份在巴黎的土木工程学院(École des ponts et chaussées)讲课,并创建了法国的工程学传统。

Christian Wolff.1709.*Vernünfftige Gedancken von den Würkungen der Natur*.4 bande.Halle in Magdenburg.8°.①

医学:

Albertus Magnus. 1669. *De secretos mulierum*. Amsterlodami. Theod. Boom. 12°.②

Albertus Magnus.20.9.1476.*Opera omnia*.Rothomagi.Fol.③

Olai.Borrichi.1670.*Lingua pharmacopoeorum*.Hafniae.4°.

丹麦化学家 Borrichius 曾经影响过牛顿。1650 年左右,他在哥本哈根(Copenhagen)主要高中讲课。他在 1654 年暴发流行鼠疫时出了名,第二年伯爵的管家(the general count servant)Joachim Gersdorf 雇用他给伯爵的孩子们上课。1660 年,他成为了国王弗雷德里克三世(Frederick Ⅲ)和克里斯蒂安五世(Christiana Ⅴ)的医生,语言学、植物学和化学教授,还两次出任大学校长(University Rector)。1678 年,他将氧从 soliter 中提取了出来,后来还学会了储存的过程。

Thomas Brain.1736.*Der englishe Wahrsager aus dem Urin*.Hamburg.8°.

Bartholomeo Castelli (﹡Messina;†1607).1598.*Lexicon medicum graeco-latinum Bartholomeai Castelli studio ex Hippocrate*,*et Galeno desumptum*.Messina:Brea.Erberh had 14th Adran Ravestein's edition:1685.Patavii:Cadorinus.8°.

Castelli 获得了医学、哲学和神学的博士学位。1600 年,他成为了医学教授。在校订了 Rotterdam 的三个版本以及图卢兹(Toulouse)和纽伦堡(Nurnberg)的版本之后,Ravestein 校订了厄伯格家的 Castelli 的 Lexicon 的副本。

Aulus Cornelius Celsius,Robert Constantin,Isaac Casaubon.1722.*Aur. Corn. Celsi De Medicina libri octo brovioribus Rob.Constantini*,*Is.Casauboni*,*aliorumque*

---

① Lind,1992.

② Erberg,1798,100(扉页蕴含寓意的炼金著作被排在了物理著作目录的最后)。(伪书)Albertus Magnus.1669.*De Secretis Mulierum item DeVirtutibus Herbarum*,*Lapidum et Animalium*.Amstelodami:Henricum et Theod.Boom.

③ Gspan,Badalič 1957 中没有提到。

scholiis ac locis parallelis illustrati.Patavii：Cominus.8°.

Joanis Dolaei.1703.*Tractatus novus de furia Podagrae victa et mitigata*.Amsterlodami；Janson Wemnberg.12°.①

Phil.Sylv. Du Four. 1685. *Traitéz du Café*, *du thé*, *et du chocolate ouvrage necessaire aux medecins*.A la Haye.12°.

Robert Flud.1623.*Anatomia mit kupfern*.Francoforti.Fol.Lether.

Marci Gerbecii（Grbec）.1699.*Chronologia medica*.Labaci.4°.

Marci Gerbecii.1710. *Grundliche Verthandigung der Laibacher Luft*.Labaci. 8°.

Marci Gerbecii.1692.*Intricatum*,*extricatum medicum*,*seu tractatus de morbis intricatis（Sicl）*.Labaci.8°.

Bernard de Gordonis（*1260 Scotland；† 1318）.May 18, 1486. *Practica medica*,*seu Lilium Medicinae.（providund overund magistrum Andream Gallum.Ao. D.1486 fia 18.May）*.Ferraria（；Andreas Belfortis Gallus）.Folio.②

Gordonis 是蒙彼利埃（Montpellier）的医生和教授,他的著作被重印了许多次,而且被翻译成了法语和希伯来语。

Jo.Battista Gossiack.③ 1662.*Observationes circa morbos mulierum*.Patavii.8°.

Anonymous.1697.*Grametapfel Freiwllig ausgesesswurgener des Geistliche Semender der geheimniss weiter rotrenthed Artzentaten*.Gräz.Fol.

Johann Georgii Greisel.1670.*Tractatus medicus de cura lactis in arthritide*,*in quo idagatâ naturâ lactis & arthritidis tandem rationibus*,*& experientiis allatis diaeta lactae*,*optima arthritidem curandi methodus proponitur*.Vienna：Joann Jacob Kürner.12°.Reprint；1681.Bautzen.

厄伯格购买了 Greisel 的第一版关于牛奶应用于治疗关节炎的建议（recommendation）。Greisel 描述了使用牛奶进行的诊断、预测和疗法。他是宫廷医生,维也纳大学的医学和解剖学教授,1652 年在施韦因富特（Schweinfurt）成立的 Miscellanea curiosa medico-physica Academiae（Collegium）Naturae Curiosorum 的成员。1687 年,皇帝利奥波德一世（Leopold Ⅰ）赞助了该学院,因

---

① 牛奶在痛风治疗中的应用。

② Gspan,Badalič 1957 中没有提到。

③ 卢布尔雅那方济各会图书馆中还藏有 Ivan Krstnik Gosjak（Gosjak,Ganser,*1644；†1688 左右）的著作（SBL,1：235）。

此 10 年之后它的称号改为 Sacri Romani Imperii Academia Cesareo-Leopoldina naturae Curiosorum（Leopodina）。

Hippocratis.1627.*Aphorismi*.Gr.Et.Lat.Lugdumi.12°.

Hippocratis.1668.*Aphorismi*.Gr.Et.Lat.Lugdumi.16°.

Nicola Lemery.1731.*Trattato universale*, *seu dizionario delle droghe simplici*. Venezia.Fol.

Nicola Lemery.1734.*Trattato degli alimenti*, *et della maniera di canoverenti tungamente in Sanita*.Venezia.8°.

Leonardi Lessii S.J.1695.*Novus annus incolumis et sanus*, *seu Ars bene*, *diuque valendi*.Graeci.12°.

P.A.Matthiola.1570.*Commentarii medici*.Ventiis.Fol.[1]

Lud.Antonii Muratori.1721.*Del governo della peste*, *e della maniera di guardarseme*.Brescia.8°.

Joh.Aug.Oehme.1731.*Extract quis der medizinische Fama wie die Schwindsucht*, *Scorbut*, *Podagra den zu Kuriren*.8°.

（Cuba）.*Ortus sanitatis eine altes seltenes mit holzstisch bereichentes*...[2] Aus dem 15 Jahrhundert.Ohne Jahrzahl.

Christ.Frid.Richter M.D.1719.*Deutlicher Unterricht von der Gesundheit*, *und deren Erhaltung*.Leipzig.4°.

Santorio, Santorio（* 1651-03-29, Koper;† 1636-02-22, Venice）.1728.*De statica medicina aphorisimis sectiones septem*... *accedunt in hoc opus commentarii Martini Luster*, *et Georgii Baglivi*.Patavii; Jo.Baptistae Conzatti.12°.（厄伯格还藏有 1761 年的维也纳重印本）

Davidis Verbezii.[3] 1618.*Exercitatio medica de peste*.4°.

Wolfgang Andrea Widmayeri（Vidmajer）.1692.*Hygiene seu Dissertatio de area*, *cibo et potu*.Labaci.8°.

Pauli Zachiae.1671.*De affectionibus hypocondriacis*.Aug.Vind.8°.

---

① Mattioli 的拉丁版 Dioscorides 著作中的植物疗法（Vegetable remedies）, 是建立在 Jean Rouel 的 *De ratione distillandi aquas*...基础上的。

② 植物疗法（Vegetable remedies）的摇篮期（Incunabula）, 在 Gspan, Badalič 1957 中没有提到。

③ David Verbec（Verbezius, * 1577/78 卢布尔雅那;† 1643 Speyer）.

刘松龄和北京的电学实验

刘松龄在他舅舅厄伯格家的藏书室可以看到很多关于帕斯卡(Pascal)、肖特(Schott)以及高博特(Gobart)真空实验的书籍。因此,一点也不用惊奇,刘松龄最喜欢的是磁学。在驶向中国的航途中,刘松龄测量了磁针的偏角。后来,他在中国又做了类似的观测①,在那里,南怀仁的磁学理论仍然比吉尔伯特(William Gilbert)的更加新式的理论要盛行②。1738 年 9 月在广东抛锚之前,刘松龄学习了南怀仁所不知道的新思想——这些都基于 18 世纪初斯蒂芬·格雷(Stephen Gray,1729)、查尔斯·杜菲(Charles François de Cister-nay Du Fay,1732)、杜菲的学生诺莱特(Abbé Jean Antoine Nollet),特别是约翰·海因里希·温克尔[Johann Heinrich Winkler,或 Winckler,1703 年 3 月12 日生于劳班(Lauban)附近的温根道夫(Wingendorf);1770 年 5 月 18 日卒于莱比锡]的研究。

1750 年,刘松龄所在的由葡萄牙人掌管的北京圣约瑟夫学院的耶稣会士,收到了电机(electrical machine)和用于观测日月食的仪器。仪器是由桑切斯③从他的伦敦和荷兰朋友那里获得的。北京的主教索智能④帮忙航运⑤。电机的类型并不是很明确,不过应该是一台摩擦起电机(rubbing ma-chine),或者是 1745 年发明的莱顿瓶(Leyden jar)。作为莱顿从前的学生,桑切斯了解穆森布罗克(Musschenbroek)关于莱顿瓶的工作。同时,伦敦皇家学会的彼得·柯林森(Peter Collinson)⑥将莱顿瓶穿越大西洋运送给了本杰明·富兰克林。桑切斯与柯林森有通信来往,还把从北京耶稣会士那里获得的大黄属植物(rhubarb plant)给了他⑦。1753 年 10 月 25 日,柯林森将一株含羞草(mimosa flower)送给了刘松龄的同事、玻璃制作师汤执中(Pierre Nicolas Chérond'Incarville,他是皇帝在北京的园丁,生于 1706 年 8 月 21 日,卒于 1757 年 6 月 12 日)⑧。

---

① Amiot,October 2,1784 Mémoires,11:563;Pfister,1934,760.

② Guan,2005,143.

③ Gaubil,1970,617.

④ Polycarpe de Souza[Sou Tche-Neng Joei-Kong, *1697.1.26,Coimbra;SJ 1712.10.31,Potugal;†1757.5.26,Beijing(Pfister,1934,701)].

⑤ Gaubil,1970,703.

⑥ Peter Collinson(*1694.1.14,Hugal Hall;†1768.8.11,London).

⑦ Chalmers,1816,27:88;Gaubil,1970,37.

⑧ Rinaldi,2006,153,159.

　　作为北京耶稣会士中的首席科学家,刘松龄参与了电学的实验。他的来自法国寓所的同事钱德明(Amiot)尤其对电感兴趣。北京的法国耶稣会士教堂可能没有电学实验仪器,因此,当从刘松龄的朋友、北京的法国耶稣会士宋君荣那里听说刘松龄有不错的设备时,钱德明不得不向附近葡萄牙学院借用刘松龄的仪器①。当时,为了与正在进行类似测量的佩兹纳斯(Pezenas)②修道会以及马赛(Marseilles)的两名其他耶稣会士较量,钱德明、刘松龄和鲍友管还合作测量了仙女座(Andromeda)γ星的高度③。

　　如果没有俄国的档案资料,北京耶稣会士电学研究团体的成员会很难确定,因为他们寄往彼得堡的信件总是作为一个耶稣会团体的著作被引用。

　　1755年的一天,北京的耶稣会士通过摩擦使一个薄玻璃盘带了电,并将它放在装有磁针的玻璃容器(glass coverage of magnetic needle)上。他们很可能使用了刘松龄1750年收到的"电机"。磁针突然升了起来,并在玻璃壁(glass wall)的内侧吸附了数个小时,然后又回到了原来的位置。当耶稣会士把先前的带电玻璃盘移走,磁针又升了起来并贴在了玻璃盖上;当他们把玻璃盘放回来,磁针便又落了下去。这个实验可以被重复很多次④。

　　1755年1月12日,宋君荣收到了里奇曼(Richman)⑤未注日期的信件和克拉特齐斯坦(Kratzenstein)落款日期为1753年4月12日的信件。宋君荣于1755年4月30日向两位彼得堡科学院院士回了信,并在信中说,钱德明的实验"应该会令你们感到高兴"。宋君荣还说到,与穆森布罗克发明莱顿瓶之后欧洲和美洲的高度兴奋相比,中国人对电学实验并不感兴趣⑥。甚至电在医学上的应用也未能引起中国人的多少关注,尽管康熙(1662—1722年在位)在他病愈之后高度赞扬了欧洲的解剖知识⑦[哈维和维萨留斯的解剖知识⑧,由北京的法国耶稣会士巴多明(1665—1741)和白晋(Joachim Bouvet,1656—1730)传入]。

　　1755年8月左右,在宋君荣寄给拉兹莫夫斯基(Razumovskii)的许多物

①　Hsia,2009,4,172.

②　Espirit Pezenas(˚1692.11.28,Avigon;SJ;†1776.2.4,Avignon).

③　Gaubil,1970,840,843,850.

④　Aepinus,1979,130.

⑤　Georg Wihelm Richman(Richmann,˚1711.7.11,Pernau;†1853.7.26,Petersburg).

⑥　Gaubil,1970,803,810-811;Heilbron,1979,405;Kloss,1987,41;Koplevič,Cverava,1989,55;Cverava,1986,58.

⑦　Asen,2009,33-34.

⑧　Niu,2006,65.

件中,有两个钱德明的包裹①。他知道里奇曼和克拉特齐斯坦发表过很多关于电的研究。但是由于每年从里斯本到广东的船只进行一次航行,当时消息到达中国非常缓慢,因此,宋君荣并不知道里奇曼已经于 1753 年 7 月 26 日(也可能是 8 月 3 日)过世。之后不久,1753 年 8 月 13 日,克拉特齐斯坦离开了彼得堡科学院,成为了哥本哈根大学的医学与物理学教授②。1756 年,扎赫尔(Zeiher)③接替克拉特齐斯坦并向宋君荣回信,述说关于里奇曼的不幸逝世④及其在科学界引起的广泛震惊。刘松龄的表弟巴伦·厄伯格购买过 1763 年在特尔纳瓦再版的克拉特齐斯坦关于蒸汽的研究著作。

最终,埃皮努斯(Aepinus)接替了里奇曼。埃皮努斯出生在普鲁士(Prussia)的罗斯托克(Rostock),他在那里完成了学业,并在那里任教。他和他的瑞典学生威尔克(Johann Karl Wilcke,1732—1796)合作研究早期的电容器,后来 1775 年伏打(Volta)在科摩(Como)的体育馆将其发展成为起电盘(electrophorus),当时伏打还没有得到帕维亚(Pavia)大学的职位。在柏林工作了很短时间之后,埃皮努斯被任命为彼得堡科学院的成员,接替里奇曼的位置。1757 年 5 月 10 日⑤,埃皮努斯到达了彼得堡,直到 1798 年一直担任科学院的物理教授。

北京实验的数据立即转到了新任物理教授埃皮努斯⑥的手上,而他正急于寻求一份出色的成果以使俄国当局满意。几个月之后,他向彼得堡科学院报告了北京的实验⑦,并于 1758 年 3 月 9 日宣读了报告。埃皮努斯利用玻璃的导电性差(small conductivity)和装有磁针的玻璃容器上的感应电荷来解释耶稣会士在北京的实验,在实验中,电荷缓慢地移动进入接触的磁针,然后同样的感应电荷又慢慢消失。埃皮努斯成功地重复了北京的实验,并添加了自己的 12 个类似实验。他声明,北京的实验证实了富兰克林(Franklin)的理论⑧。富兰克林和布丰伯爵(Count Buffon)在法国与诺莱特(Nollet)和达朗贝尔(d'Alembert)争吵的,当然也是一个政治问题。不过,北京耶稣会

---

① Gaubil,1970,818.

② Koplevič,Cverava,1989,80.

③ Johan Ernst Zeiher(*1720 Weissenfels;†1784.1.7,Wittenberg).

④ Cverava,1986,58.

⑤ Novik,1999,10.

⑥ Franz Maria Ulrich Theodosius Aepinus(*1724.12.13,Rostock;†1802.08.10/22,Dorpath).

⑦ 1757 年 11 月 17 日(Novik,1999,11)或者 1757 年 12 月 1 日(Aepinus,1979,492)。

⑧ Aepinus,1761,23-24; Aepinus,1758.

士对富兰克林思想的支持也是预料之中的,因为耶稣会的物理学家首领路德·博什科维奇(Rudjer Boškoviℰ)是富兰克林的亲密朋友。刘松龄自然知道博什科维奇(比刘松龄小几岁),因为他使用过博什科维奇的著作,而且刘松龄的弟弟韦查德是皇帝在布鲁塞尔(Brussels)的兄弟的告解神父,而博什科维奇经常去布鲁塞尔拜访他的朋友——来自刘松龄家乡卢布尔雅那的哈布斯堡荷兰的统治者康本瑟伯爵(Habsburg Netherlands' Governor Count Cobencl)。因此,我们可以认为埃皮努斯的其他关于电的数学理论,也是北京耶稣会士电学研究所从属的主流中的一部分。在他们准备电学实验(在本质上与富兰克林的成果有所不同)之前,刘松龄和他的同事们可能看过英国(1751)或法国(1752)出版的富兰克林写给柯林森的有关莱顿瓶的信件,亦或是贝卡里亚[Beccaria,这里可能指意大利物理学家乔凡尼·贝卡里亚(Giovanni Beccaria——译者注)的拉丁汇编(1751)]。桑切斯和柯林森同时为两个研究团队,美洲的富兰克林和北京的耶稣会士提供了必需的设备,而两个目标团队都极其成功地完成了试验,并回报了出乎意料的、非凡的新发现。桑切斯和柯林森都与伦敦皇家学会保持着联系,但富兰克林和北京耶稣会士却没有合作,尽管欧洲耶稣会士首领博什科维奇是他的好朋友。因此,在美洲和中国的两个目标团队只能通过古老的欧洲(good old Europe)进行交流。富兰克林可能没有刻意去亲自重复北京耶稣会士的实验,因为他在电学方面获得名声之后便很快转向了外交与政治领域;而北京耶稣会士是否重复了富兰克林的实验,亦或是将避雷针(lighting rod)介绍到中国,也并不完全明确——不过,严格地说,他们的实验为伏打的研究带来了更多的成果,尽管他们远没有获得富兰克林那么大的名声。

当博什科维奇在维也纳出版他的杰作时,埃皮努斯向科学院递交了关于电力和磁力的演讲,并于 1758 年 9 月 7 日将它献给女王。他用莱顿瓶实验推进了电和磁的类比研究,虽然他使用了北京耶稣会士的数据,然而他没有提及北京的报告。

1758 年秋,埃皮努斯发展了他的关于电与磁效应的数学理论。1759 年 6 月 4 日,埃皮努斯向科学院提交了他的专著。这本著作于 11 月①底出版,并献给了拉兹莫夫斯基。埃皮努斯使用了他所钟爱的富兰克林单流理论

---

① Novik,1999,12-13.

（Franklin theory of one fluid），还是没有提及北京的实验①。

埃皮努斯的解释并不能让所有人都满意。他不得不向读者们致歉，因为他在电学领域使用了精确的数学，而传统上哲学家和实验家在使用（滥用）这个领域时，都不喜欢运用很多数学。西莫（Symmer）②组织过两组类似于北京的实验，不过很明显他没有听说过这件事。1759 年 2 月 1 日和 12 月 20 日，西莫将他的结果提交给了伦敦皇家学会。他以关于两种截然不同的电力的论文③来结论，令富兰克林的对手们很是高兴。

西革南（Cigna）④是第一个评论埃皮努斯关于耶稣会士的实验分析⑤的人。西革南的叔叔贝卡里亚⑥也对北京耶稣会士的成果感兴趣。1747 年，贝卡里亚成为都灵（Turin）大学的实验物理教授。尽管他是不同信仰修道会（Scolopi 或 Piaristen）的成员，但他是博什科维奇的好朋友，也是富兰克林成果的敬慕者。1767 年，他在北京耶稣会士实验的基础上增加了一个类似的效应。他使加了外层的玻璃盘带了电，再将带负电盘子的外层去掉，然后在旁边放一个没有外层的不带电中性盘。他用外层把中性盘包起来，然后用导体将它的外层与带电盘的外层连接起来。所有的盘子都相互接触并依靠在一起。当这些盘接触了一段时间但还没有完全同化（fusion）时，如果将它们分开，带电盘的两面都接受了正电荷，而不带电盘的两面则都接受了负电荷。如果这些盘完全同化之后再将它们分开，带电盘两面都是负的，而不带电盘则两面都是正的。如果同化之后再把它们连在一起，每次分开时不带电盘下面的小纸环会被吸到盘上，而每次连接时则会被排斥。贝卡里亚只对盘充电一次，就可以重复实验达 500 次之多⑦。这是莱顿瓶实验之后的一大进展，因为莱顿瓶每次实验完之后都必须重新充电。稳恒电流时代的到来，应该感谢北京的实验。

1769 年，贝卡里亚重印了北京的报告，其中提到了埃皮努斯的数学解释（作为不完整的理论），然后又自己做出了解释。他提出了"电力冠军"（elec-

---

① Aepinus,1979,130–131.

② Robert Symmer(*1707 年左右,Galloway;† 1763.6.19,London).

③ Symmer,1769,380; Aepinus,1979,406.

④ Gian Francesco Cigna(*1734.7.2,Mondovi;† 1790.7.16,Turin).

⑤ Aepinus,1979,200.

⑥ Giacomo Battista Beccaria(Beccheria, *1716.10.31,Mondovi;† 1781.5.27,Turin).

⑦ Beccaria,1767,297–298.Beccaria(1767,297)中引用 Aepinus 对北京实验的评论的卷数是错误的,普利斯特里[Priestley(1775,1:316)]后来重复了这个错误。

tricitas vindex)的概念①。贝卡里亚是一个经验丰富的研究者,但他也有不足之处。伏打(Alessandro Volta)曾在科摩工作,后来又到了帕维亚的哈布斯堡大学。在他之前,耶稣会士博什科维奇和从前克拉斯卡的博物学家安东·斯科波利(Anton Scopoli)都在那里讲过课。伏打不满意贝卡里亚的解释,他寻求其他可能的解释,并最终导致他几年后发明了起电盘,这件事在 1775 年6 月 10 日写给普利斯特里(Priestley)的信中有所叙述②。伏打在科摩教书的那些年,是知道北京耶稣会士的实验的。普利斯特里也在他的杰作中分析过北京的实验③。因此,北京的电学实验充当了现代电动力学的先驱。伏打发明电池的消息,1800 年春第一次在伦敦皇家学会的会议上宣布④,很快便传遍了欧洲,几个月之内贝道斯(Thomas Beddoes)、汉弗里·戴维(Humphry Davy)以及贝道斯的导师(mentor)伊拉斯谟斯·达尔文(Erasmus Darwin)都知道了⑤。在伏打向伦敦写信描述了他的电池之后不久,E.达尔文便开始向他的富有病人(女士)出售"流电"疗法("galvanic" cure)⑥。而戴维经过早期的布里斯托尔电流实验(Bristol Voltaic experiments,1800 年 6 月至 1801 年1 月)⑦并获得皇家学院(Royal Institution)Thomas Garnetyt 的助手职位(1801年 3 月)⑧之后不久,就成为了刘松龄家乡卢布尔雅那的权贵西吉斯蒙德·佐伊斯男爵(Baron Sigismund Zois)最好的朋友之一,后者曾买过戴维和尼克尔森(Nicholson)早期的著作。1800 年 11 月 7 日、12 日和 22 日,伏打在巴黎向拿破仑(Napoleon)演示了他的电池组的潜力⑨。伏打和他的旅伴,斯科波利的帕维亚化学教授职位的继任者路易·华伦天奴·布鲁尼亚泰利(Luigi Valentino Brugnatelli,1761—1818),与卢克(de Luc)⑩和拉朗德(Lalande)⑪见过面并一起做过实验;一起参加的还有伦福德(Rumford)、贝托莱(Berthol-

---

① Beccaria,1769,44-47.Heilborn,1979,405-410.
② Aepinus,1979,131. Volta,1816,Ⅳ,108. Joseph Priestley(* 1733. 3. 13, Fieldhead;† 1804. 2. 6, Northumberland).
③ Priestley,1775,1:315-316.
④ Pancaldi,2009,248.
⑤ Pancaldi,2009,254.
⑥ Pancaldi,2009,255.
⑦ Pancaldi,2009,256.
⑧ Morus,2009,268.
⑨ Stantangelo,2001,26.
⑩ Stantangelo,2001,29.
⑪ Stantangelo,2001,31.

let)、阿羽依（Haüy）和毕奥（Biot）①。1800 年 9 月 29 日,布鲁尼亚泰利、伏打与居维业（Cuvier）一起进入了植物园（Jardin des Plantes）②。伏打的电池随着拿破仑的刺刀到达了刘松龄的家乡卢布尔雅那,至少在伊利亚省（Illyrian Provinces）时期,卢布尔雅那的雅尼·凯尔斯尼克·科斯尼克（Janez Krstnik Kersnik）教授就使用了许多伏打电池——统治者马尔蒙将军（Governor General Marmont）1811 年赠送的礼物。不过,在拿破仑时代,北京的耶稣会士再也没有将他们自己的电学观测成果传播到他们教化的中国人家中。

献给中国皇帝的真空

著名的电学实验当然不是刘松龄所处时代的北京耶稣会士物理学家们唯一的基础物理成果。汤若望和席尔的望远镜已经促进了中国对第谷体系的接受③,同样,不久之后,昂贵的真空仪器也加入了进来。1773 年 1 月 12 日,在广东长官李法瑞（Le Fevre,未查证出此人的确切姓名,故音译——译者注）的帮助下,新来的法国传教士将精良的反射望远镜（mirror telescope）以及许多礼物,还有第一台真空泵带到了北京,而这时距离欧洲第一次发明真空泵已经过去一个多世纪了。

法国传教士有钟表师李俊贤（Méricourt）④和艺术家潘廷璋（Panzi⑤,遵从法国公使的命令前来⑥）,他们都知道真空泵的运转条件,他们在 1773 年 1 月 12 日到达北京之前,已经接受过有效的欧洲训练。1773 年 1 月 18 日,皇帝下令将真空泵移入如意馆[Ruyiguan（Jou-y-koan）building,欧洲艺术家工作的地方]。1747 年、1756—1759 年及 1768 年修建的欧式建筑西洋楼,形如狭长的 T 字,占据了圆明园最西边的南北区域与畅春园的一部分,成为乾隆皇帝保存欧洲珍奇异宝的宫殿。刘松龄的朋友郎世宁负责建筑风格,王致

---

① Stantangelo,2001,31.

② Stantangelo,2001,32.

③ Wang,Wu,Sun,2008,324.

④ 李俊贤神父（Father Hubert de Méricourt,Li Tsuen-Hien Si-Tshchen, *1729.11.1,法国;SJ 1754.1.8,法国;†1774.8.20,北京）在北京真空试验之后不久就去世了（Pfister,1934,975）。

⑤ 潘廷璋会友（Panzi,P'an T'ing-Tchang,Jo-Ché, *约 1733,意大利;SJ Genes;†1812 年之前,北京）,1771 年时,他在中国的法国传教团（Pfister,1934,971）。

⑥ Henri-Léonard-Jean-Baptiste Bertin count de Bourdeilles（ *1720.3.24,Périgueux;†1792,Belgium 的 Spa）是农业部长（Minister for the agriculture）,1774 年时负责外交事务。他是巴黎科学院的荣誉会员（Amiot,1774,519）。

诚和艾启蒙①负责奇珍与房屋装饰,杨自新(1703—1766)负责铁制部件,蒋友仁则负责水利②。蒋友仁表示,要打造顶级的水利需要运用真空泵。1767年2月26日,艾启蒙接替他的老师,成为北京宫廷艺术院的院长。因此,到了春天,蒋友仁和艾启蒙有责任向皇帝献上真空泵并解释它的工作状况。蒋友仁花了几个月时间研究真空泵,以确保可以成功演示,因为他无法承担不能令皇帝满意的后果。他向一名中国人解释了如何操作真空泵,并训练他成为自己的助手。他为皇帝挑选了最为有趣的试验,并制作铜版雕版印刷成小册子来解释这些试验。他把真空泵放在室内,并控制温度来抵御严寒。由 Yuen Mingyuan(未考证出此人的名字,应该为一名中国官员——译者注)翻译指令,李俊贤和潘廷璋教授了太监们操作真空泵。

1773年3月10日,第一次真空试验在如意馆进行,由四个太监来操作真空泵。李俊贤、阿尔尚日(Archange)和汪达洪(Ventavon)③三名传教士在他们的钟表厂检查了泵的每个部件,这表明这个机械主要是由法国耶稣会士在负责,而此时刘松龄大概只是以杰出老专家的身份作为顾问。当蒋友仁向太监们展示大气的压力、稀薄(rarefying)以及一些其他性质时,他们都感到很兴奋。即便是在一个世纪之前的欧洲[托里拆利(Torricelli)的信件(1644)之后],大气压力的概念被接受也遇到了巨大的困难,因为大部分耶稣会士[听从了英国的比利时学院(English Belgian College)的耶稣会士莱纳斯(Linus)]更相信亚里士多德的观点。甚至笛卡尔和那位对中国人极度崇拜的莱布尼茨(Leibniz),都拒绝托里拆利和伽利略式想象中的真空念头。

不管怎样,无论其背后可能隐藏着什么样的哲学,中国皇帝很喜欢真空试验。上午八点,皇帝要求对所有试验结果进行解释。他询问了泵的内部构造。蒋友仁不得不对他解释许许多多幅关于泵的铜版画的意思。皇帝命令蒋友仁把太监们在如意馆为他安排的所有试验重新再做一次。第二天,即1773年3月11日,蒋友仁到达如意馆之后,太监们便立即向他作了汇报。他们描述了前一天的事情,皇帝下令准备新的试验,因此,蒋友仁带走了泵,

---

① Rinaldi,2006,210。

② Ignac Sickelbarth[Sichelbarth,Ngai K'i-Mong Sing-Ngan,*1708.9.26,波西米亚北部(north Bohemia)的 Neudeuk(Neudeck,Neudejk);SJ 1736.10.20,波西米亚;†1780.10.6,北京(Dehergne,1973,247)]1744年到达澳门,第二年到了北京(Koláček,1999,41)。

③ Jean Matthieu de Ventavon[*1733.914,Gap;SJ 754.11.22,;†1787.5.27,北京(Sommervogel,1898,8:565)]出版了一些信件以及从中文翻译的译本。

以检查每个部件是否都处于工作状态。中午之前,蒋友仁向皇帝解释了不同阀门、活塞(阻挡外面的空气进入泵)另一边的大管子以及外部安全阀门(阻止外面的空气进入容器)的作用。当皇帝了解了泵的所有部件后,他下令开始试验。和往常一样,试验准备期间皇帝提出了很多的问题。蒋友仁向皇帝展示了21个精选的试验,其中前6个是证明大气压存在的,然后一个接着一个进行下去。当皇帝在聆听前一个试验的解释时,他们已经在准备下一个试验。蒋友仁带了一个气压计和一个温度计。皇帝提了关于空气压力低于气压计中水银高度的机理的几个问题:泵里的水是怎么被升起来的?为什么气压的变化与水银高度成正比? 蒋友仁用当时欧洲常用的解释做了回答,他还描述了空气的密度是如何随着气候条件变化的。

蒋友仁的第二组试验展示了空气的弹性(elasticity)和可压缩性(compressibility)。皇帝非常喜欢它们,他的满意使真空研究在开创性的欧洲实验之后的一百年进入了中国。

在如意馆,蒋友仁想把真空泵取名为"验气筒"(yan qi tong /yen chhi thung/,法语抄本中为Nien-ki-tung,意为探气之管)。皇帝决定用"候"(hou,法语抄本中为heou)字来代替"验"(yan,法语抄本中为Nien)——这个字被认为更好、更高贵,因此,在汉语经典著作中更常被用来描述天气观测、农事计划以及季节变化。所以,皇帝将之定名为"候气筒"(hou chhi thung,法语抄本中为heou-hy-yung,意为测气之管)。尽管中国人已经清楚了真空气压计怎么使用,但是前面提到的这两种取名,都没有能够体现出这种"新"设备真正的用处。

在真空泵表演结束之际,皇帝向他的妃嫔和其他女士在试验期间提供的帮助表示谢意。在整个展示的时间中,皇帝一直都站在泵的旁边。展示结束之后,皇帝返回寝宫,并命令奴仆将泵一并带走。他慷慨地赏赐了蒋友仁、李俊贤和潘廷璋三大块丝绸①。第二年,蒋友仁在一次中风后去世,仅比大他12岁的刘松龄早去世了几天。潘廷璋后来画了一幅皇帝的巨幅肖像②。耶稣会士艾启蒙第一次画了麝香鹿,然后刘松龄将他的画发表在了

---

① Needham,Ling,1959,3:451;Francis Burgeois[Bourgeois,Tch'au Tsuen-Sieu,Tsi-Ko,* 1723.3.21, Loraine 的 Pulligny(Meurthe);SJ 1740.9.17,Nancy;† 1792.7.29,北京(Pfister,1934,926)]于 1773 年 11 月 29 日,或是 1773 年 11 月 1 日向 Dupre 神父描述了真空泵试验[未出版,Recueil de Zi-ka-wei,pp.37-41,42(Pfister,1934,971);Aimé-Martin,1843,4:223-224;Benoist,1773 年 11 月 4 日的收件人不详的信件]。

② Amiot,1943,457.

1753 年的伦敦《哲学汇刊》上,他们的模特是带到书院教堂的一头死的雌鹿。

我们无法确切知道博廷(Bertin)公使赠予中国皇帝的真空泵型号。这台设备很可能保留在了中国,而博廷的报纸上或许还有一些我们不知道的材料。当时,制造于世纪初的豪克斯比(Hauksbee)泵仍然盛行。1721 年,斯韦登伯格(Swedenborg)①建造了一种新式泵。他用有两条长腿的桌子来支撑被抽空的密封钟状容器,这个铁制容器与流动着水银的铁管相连接。那时,斯韦登伯格参与了一些科学的研究,虽然他最后成为了一个深刻的哲学家,卢布尔雅那的佐伊斯男爵购买过他讨论物理学与技术的著作。1797 年,医生约瑟夫骑士巴德尔(Joseph knight Baader,1763—1825)在他的泵上使用了与斯韦登伯格相同的原理,他还在凡尔赛设计新式泵试图取代马尔利(Marly)的。1806 年,巴伐利亚地图绘制机构的法国工程师迈克尔(Michel)在 1764 年至 1770 年之间,还有简·安德烈·卡扎烈(Jean André Cazalet,1753—1825)在 1796 年,都曾使用过斯韦登伯格的泵。

大部分同时代人都不知道斯韦登伯格的发现,因此格伦(Gren)②重印了它们并添加了注释③。1847 年,瑞利男爵斯特拉特(Strutt Baron Rayleigh)在伦敦出版了斯韦登伯格论文的译本,标题为"化学原理"(Principles of Chemistry)。10 年之后,盖斯勒(Geissler)在波恩(Bonn)利用斯韦登伯格的原理排空(evacuate)了第一个阴极射线管。可能正是真空泵中水银的使用,促使皇帝询问了许多关于刘松龄家乡克拉斯卡的 Idria 矿生产的水银的问题。

法国公使博廷赠予北京的真空泵是在巴黎定制的。博廷赠送的巴黎泵

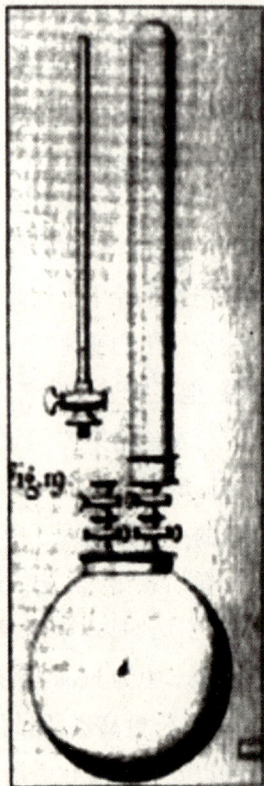

日内瓦大学 M Horace Benedict de Saussure(1740—1799)发明的压力计在卢布尔雅那的物理演示室中也曾被使用(Pouillet. 1853. *Éléments de physique expérimentale et de météorologie.* Paris:Hachette.Plate 5,fig.19)。

---

① Emanuel Swedenborg(Emmanuel Svedenborg, *1688 Stockholm;†1772 London).

② Friedrich Albrecht Carl Gren(*1760;†1798).

③ Gren,1791,409—410.

可能是迈克尔和卡扎烈的,或者是福廷公司(Fortin)的。最重要的巴黎泵制造商是福廷①——经度局(Bureau for the Longitude)的合作者。由于拉瓦锡(Lavoisier)的倡议,福廷开始制造实验器具。在 1778 和 1779 年,他向巴黎科学院提交了他的真空泵,这是法国第一个使用了双走(a double walk)的泵。1784 年,他制造了气体测量仪(gas gauge),然后 1788 年他为拉瓦锡准备了一个精确的大天平。福廷发明了一种非常有用的便携式水银气压计。拉瓦锡被处决之后,福廷的实验室于 1794 年 11 月 10 日出售。在拿破仑帝国时期,福廷完善了科学仪器,然后在 1806 年,他为盖-吕塞克(Gay-Lussac)的空气膨胀研究制造了仪表。

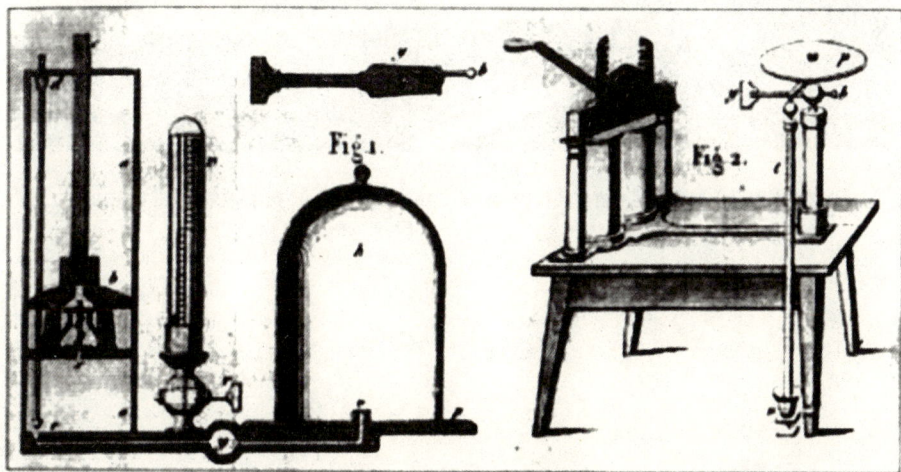

法国真空泵(Pouillet.1853.*Éléments de physique expérimentale et de météorologie*.Paris:Hachette.Plate 5,fig.1,2)。

福廷在他的真空泵中使用了两个黄铜做的抽气机。带钩的链条可以导引对面杠杆上的活塞。福廷将两个活塞连接起来,以减小克服空气阻碍所需的力。丹尼斯·帕潘(Denis Papin,1647—1712)、威廉·雅各布·斯赫拉弗桑德(Willem Jacob's Gravesande,1688—1742)以及豪克斯比(Francis Haukebee,1666—1713)都已经考虑过这种想法。

两根导管从泵中伸出并合二为一,并且用真空容器在水平盘中间打开。压在容器上的力会影响含有"削平的"等臂虹吸管气压计的测试管(testing tube)。气压计可以测量两臂中水银面之差的微小压力。通过在装满水银的容器中沉浸的末端,气压计中剩余的压力可以由另一端的垂直管测量出来。当真空容器中的压力减小时,水银会升入容器。盘子前面的管子会释放空

① Jean Nicolas Fortin[* 1750 Mouchy-la-ville(Oise);† 1831 Paris].

气进入容器,其他情况下则不可能这样,因为容器中的气压会阻止空气进入。经过后来的改进,第二个气压计和一个小的侧管道被加到了气压计的前面,以使气体进入先前被抽空的容器内。

北京古观象台上刘松龄的赤道经纬仪(Equatorial Armillary Sphere)(照片提供:Anton Levstek)。

北京古观象台,今天文博物馆所在地(照片提供:Anton Levstek)。

结语

刘松龄在北京耶稣会士的电学与真空研究中产生的作用,并不像他在天文学、测图学、北极光与中国人口统计学的研究著述方面担当领导作用那样清楚。因为当时他是北京耶稣会的首席科学家,因此我们可以合理地认为,没有他的参与和支持,电学以及后来的真空试验都是不可能完成的。北京耶稣会士所完成的电学研究,是伏打能够获得成功的一个重要基础,本文陈述的这一事实,是第一次在编史学上将之澄清。

正如几乎人类所有的行为一样,耶稣会士在中国的两个世纪的存在,是不应该以极端的方式来描述的。对俄国沙皇保罗一世(Emperor Paul Ⅰ)及其子亚历山大一世(Alexander Ⅰ)统治下的、刘松龄的同胞加布里埃尔·格鲁伯及耶稣会士团体来说,情况也是一样。虽然耶稣会士并非在每个方面都是有益的,但他们也绝非一直都是所谓的邪恶和残暴。他们试图向他们所在国家的主人推销优越的科学与技术,以吸引这些人的热情,并使其对他们的信仰感兴趣。由于希望能够重复罗马皇帝康斯坦丁(Roman Emperor Constantine)的先例,耶稣会士尤其钟情于各个国家社会高层的精神,包括俄国或是中国的皇帝。格鲁伯最终差不多为耶稣会赢得了保罗的精神,但是中国皇帝却从来没有这样。有些人指出,没有任何东西能够强大到征服中国皇帝,使其精神皈依基督教,刘松龄碰巧是最早指出这一点的人之一。因此,他略带失望地将大部分精力投入到欧洲和中国的科学上来。

刘松龄带给中国人的科学并非都是最新的,部分原因是由于里斯本—广东航船联络每两年才能往返一次通信,这与现代网络的能力相去甚远。不过,刘松龄并没有蓄意对中国人隐瞒欧洲的知识,也没有犹豫要不要把它们告诉到北京的朝鲜访客。在交趾支那(Cochinchina)附近下至湄公河(Mekong River)三角洲[即今天的越南南部(Southern Vietnam)和柬埔寨(Cambodia)],他的同伴、耶稣会士数学家和物理学家约翰·德·洛雷罗(João de Louriero,1710—1791)也是这样的①。刘松龄对他的天文台感到极为自豪,而且从不向访客保密。甚至军事目的的试验——今天被认为是最高机密,也被自由地发表在了法国大革命之前的欧洲科学期刊上。除了担心中国学生学成以后他们便失去了存在的必要性之外,耶稣会士没有理由向中国人隐瞒欧洲的知识。耶稣会士南怀仁(F.V.)尽其所能为中国人制造枪炮,而刘松龄也乐于如此。另一方面,中国的耶稣会士将珍贵的地理学、人口统计学以及其他信息传递给了他们的欧洲通信者,这便最终导致了欧洲人了解中国人要比中国人了解欧洲人多得多。更加深刻的思索与推测将会十分有趣:如果斯洛文尼亚人格鲁伯将刘松龄的朋友南怀仁(G.L.)主教与其他一些之前在格鲁伯旗下的耶稣会士带到中国来,那将会发生什么呢? 那正是

---

① Rinaldi,2006,116,138.

王慧琴与 Luka Dekleva 在马里博尔斯洛文尼亚国家大剧院的刘松龄艺术交流活动中（2009 年 10 月 30 日，由 ACE KIBLA 举办）。

格鲁伯作为耶稣会总长在圣彼得堡所进行的艰难尝试。如果这些耶稣会士果真启程，中国和西方的技术差距便不至于变得像刘松龄死后那么大，中国也就不会缺失欧洲以真空为基础的蒸汽引擎和电化学设备。刘松龄，尤其格鲁伯对这些都非常了解，那么，北京的清廷皇帝就可以躲过不幸的 19 世纪中的那些屈辱的军事失败。对中国的科学和技术来说，以刘松龄为最后首领的耶稣会士是一个恩惠，但是中国人在鸦片战争（Opium Wars）之前便很快失去了他们，因此耶稣会士没有能够将他们从欧洲带到中国的军事技术发明装备运用到中国军队中。在刘松龄的时代，真空，尤其电学研究的开始是如此的辉煌，为后来 19 世纪下半叶的发电机（dynamos）和电白炽灯（electric incandescent lamp) [1] 铺平了道路。

参考文献

Aepinus,Franz Maria Ulrich Theodosius.1758.*Sermo academicus de similitudine vis electricae atque magneticae*.Petersberg：Typis Academiae.

Aepinus,Franz Maria Ulrich Theodosius.1761.Descriptio ac explication novorum quorundam experimentorum electricorum.*Novi Commentarii Academiae Scientiarum Imperialis Petropolitanae*.1758-1759.7：277-302.Summary 22-24.

Aepinus,Franz Maria Ulrich Theodosius.1979.*Aepinus's Essay on the Theory of Electricity and Magnetism*.Princeton：University Press.

Ahn,Daeok.2002.On the Transmission of Planisphere Astrolabe to China in Late Ming Period.*Studies in the History of Natural Sciences* (*Zi ran ke xue shi yan jiu*).21/4：299-319.

Aimé-Martin,M.L.1838,1843.*Lettres édifiantes et curieuses concernant l'Asie,l'Afrique et l'Amérique.*Ⅱ-Ⅳ.Paris：Société du Panthéon Littéraire.

Alencé,Joachim d' (*1640；† 1707).1695.*Neu-erfinden Mathematische Curiositäten enthaltend：die wunderbareste Würckungen der Natur und Kunst,worinnen vermittels drey sonderbaren Instrumenten* 1.*die Schwere und Leichte*,2.*die Truckene und Feuchte*,3.*das Ab-und Zunehmen der Hitz und Kälte,der Lufft zu beobachtenen und erkennen seynd* … Auss dem Frantzösischen ins Teutsch übersetzt… Mayntz：Ludwig Bourgeat.Reprint：1697.*Neu-erfinden Mathematische Curiositäten.Erster Theil* (译自 Traitez des baromètres 等).*Zweyter Theil* (译自 1681.Traitté de l'aman.Amsterdam).Mayntz：Ludwig Bourgeat.

Amiot,Jean-Joseph Maria.1774.Observations météorogiques faites a Pékin,

---

① Lambert,Dilaura,2004,CXCVI.

par le P.Amiot,Decembre 1762.Mis en ordre par M.(Charles) Messier.*Mémoires de mathématiques et de physique,préséntsà l'Academie Royale des Sciences*.6:519 -601.

Amiot, Jean-Joseph Maria and others. 1776 - 1791. *Mémoires, concernant l'histoire,les sciences,les arts,les moeurs,les usages etc.des Chinois,par les missionnaires de Pe-kin*.Paris:Nyon.

Amiot,Jean-Joseph Maria.1943.Le frère Attiret au service de K'ien-Long (1739-1768).Sa premiere Biographie écrite par le P.Amiot,rééditée avec notices explicatives et commentaires historiques par Henri Bernard.S.J.*Bulletin de l'Université l'Aurore.Série.*III,tome 4,No.1;no 2:435-474.

Andritsch,Johann.1965.*Studenten und Lehrer aus Ungarn und Siebenbürgen an der Universität Graz (1586-1782)*.Graz:Verlag der Historischen Landekommission für Steiermark.

Aracil,Alfredo.1998.*Juego y artifico*.Madrid:Cátedra.

Asen,Daniel.2009.'Manchu Anatomy':Anatomical Knowledge and the Jesuits in Seventeenth-and Eighteenth-Century China.*Social History of Medicine:the Journal of the Society for the Social History of Medicine*.22/1:23-44.

Baader,Joseph. 1797. *Vollständige Theorie der Sang-und Henepumpen, und Grundsätze zu ihrer virtheilhaftesten Anordung,vorzüglich in Rücksicht auf Bergbau und Salinenwesen*...Bayreuth:J.A.Lübecks Erben.

Beccaria,Giacomo Battista.1767.Novorum quorundam in re electrica experimentorum Specimen, quod Regiae Londinensi Societati mittebat die 26 Aprilis 1766 Joannes Baptista Beccaria, ex Scholis Piis, R.S.Soc.Communicated by M. Maty,Sec.R.S.*Phil.Trans*.1768.57/1:297-311.

Beccaria, Giacomo Battista. 1769. *Exprimenta, atque observationes, qibus electricitas vindex late constitutur, atque explicatur.* Torino: Ex Typographia Regia.

Brian, Thomas（17 世纪）. 1627. *The pisse-prophet, or Certaine pisse-pot lectures: wherein are newly discovered the old fallacies, deceit, and jugling of the pisse-pot science, used by all those (wether quack and empirick, or other methodicall physicians) who pretend knowledge of deseases, by the urine, in giving judgement of the same.* London: E.P za R. Thrale. Translations Brain, Ryff. 1703. Hamburg: Gottfeied Liebezeit; Brian; Majus; Ryff. 1722. Hamburg: Samuel Heyl; 1723. Hamburg; 1736. *Der englische Wahrasager aus dem Urin, oder gewisse Wahrsagungen ausdem Wasser-Glase, darinnen nun allererst die alten betrüalichen Stücklein und Augen-Verblendungen entdecket sind, deren sich alle diejenigen, es seyn gleich Quacksalber, Empirici, oder auch ordentliche Meddici, gebrauchet haben, welche vorgegeben, dass sie die Kranckheiten aus dem Wassererkennen können, und von denselben daraus ein Urtheil gefället haben.* Hamburg: Brian; Majus; Ryff. 1738. Hamburg: Gottfried Richter; Brian; Stolberg, Johann Reinhardt. 1746. Hamburg: Johann Adolph Martini; Brian; Ryff; Stolberg. 1760. Franckfurt/Leipzig: Johann Christian Martini; Brian; Majus; Ryff. 1771. Langensalza: Johann Christian Martini.

Cantor, Moritz Benedict. 1894, 1900, 1901, 1908. *Vorlesungen über Geschichte der Mathematik.* Leipzig: B.G. Treubner.

Chalmers, Alexander (ed.). 1816. *The General Biographical Dictionary.* London: Nichols and Son.

De Coehorn, Baron Menno（*1641; †1704）. 1685. La Haye: Leuwarden. Reprints: 1690; 1702; 1706; 1708; 1711; 1714; 1741; French Rotberg's translation: 1706. *Nouvelle fortification, tant pour un terrain bas et humide, que sec et élevé, Representeé en trois maniéres sur le contenue in térieur de l'exagone a la francoise, Où l'on fait voir quelle est la Force des Fossez secs modernes, & de ceux qui sont pleins d'èau. Avec une methode moderne de Fortifier les Places Maritimes aussi-bien que celles qui sont situeés sur le bord des Riviéres... Traduit du Flamand en Fran-*

*cois.*A La Haye；1711；1714；1741.

Cverava，G. K. 1986. Dopolnitelni stranici k biografii G. V. Rihmana.*Priroda*. No.7：58.

Dehergne，Joseph. 1973. *Répertoire des Jésuites de Chine de 1552 a 1800.* Rome：Institutum Historicum S.I.

Faludi，Ferenc. 1739.*Collectiones mathematicae ex architectura militari Honoribus perillustrium reverendorum，relihiosorum，praenobilium nobelium DD.Cum in alma ac celeberriuma universitate Graecensi suprema AA.LL.& philosophiae laurea insignirentur.Promotore R. P. Francisco Faludi e Soc. Jesu AA. LL. & philosophiae doctrorei ejusdemque in Metaphysicis professore ordinario.* Graecii. Widmanstad (NUK-8146).

Gaubil，Antoine. 1970. *Correspondance de Pékin* 1722 – 1759, *publiée par Renée Simon.*Études de Philologie et histoire.Geneve：Liabrarie Droz.

Gren，Frriedrich Albrecht Carl. 1791. Swedenborgs Vorschlag zueiner hydraulischen Luftpumpe.*Journal der Physik*.4：407-410.

Gspan，Alfonz；Badalič，Josip.1957.*Inkunabule v Sloveniji*.Ljubljana：Slovenska Akademija Znanosti in Umetnosti.

Guan，Zengjian.2005.The Historical Evolution of the Theory of Compass in China.*Studies in the History of Natural Sciences（Zi ran ke xue shi yan jiu）*.24/2：128-143.

Von Guericke，Otto. 1986.*Neue "Magdeburgische" Versuche uber den leeren Raum.*Leipzig：Akademische Verlagsgesellschaft M.B.H.

Hallerstein，Avguštin.1753.A Letter from Reverend Father Augustin Hallerstein, of the Society of Jesus, President of the astronomical College at Pekin in China, to Dr Mortimer, Sec. R. S. Dated Pekin, Sept. 18, N. S. 1750. Translated from the Latin by Tho. Stack, M. D. and F. R. S. *Phil. Trans.* 1751–1752. 47 : 319–323.

Han, Qi; Jami, Catherine. 2003. The Circulation of Western Mathematics at the Court during the Kangxi Period-A Case Study of the Compilation of the Suanfa Zuanyao Zonggang by Antoine Thomas. *Studies in the History of Natural Sciences* (*Zi ran ke xue shi yan jiu*). 22/2 : 145–156.

Hsia, Florence C. 2009. *Sojourneus in a strange land : Jesuits and their scientific missions in late imperial China.* Chicago : University Press.

Heibron, John L. 1979. *Electricity in the 17th and 18th Centuries.* Berkeley : University of California Press.

Kloss, Albert. 1987. *Von der Electricitaet zur Elektrizität.* Basel-Boston : Birkhäuser.

Koláček, Josef. 1999. *Čínské epištoly.* Velehrad : Refugium Velehrad-Roma.

Koplevič, Judifa Hainmovna, Cverava, G. K. 1989. *Hristian Gotlib Kratzenstein 1723–1795.* Leningrad : Nauka.

Krieger, Willibald (* February 11, 1685 Deckendorf in Bavaria; SJ 1702; † 1769 Graz). 1720. *Tractatus meteorologicus in quator libros Aristotelis : hinoribus reverendissimorum, illustrissimorum, ac perillustrium dominorum, dominorum, dum in antiquissima, ac celeberima Universitate Viennensi, promotore R. P. Wilibaldo Krieger, e Soc. Jesu, AA. LL. & philosophiae doctore, eiusdémque professore emerito, nec non p.t. seniore consistiriali, supremâ AA. LL. & philosophiae laureà insignirentur, a neo-doctoribus collegis dictatus abbo à parta salute MDCCXX. Mense Augusti die-Dispitatio I : De meteoris in genere; II : De meteoris ignitis; III : De meteris aeries; IV : De meteoris* *aqueis*; *V*: *De meteoris terreis*. Viennae; Wolfgang Schwendimann.

Lind, Gunter. 1992. *Physik im Lehrbuch 1700–1850. Zur Geschichte der Physik und ihrer Didaktik in Deutscheland*. Berlin; Springer-Verlag.

Lu, Dalong. 1997. Gui Mao Yuan Li (1742–1911) and Issac Newton's Theory of the Moon's Motion. *Studies in the History of Natural Sciences (Zi ran ke xue shi yan jiu)*. 16/4; 329–336.

Lu, Ling-Feng; Shi, Yun-Li. 2003. *Accuracy of Solar Eclipse Predictions Made in the Quing Dynasty. China Historical Materials of Science and Technology*. 24/4; 283–290.

Morus, Iwan Rhys. 2009. *Radicalism, Romantics and Electrical Showmen*; *Placing Galvanism at the End of the English Enlightenment. Notes & Records of the Royal Society*. 63/3; 263–275.

Nakamura, Tsuko. 2009. *The Earliest Japanese Telescope Owned by Tokugawa Yoshinao. Kagakushi Kenkyu* (Journal of History of Science, Japan). 48/250; 98–108.

Needham, Joseph, Wang Ling. 1959. *Science and Civilizition in China*. Vol. 3. Mathematics, Astronomy, Geography, Cartography, Geology, Seismology and Mineralogy. Cambridge; Cambridge University Press.

Niu, Yahua. 2006. A Study on Two Earliest Translations of Western Anatomy. *Studies in the History of Natural Sciences (Zi ran ke xue shi yan jiu)*. 25/1; 50–65.

Novik, V. K. 1999. *Akademik Frants Epinus (1724–1802)*; *Kratkaja biograficheskaja kronika*. VIET. 4; 4–35.

Pancaldi, Giuliano. 2009. On hybrid objects and their trajectories: Beddoes, Davy and the battery. *Notes & Records of the Royal Society*. 63/3: 247-262.

Pfister, Louis. 1934. *Notices biographiques et bibliographiques sur les Jésuites de l' ancienne mission de Chine 1552-1773*. Ⅱ. Chang-hai: Imprimerie de la Mission Catholique.

Priestley, Joseph. 1775. *The History and PresentState of Electricity, With Original Experiments*. London: Bathurst & all.

Reisp, Branko. 2001. *Redki Stari tiski*. Ljubljana: Slovenska matica.

Rinaldi, Bianca Maria. 2006. *The "Chinese Garden in Good Taste" Jesuits and Europe' s Flora and Art of Garden in the 17th and 18th Centuries*. München: Martin Meidenbauer.

Rosaccio, Giuseppe (*1530; † 1620). 1666. *Teatro del cielo, a della terra. Nel quale si tratta brevemente: Dell' inferno, e dove sia, del fugatorio e limbo, della generatione de metalli, e minerali, del terremoto e sua causa, dell' origine de' fiumi e fonti e come naschino, delle piante, &anomali& come si nutriscono* ... Trevigi: Francesco Righettni (NUK-8237). Reprints: 1674. *Teatro del cielo, a della terra. In quest' ultima impressione adornata di bellissime figure* ... Trevigi: Francesco Righettini (NUK-8237); 1693.

Santangelo, Georgia. 2001. Alessandro Volta, le voyage à Paris. *Musée des arts et métiers*. 33: 26-35.

Sommervogel, Carlos. 1890-1900. *Bibliothèque de le Compagnie de Jésus*. Bibliographie par les Pères Augustin et Aloys de Backer, Nouvelle Édition par Carlos Sommervogel, S. J. Strasbourgeois, Tome Ⅰ-Ⅸ. Bruxelles-Paris: publiée par la province de Belgique.

Erberg, Janez Benjamin; Stainer, Sebastian. 1716. *Anathema Astronomico-Scia-thericum Augustissimae Caelorum, et Siderum Reginae Mariae appensum honoribus et in disputatione physico-mathematica oblatum, ab Illustrissimo, ac Erudito Domino Joanne Benjamino L.B.Erberg, opponente Illustrissimo, ac Erudito Domino Maximiliano Antonio L.B.â Tauffrer, Physices, & Matheos Cultoribus. Praeside R.P.Sebastiano Stainer è Soc. Jesu. A. A. L. L. & Philosophiae Doctore, ejusdémque & Matheseos Professore Ordinario. In Archi-Ducali, & Academico Societatis JESU Gymnasio Labaci Anno 1716.Die_Mens._Labaci*: Formis Joannis Georgij Mayr, Inclytae Provinciae Carnioliae Typogr.

Symmer, Robert. 1759. New Experiments and Observations Concerning Electricity. *Phil. Trans*. 1760.51/1: 340–389.

Thewes, Alfons. 1983. *Oculus enoch… Ein Beitrag zur Entdeckungsgeschichte des Fernrohrs*. Oldenburg: Isensee.

Tse-Hei Lee, Joseph. 2008. Xoioxin Wu, ed. Encounters and Dialogues: Changing Perspectives on Chinese-Western Exchanges from the Sixteenth to Eighteenth Centuries. Sankt Augustin, Germany: Institut Monumenta Serica; San Francisco: Ricci Institute for Chinese-Western Cultural History, 2005. *Chinese Review International*. 14/1: 270–275.

Wang, Guangchao; Wu, Yunhao; Sun, Xiaochun. 2008. The Impact of Telescope on Chinese Astronomy During the Late Ming and Early Qing Period. *Studies in the History of Natural Sciences (Zi ran ke xue shi yan jiu)*. 27/3: 309–324.

Weisgerber, H. L. 1948. Angehörige des Tiroler Geschlechts von Schyrle in den Rheinlanden. *Rheinische Vieteljahrsblätter*. 14: 207–218.

文献来源及其缩写(Sources and Abbreviations):

ARS   Archive of Republic Slovenia in Ljubljana

NUK   Signatures of the National and University Library in Ljubljana

清钦天监监正刘松龄

——纪念斯洛文尼亚天文学家刘松龄入华二百七十周年

□鞠德源

一、斯洛文尼亚入华的哈勒斯坦就是刘松龄

1980 年 9 月,中国档案代表团前往前南斯拉夫社会主义联邦共和国访问,考察前南斯拉夫国家档案事业的发展状况。当时,前南斯拉夫斯洛文尼亚共和国档案馆的主管接待的官员向中国代表团提到一个曾在中国做过官的历史人物,他们说:请中国朋友帮助查找这位斯洛文尼亚人在中国的历史事迹,若是他的事迹有案可考,那么,我们两国人民的友谊史可以追溯到 18 世纪 30 年代。关于这个历史人物,提供的线索比较简单,代表团团长李凤楼先生所作的笔记如下:

这位历史名人的名字叫哈勒斯坦,出生于斯洛文尼亚,乾隆四年(1739)到达北京,乾隆八年(1743)成为中国的官员(监副),乾隆十一年(1746)成为掌管天文学和数学的官员(监正),1749 年绘制了蒙古鞑靼地图,1755 年在欧洲报纸上发表了他的中国通讯,详细报道了在中国发生的一些重要事件,1761 年计算了中国的总人口为 198,313,718。

中国档案代表团回国以后,要求笔者调查研究。经过初步查证,笔者找到了几件与此人有关的档案和图书资料,并在笔者所筹办的"明清文书档案展览"中作了专门陈列。1981 年夏天,前南斯拉夫档案代表团来北京访问,他们看到了这些历史文献,产生了浓厚的兴趣。为了全面深入地追踪这位历史名人入华以来的历史业绩,笔者于 1984 年下半年写成一篇长文,1985 年发表在《故宫博物院院刊》第一期上,题为"清钦天监监正刘松龄——纪念刘松龄逝世二百一十周年"。

2009 年正值刘松龄入华二百七十周年。在这个值得纪念的日子里,笔者应斯洛文尼亚卢布尔雅那哲学学院东方系米加教授之要求,对原文作了修改和补充,把笔者所知道的刘松龄的事迹尽量写入文中,全面颂扬他的历史业绩,以便让世人更多地了解这位斯洛文尼亚裔天文学家刘松龄入华以

来具有重要意义的历史。

根据斯洛文尼亚共和国档案馆官员提供的查询线索,笔者首先翻检了入华耶稣会士书信集和耶稣会士列传,在日本学者矢泽利彦先生译著的《耶稣会士中国书简集》"乾隆篇"中①第二简注二〇、第十简注十九提供的刘松龄履历,找到了哈勒斯坦的简短履历:"August Von Hallerstein,刘松龄,1703年生于奥地利,1721年入耶稣会,1738年途经葡萄牙来华,1739年进京,以擅长数学受到乾隆皇帝的赏识,入钦天监协助监正戴进贤工作。戴氏死后升为监正,供职三十年,卒于1774年。"据此与斯洛文尼亚共和国档案馆官员介绍的历史线索相比较,有三点(即西文名字、进京时间、擅长数学)相同,由此可初步断定哈勒斯坦即清朝钦天监监正刘松龄,这就为笔者查检清朝档案中有关刘松龄的资料提供了历史依据。

事有巧合,一次偶然的机会,笔者从内务府的杂档中找到了与刘松龄(即哈勒斯坦)的履历几乎完全相同的两件档案:

第一件:

西洋人臣高慎思谨奏,为遵例奏闻事:

窃因西洋人刘松龄熟谙天文算法,于乾隆四年进京,八年补授钦天监监副,十一年升补监正,十八年蒙皇上赏给三品食俸,在监行走三十二年,今于本年九月二十五日病故,年七十二岁。查从前西洋人在监办事者,病故情由俱有奏闻之例,合将刘松龄病故情由遵例奏闻,谨奏。乾隆三十九年九月二十九日具奏,奉旨:交福(隆安)查办。钦此。

第二件:

奴才福隆安谨奏:遵旨查从前西洋人苏霖、费隐、戴进贤、监副鲍友管病故,奉旨各赏银二百两。又西洋人郎世宁病故,奉旨赏银三百两。今病故之三品衔监正刘松龄、西洋人蒋友仁,奴才酌拟赏刘松龄二百两,蒋友仁银一百两,谨奏。乾隆三十九年九月三十日奉旨:着照拟给赏。钦此。

此银两由军机处传广储司银库要用,本日由接活人当面交西洋人

---

① (日本)矢泽利彦译著:《耶稣会士中国书简集》"乾隆篇",第二书简注二〇和第十书简注十九。

高慎思领取讫。其折片交军机处收存①。

上述两件档案，是钦天监监正刘松龄病故后，为申请治丧银两，由监副高慎思奏报，经内务府总管大臣福隆安查办，最后得到乾隆帝批准的重要记录。所记进京、任职、官衔和病故日期，十分明确。

为进一步确认哈勒斯坦就是刘松龄，笔者又查证了刘松龄的墓碑。

刘松龄死后，葬于北京阜城门外马尾沟教堂公墓，竖立墓碑一座，右刻汉文，左刻拉丁文，中间书"耶稣会士刘公之墓"八个大字。兹将汉文碑铭照录如下：

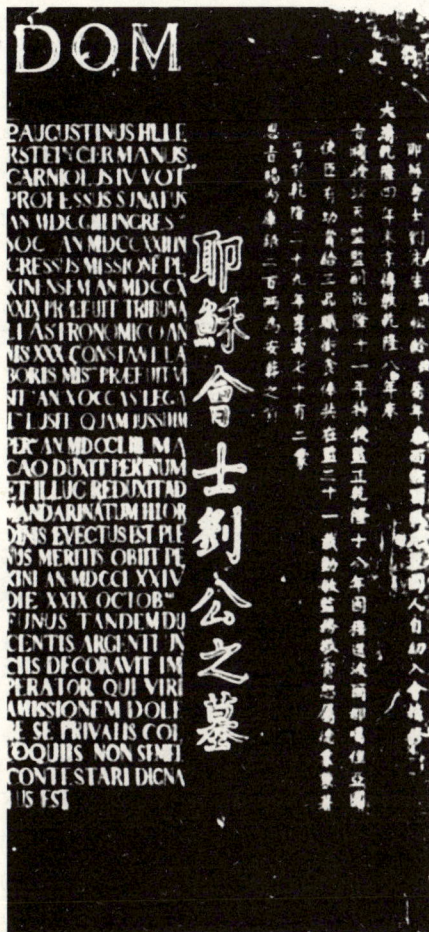

清钦天监监正刘松龄墓碑（北京耶稣会士墓地，1744年，现位于北京市委党校内）。

> 耶稣会士刘先生，讳松龄，号乔年（笔者按：拉丁文写作 P. AUGUSTINUS HILER-STEIN GERMANUS CARNIO-LUS），泰西热尔玛尼亚国人。自幼入会精修，大清乾隆四年来京传教，乾隆八年奉旨补授钦天监监副，乾隆十一年特授监正，乾隆十八年因接送波尔都噶俚亚国（笔者按：葡萄牙）使臣有功，赏给三品职衔食俸，共在监三十一载，勤敏监务，敬寅恕属，德业兼著。卒于乾隆三十九年，享寿七十有二。蒙恩旨赐内库银二百两为安葬之资。

这件碑文是重要的证据，可以确认哈勒斯坦即刘松龄，他在钦天监工作勤奋、快捷，处处以身作则，严格要求自己，对待属下宽厚，是一位有着重要

① 内务府杂档三五七号；乾隆三十九年秋季档。

贡献的文化使者和天文历法学家,值得深入考证他在中国的历史业绩。

刘松龄病故后福隆安奏请赏给安葬银二百两(1774)的奏折(本文提到的所有文献均来自中国第一历史档案馆)。

刘松龄,在中国的文献里,被称为"日尔曼人",碑文写作"热尔玛尼亚国人",这当是由于清朝官吏昧于外情、缺乏世界知识和未悉形势变化的原因所致。在今人的著作里,既有沿袭旧称的,也有称他为奥地利人的。如果不是斯洛文尼亚共和国档案馆官员提出查询,将不会确证刘松龄是位斯洛文尼亚人。众所周知,18 世纪 30 年代,前南斯拉夫境内各族人民仍然处于奥匈帝国的统治之下,由于这种政治形势,使一些人原来的国籍和族属被掩盖和变异了,斯洛文尼亚的刘松龄之所以不为人知,200 多年来一直被误作日尔曼或奥地利人,其原因就在于此。

二、刘松龄是清朝钦天监第八任西洋人监正

清朝钦天监,是清朝政府专设的天文、历法、气象、地理的科学研究机构,掌管历书的编辑、天文天象的观测、节气的推算、日月交食的测报、五大行星运行周期的测算,以及吉凶的占卜、年景丰歉与灾异的预报等项;下设

观象台和时宪书局。顺治元年（1644）设钦天监，分时宪科、天文科、漏刻科、回回科。设监正、监副、五官正、灵台郎、保章正、挈壶正、司书、监候、司晨、博士、主簿等官。顺治十四年（1657），因回回科推算虚妄，革去不用，只存三科。顺治初年钦天监任用西洋人称作"管监正事"；顺治十六年称"治理历法"；康熙四年（1665）增设满洲监正、监副。康熙八年（1669）裁去汉监正，改用西洋人，名曰"监修"，康熙十四年（1675）裁去保章正。雍正三年（1725）以西洋人实授监正。雍正六年（1728）增设西洋人监副一名。乾隆十年（1745）定监副以满、汉、西洋人分别担任，特派大臣兼管钦天监事务，乾隆十八年（1753）五月，满汉监副各裁去一员，添设西洋人各一员作为定额。道光六年（1826）因无西洋人在京，乃恢复旧制，仍设满汉监正各一员，满汉监副各二员。

刘松龄，是清朝钦天监的第八任西洋人监正，在监内任期最长（1739—1774，即乾隆四年至乾隆三十九年）。在他以前有汤若望（日尔曼人）、南怀仁（F.V.，比利时人）、安多（比利时人）、徐日昇（葡萄牙人）、闵明我（意大利人）、庞嘉宾（日尔曼人）、纪理安（日尔曼人）、戴进贤（日尔曼人）；在他以后有鲍友管（日尔曼人）、傅作霖（葡萄牙人）、高慎思（葡萄牙人）、安国宁（葡萄牙人）、索德超（葡萄牙人）、汤士选（葡萄牙人）、福文高（葡萄牙人）、李拱辰（葡萄牙人）、高守谦（葡萄牙人）、毕学源（葡萄牙人）；自毕氏以后，钦天监再无西洋人任事。从刘松龄在钦天监任职的时期和位置来看，他是一位承前启后的西洋学者。（参见附表：清钦天监西洋人职官年表）

三、刘松龄对中国天文学的贡献

刘松龄入华之时，正是乾隆皇帝御极的第四年。年轻的乾隆帝，学识渊博，才气雄健，承袭父祖遗风，对西洋文化学术和奇器文物怀有浓厚兴趣，因而对西洋各国来华的硕学名流和擅长技艺者，不论其宗教信仰和派别，均能量才录用，委以重任。乾隆八年（1743），刘松龄补授钦天监监副。他做的第一件重要事情，就是协助监正戴进贤修订前任监正南怀仁（F.V.）在康熙十三年（1674）编纂的天文学专著《灵台仪象志》一书。［戴进贤，康熙五十五年（1716）来华，雍正三年（1725）补授钦天监监正。《清朝文献通考》："（康熙）八年（1669），定汉监正用西洋人，名曰监修。雍正三年（1725），实授为监正，去监修名。"可见以西洋人实授钦天监监正实自戴进贤始。］参与此书修订工作的还有西洋人监副鲍友管（巴伐利亚人，1738年来华，1771年卒，在刘之下任监副达 26 年之久)、中国官员何国宗和明安图(蒙古族)等。为了申明修订《灵台仪象志》的必要,特以监正戴进贤的名义,向乾隆皇帝上了一个奏折。根据刘松龄来华和充任监副的时间来看,他的到来当会携带西方天文观测方面的最新成就和记录,并以此相校中国钦天监的观测记录以发现其中的差异,因而才有可能促使监正戴进贤和其他官员下定重修的决心。兹将乾隆九年(1744)十月戴进贤等向乾隆皇帝所上奏折移录如下:

> 钦天监监正加礼部侍郎臣戴进贤等谨奏,为请旨增修《灵台仪象志·表》,以昭遵守事:

> 窃臣等西鄙庸愚,荷蒙我皇上深仁广覆,畀以玑衡重任,早夜兢兢,唯恐有旷职守。伏查康熙十三年蒙圣祖仁皇帝命,原任治理历法、兼工部侍郎臣南怀仁(F.V.),制造观象台测量日月星辰仪器六座①,又纂成《灵台仪象志》一书,有解、有图、有表,皆阐明仪器六座所用之法。此书乃臣监中天文科推测星象所常用者,其中诠解用法,仪详理备。但志中原载星辰,循黄道行,每年约差五十一秒,合七十年则差一度。今为时已久,运度与表不符,理宜改定。

> 再查康熙十三年纂修《仪象志》时,黄道赤道相距二十三度三十二分,今测得相距二十三度二十九分。志中所列诸表,皆据曩时分度,所当逐一加修,吻合天行,庶测验时更觉便于较正。又查三垣二十八宿以及诸星,今昔多寡不同,应以本年甲子为元,厘辑增订,以资考测。

> 臣等受恩日久,报称无能,此乃分所应办,故敢冒昧陈奏。至修书人员,容臣于监中拣用数人,务期悉心从事,书成之日,进呈御览,恭请睿鉴施行。谨奏。乾隆九年十月初六日具奏,奉旨:著庄亲王、鄂尔泰、张照议奏,钦此。

此奏经庄亲王等议覆之后,乾隆皇帝批准依议,仍命庄亲王、鄂尔泰、张照兼管增修之事。

---

① 笔者按:南怀仁(F.V.)主持监制的六座天文仪器,原设于北京观象台:一、黄道经纬仪,即简化黄道仪;二、赤道经纬仪,即简化赤道浑仪;三、天体仪,即大型天球仪;四、地平经仪,即测地平经度的水平圈,有指示器悬在架上;五、地平纬仪,即象限仪;六、纪限仪,即六分仪。参见《皇朝礼器图式》卷三。

乾隆皇帝批复钦天监官员制造天球仪两架（1726）的奏折。

乾隆十七年（1752），修订《灵台仪象志》的工作正式告成，于 11 月 22 日由乾隆皇帝定名为《仪象考成》，并特允将参与纂修增订的人员开列职名，这表明是对刘松龄、鲍友管等西洋人监官的表彰和肯定。需要指出的是，戴进贤于乾隆十一年（1746）三月初九（3 月 30 日）去世，乾隆皇帝随即命刘松龄升补监正。《清高宗实录》卷六三载："乾隆十一年丙寅闰三月壬子谕曰：钦天监监正戴进贤病故员缺，差监副刘松龄升补。"所以《灵台仪象志》一书的修订增补，应该是在刘松龄继任之后，经过长达六年之久的努力才完成的。以往人们未加细察，将修订之功全部归于戴进贤名下；如今当从实际出发，公允评价，既要承认戴进贤的首倡之功，又要充分肯定刘松龄于继任之后完成全书的业绩。此书的最后数册，系由监副傅作霖所作。全书共三十卷：卷一至卷十三，恒星总纪及恒星黄道经纬度表；卷十四至卷二十五，恒星赤道经纬度表；卷二十六至卷三十，天汉黄赤经纬度表。此书附有 3083 颗星的星表，其中原载旧星 1319 颗，新增星 1614 颗；近南极星 150 颗。据此观之，这是包含中国观测和西方观测两方面的成果。乾隆二十二年（1757）出版以后，曾引起了西欧学术界的重视，由土桥（Tsuchihashi）和谢瓦利埃（Chavalier)译成法文出版①。

乾隆十七年(1752),在《御制仪象考成》一书告成之后,紧接着又责成钦天监制造天球仪,主持设计和制造天球仪的重任又落在刘松龄等人身上。11月22日,庄亲王允禄、礼部侍郎何国宗向乾隆帝进呈一份《新增修仪象志恒星经纬度表》,受到特别的重视,立即决定将新测恒星并增星图像,着照乾清宫陈设天球仪式样制造两份。为了迅速制造新的天球仪,根据允禄和何国宗的建议,由造办处催总胡常保、原任库掌刘山久以及通晓仪器的钦天监博士刘裕锡专司监造,由允禄、何国宗及西洋人监正刘松龄、监副鲍友管负责经常性的检查指导。制造天球仪,工艺十分精细,需要很高的技艺,为了使工匠熟悉制作方法,由何国宗自备工料,先行制作一具漆球,以便"斟酌做法"。乾隆皇帝按照制造工期还预先规定镌刻"乾隆甲戌年造"款。按甲戌年为乾隆十九年(1754),这是天球仪制造完成的年代②。

乾隆十九年(1754)正月,一件精密的赤道浑仪制成,进呈之后,由乾隆帝命名为玑衡抚辰仪,陈设于京师古观象台上,至今仍在。这件仪器原是由监正戴进贤设计的,因戴氏已去世,便由新任监正刘松龄负责制造。在他的主持之下,中国官员何国宗、明安图以及在监的西洋人鲍友管,可能还有耶稣会士法国人宋君荣、孙璋等,均为制造仪器贡献了自己的聪明才智。此仪器的制成,标志着中西科学的结合与应用又有了新的进步。钦天监的中西学者们在式样上采用了中国的传统风格。仪器有三重:其外重加了一个赤道圈(名叫六合仪),而不用地平圈;中重加了一个半圈分至环,以一器而备兼日月星之用(名叫三辰仪),而废弃了黄道圈;最内重,为四游圈,用枪管式窥管(名叫窥衡)代替了西方的照准器,并且采用了很灵便的双重浑圈。仪器制成后,绘出图样,写成图说,冠于《御制仪象考成》一书之首。以后又于

---

① 《御制仪象考成》,乾隆二十一年殿刊本;《皇朝文献通考》卷二五八;(英)李约瑟著《中国科学技术史》(中译本)第四卷第一分册、第四卷第二分册,科学出版社。玑:古代观测天象的仪器中可旋转的部分。饰以玉石。《书·舜典》:"在璇玑玉衡,以齐七政。"孔颖达疏引马融曰:"浑天仪,可旋转故曰玑;衡,其横箫,所以视星宿也。以璿为玑,以玉为衡,盖贵天象也。"玑:又指北斗的第三星。《史记·天官书》:"北斗七星,所谓'旋、玑、玉衡以齐七政'。"司马贞索引:《春秋运斗枢》:"斗,第一枢,第二旋,第三玑,第四权,第五衡,第六开阳,第七摇光。"旋玑:亦作璇玑,璿玑。a.北斗前四星,也叫魁。《楚辞·王逸〈九思·怨上〉》:"谣吟兮中壄,七察兮璇玑。"洪兴祖补注:"北斗魁四星为璇玑。"《晋书·天文志上》:"魁四星为璇玑,杓三星为玉衡。"亦泛指北斗。七政:古天文术语。指日月和金木水火土五星。b.又指北斗七星,以七星各主日、月、五星,故曰七政。

② 《造办处活计档》:乾隆十三年,三十八年,十四年,十七年,三十六年,三十七年,四十二年,十九年,八年。

乾隆三十一年（1766）载入董诰等编纂的《皇朝礼器图式》（卷三）一书①。

《御制仪象考成》一书的编纂出版，"玑衡抚辰仪"的制成，在清代科学技术史上堪称一重大成就，因而备受推崇。清《皇朝通志》凡例载：

> 《御制仪象考成》，其理则揆天察纪，其法则明时正度，即数可以穷理，即理可以定法，合中西为一揆。……并按六仪新法，参浑仪旧式，制为"玑衡抚辰仪"，兼考天官家诸星纪之缺者补之，紊者证之，勒为《仪象考成》，于是天步定时之道，益为精密。②

清钦天监于乾隆十九年（1754）八月十五日壬戌望月食，于同年四月十九日即以题本向乾隆帝预报；乾隆三十年（1765）（乙酉）二月十六日壬辰望月食，于乾隆二十九年（1764）九月初六日即以题本向乾隆帝预报。这两次预报监正刘松龄均列名官衔于第三位，地方各省所报告月食观测记录亦常交刘松龄阅看。

---

① 《御制仪象考成》，乾隆二十一年殿刊本；《皇朝文献通考》卷二五八；（英）李约瑟著《中国科学技术史》（中译本）第四卷第一分册、第四卷第二分册，科学出版社。玑：古代观测天象的仪器中可旋转的部分。饰以玉石。《书·舜典》："在璇玑玉衡，以齐七政。"孔颖达疏引马融曰："浑天仪，可旋转故曰玑；衡，其横箫，所以视星宿也。以璿为玑，以玉为衡，盖贵天象也。"玑：又指北斗的第三星。《史记·天官书》："北斗七星，所谓'旋、玑、玉衡以齐七政。'"司马贞索引：《春秋运斗枢》："斗，第一枢，第二旋，第三玑，第四权，第五衡，第六开阳，第七摇光。"旋玑：亦作璇玑，璿玑。a.北斗前四星，也叫魁。《楚辞·王逸〈九思·怨上〉》："遥吟今中壄，七察今璇玑。"洪兴祖补注："北斗魁四星为璇玑。"《晋书·天文志上》："魁四星为璇玑，杓三星为玉衡。"亦泛指北斗。七政：古天文术语。指日月和金木水火土五星。b.又指北斗七星，以七星各主日、月、五星，故曰七政。

② 《皇朝通志》。

18世纪位于北京皇宫侧的古观象台及南怀仁(F.V.)制造的六仪:黄道仪、赤道仪、地平经仪、地平纬仪、纪限仪、天体仪。

　　刘松龄学识渊博,精通数学、天文、历法与地理之学,工作勤奋,对乾隆皇帝提出的一些疑难问题,能够做出正确答复。如乾隆十三年(1748)十月二十五日,太监胡世杰拿出铜显微镜一件,因为不明用途,奉命请西洋人认看。刘松龄看后指明"全系看微小之物用"①;又如乾隆三十八年(1773)正月初七,太监胡世杰交出西洋钱七个,奉命着西洋人认看,指明来历。翌日刘松龄即指出:"正面女国王像,边上字国王名'额哥德哩喏'(笔者按:其音当是'叶卡捷琳娜'),系俄罗斯国王;背面雀二个,系本国之号(笔者按:即双

---

① 《造办处活计档》:乾隆十三年,三十八年,十四年,十七年,三十六年,三十七年,四十二年,十九年,八年。

头鹰),边上字一千七百六十二,系造钱年份,余字系俄罗斯钱。其余钱,除年份不同,俱是一样。"乾隆帝闻知这一解释,甚感满意,命将钱币交养心殿内收藏①。乾隆三十六年(1771)十一月,办理总管内务府事务多罗贝勒永瑢,迎合乾隆皇帝的欲望,竟然想到销毁明代天文仪器,成造大器的事。他为了掩人耳目,要求监正刘松龄等人参加做出鉴定。鉴定的结论是:"明代成化年间(1465—1487)制造的天体仪,系按古法,今观象台所用天体仪系用西洋新法制造。且成化年所制此仪,迄今约三百余年,按恒星每年东行一分弱,今已东行五度有余,星位度数不能相同。"除此仪器之外,在观象台殿前的陈设里,还有明正统年间(1436—1449)所制天体仪一件,与成化年间所制天体仪相同,久不应用。经刘松龄检查之后认为,这件仪器的膛内所衬铜饰既已脱落,轻重不一,旋转不定,难以改造修理。上奏以后,乾隆皇帝当即下令将两件明代天体仪熔化,总共得铜七千六百六十四觔,铁一百六十觔。内务府造办处就用这些铜铁,参照圆明园宫门外面狮子样式、大小尺寸,制造黄铜狮子一对,送往热河避暑山庄宫门前安设。从此事来看,销毁天文仪器之咎在乾隆皇帝,与参加鉴定者刘松龄没有什么责任。

2009 年 9 月,"早期欧洲来华传教士与汉学研究"国际学术研讨会参会人员参观北京古观象台。

---

① 《造办处活计档》:乾隆十三年,三十八年,十四年,十七年,三十六年,三十七年,四十二年,十九年,八年。

四、刘松龄、傅作霖、高慎思等的地理学事迹

刘松龄不但是一位天文学者,而且还擅长地理舆图之学。乾隆十四年(1749)六月十三日,总管太监王常贵交出《新木兰图》一幅、旧画绢本《木兰图》一幅。因新旧两图地名多寡不一,故乾隆帝特命郎世宁、刘松龄、傅作霖三人共同"斟酌"修正,并且要求"准照旧图上山式另画木兰图一幅。"①所谓木兰图,即康熙、乾隆二帝狩猎场所的地理图,其地域范围包括今长城古北口以北、内蒙古东南部及辽宁西南部,这恰与斯洛文尼亚官员所说刘松龄在1749年曾绘制蒙古鞑靼地图的事实相符。关于刘松龄等人绘制《木兰图》一事,在蒋友仁(法国人)的第二封书信中也曾谈及:有一天,乾隆帝为派遣西洋人傅作霖赴西北地区绘制地图事询问蒋友仁,蒋氏在答话中说,傅作霖为皇帝陛下绘制狩猎地方的地图,曾和刘松龄一起到过鞑靼地方。在乾隆帝的问话中,也曾谈到刘松龄绘制过木兰狩猎地地图。②

乾隆二十年(乙亥)至二十四年(己卯)(1755—1759),乾隆帝派兵两定准噶尔部,一举讨平回部,从此结束了我国西北地方自明朝以来400年之久的混乱局面,完成了康熙、雍正二帝未竟的事业,使沙俄的东进及南下政策遇到了强有力的遏制。在武功赫赫的有利形势下,乾隆帝踌躇满志,急欲更详尽地了解西北边疆的山川地理和政治形势。在他的倡导和指挥下,开始了西北地区的地图测绘工作和地球仪、天球仪的制作,而这些紧迫的任务都得依靠钦天监的西洋人和熟谙地图学和天文学的中国官员去完成。其间,刘松龄及其教友和助手傅作霖、高慎思发挥了重要作用。

乾隆二十年[1755(乙亥)]六月,乾隆帝命测量西疆北极高度、东西偏度。上谕中说:"西师奏凯,大兵直抵伊犁,准噶尔部尽入版图。其星辰分野,日出入昼夜,节气时刻,宜载入《时宪书》,颁赐正朔。其山川道里,应详细相度,载入《皇舆全图》,以昭中外统一之盛。左都御史何国宗素谙测量,同五官正明安图、副都统富德,带西洋人二名(笔者按:即傅作霖、高慎思)前往各该处,测其北极高度、东西偏度及一切形胜,悉心考订,绘图呈览。所有

① 《造办处活计档》:乾隆十三年,三十八年,十四年,十七年,三十六年,三十七年,四十二年,十九年,八年。
② (日本)矢泽利彦译著《中国的传教与迫害》第二十书简。

《坤舆全图》及应需仪器,俱酌量带往。"①这次测绘地图是在伊犁地区,于翌年十月绘完伊犁、吐鲁番地图,由侍卫努三、哈清阿驰驿赴京,进呈给乾隆帝。②

乾隆二十四年[1759(己卯)]五月初一,乾隆帝谕令军机大臣等,回部将次竣事,应照平定伊犁之例,绘画舆图。受命前往回部地区测绘地图的,有钦天监五官正明安图、三等侍卫德保及西洋人傅作霖、高慎思同往。③ 这次绘画地图主要依据兆惠、富德等绘画的叶尔羌、喀什噶尔等处地图,进行核对和修订。④ 回部地图绘成后,乾隆帝又命中国官员和西洋人监正等官研究和修订宫内的原有旧图,同时制作地球仪和天球仪。

乾隆二十五年(1760)十月,"制地球仪,规木为球,围四尺五寸,两端中心为南北极,贯以钢轴,腰带赤道,斜带黄道。平分三十六分,每分占十度,布列地名,外正立为子午圈,面刻三百六十度,坐面为地平圈,列地平度,外列十二时九十六刻。皆铸铜为之,承以圆座,高二尺四寸七分。北极上加时盘,以京师为准,旋之,知各处时刻及日出入地平度"。此项地球仪,实象地体,与天体仪相匹配,表现的形制与结构,"亦仍西法",球面上布列中国各省地名,诸凡蒙古、新疆准噶尔部和回部地方,以及海外诸国,均包括在清朝地舆之内。这样规模的地球仪是前所未有的,因系采用西法制作,刘松龄、傅作霖等人必当参与其事。⑤ 在文献上虽无明确记录,但可以从下列记载中得到证实。

乾隆二十五年(1760)五月十二日,庄亲王允禄奏请添画准噶尔等处舆图,指出康熙年间制作的地图,缺少准噶尔部及回部地方,请旨进行修改。根据庄亲王的请求,中国官员何国宗、明安图,西洋人监正刘松龄,监副鲍友管、傅作霖、高慎思等,均参与了地图的研究和修订工作,并且依据新绘地图制作了新的地球仪和天球仪。⑥ 这项补添绘制准噶尔等处舆图的工作,意义十分重大,这是为编辑出版《大清一统舆图》(俗称《清内府舆图》,或称乾隆

① 《上谕档》乾隆二十年六月十一日;《清朝文献通考》卷二五六;《高宗圣训》卷二一七。乾隆二十一年十一月初十日陕甘总督黄廷桂奏折,载《宫中档乾隆朝奏折》第十六辑。

② 《上谕档》乾隆二十年六月十一日;《清朝文献通考》卷二五六;《高宗圣训》卷二一七。乾隆二十一年十一月初十日陕甘总督黄廷桂奏折,载《宫中档乾隆朝奏折》第十六辑。

③ 《高宗圣训》卷二一八。

④ 《高宗圣训》卷二一八。

⑤ 《清朝文献通考》卷二五八"象纬"三;《皇朝礼器图式》卷三"御制地球仪"。

⑥ 内务府档案第一二六包。

十三排图）做最后的修订工作。

乾隆二十五年（1760）八月初二日发下蒋友仁进呈的《坤舆全图》并《图说》二卷。奉旨：著庄亲王允禄同何国宗认看，如有不对之处即传问蒋友仁，并提出修正意见。允禄向乾隆报告说："臣等看得蒋友仁《坤舆全图》一卷，与内庭地球、天主堂内《坤舆全图》形势大概相同，其绘画亦甚详细。惟俄罗斯往东较旧图展开四十余度，北亚美里加往西亦展开五十余度，皆系旧图所无。询据蒋友仁云：旧图系康熙年间西洋人南怀仁（F.V.）所作，彼时无人测量，未入舆图。乾隆六年（1741）有西洋人李勒等测量至其地，是以新图添入等语。询据刘松龄等，皆与蒋友仁所说同。惟伊犁、回部等处山水形势，较之明安图、傅作霖等所画新图微有不合。询据蒋友仁云：此图系按伊犁旧山水形势绘画，今应改正等语。臣等将伊犁、回部等处另绘小图签入，其应改之处，用红色绘画，恭呈御览，伏候命下，臣等遵即改正。其《图说》一卷，皆系西洋旧说，西洋人戴进贤等重修《（历象）考成后编》亦用其法，但文意间有未能明顺雅训之处，请一并交发臣等率同武英殿修书翰林等，量加修饰妥协，再行恭呈御览。"[1]同年十二月二十四日，奉乾隆帝："旨：是。着另画一张，派好中书缮写，钦此。"应该顺便指出，蒋友仁绘《坤舆全图》，其中有关中国东海与台湾岛和琉球国诸岛的绘图，完全采用了耶稣会士宋君荣依照册使徐葆光《中山传信录》一书附图《琉球国图》和《琉球三十六岛图》的成图而绘制的《琉球诸岛图》，故将台湾岛附属的东北诸岛与钓鱼屿、黄尾屿、赤尾屿（即钓鱼岛列屿）全部绘入《坤舆全图》之内。蒋氏《坤舆全图》寄到西洋法国以后，发挥了极为重要的影响，被英、法等国所绘的各种中国地图所沿袭。此项庄亲王允禄的奏报，有力地证明，钦天监监正刘松龄和监副傅作霖、高慎思等西洋人官员参加了评审蒋友仁绘制的《坤舆全图》的会议。

至乾隆二十五年（1760）十二月二十四日，庄亲王允禄和军机大臣傅恒等向乾隆帝奏告地球仪、舆图添画新疆地图的具体情形，对今天全面了解清乾隆朝时期，维护西北边疆地区的领土主权完整，所绘画的"新辟土宇"，昭示中国的管辖地域范围，远达"巴尔哈什淖尔"（淖尔，系蒙古语，即指今名巴尔喀什湖）以东，西至"西林河"流域地方。同时也有力地证明钦天监监正刘松龄与监副傅作霖、高慎思等西洋人参与了地球仪和《大清一统舆图》的修订工作。为此，特将这件允禄、傅恒的奏折全文引录如下：

---

① 内务府档案第一二六包。

　　臣允禄、傅恒等谨奏：前经臣等奏请内庭旧有地球、舆图，一并领出添画新辟土宇，以成昭代典章等因，于本年五月十二日具奏，奉旨：是。钦此钦遵。随由内领出地球三件，内有澹怀堂陈设大地球一件、西洋楼小地球一件。臣等即率同何国宗、明安图暨西洋人傅作霖等，将应添改伊犁、回部地方，按伊等所测度数，详细查对，并与军前诸臣斟酌考正（证），绘画添改完竣，恭呈御览。其养心殿陈设地球一件，因糙旧字迹模糊，现今全行铲改绘画，俟绘画完竣再行呈览。

　　至内庭现有舆图三种，其二寸五分铜板斜格图、二寸木板方格图业经方略馆委派西洋人傅作霖等查办，增改添入妥协，该馆于本年七月二十七日进呈。折奏内开，因臣等所办增改新图尚未告成，俟告成后与此二图逐一较对何图妥善，请旨交武英殿刊刻以垂永久等因具奏。奉旨：知道了。钦此钦遵在案。今臣等将现在绘成增改一寸八分木板斜格新图，较之方略馆所绘二图式样均属相符。但哈萨克所属地方东自巴尔哈什淖尔，西至西林河，系努三、巴图集尔、噶尔布林曾经亲历之处。其山川形势，臣等复令伊等指改，按度绘画签入原图，恭呈御览，伏候钦定。其方略馆所办斜格、方格二图请交养心殿舆图处，照依臣等更正处所缮画妥协，并将臣等现办斜格图，均令过画上板图样。再查二寸五分斜格图原系铜板，仍交造办处将应行增改之处增改镌刻，其二寸方格图并一寸八分斜格图均系木板，请交武英殿刊刻可也。为此谨奏请旨。乾隆二十五年十二月二十四日。①

　　应该顺便指出，直到乾隆三十二年（1767）七月间，始将画得一寸八分斜格、二寸方格舆图木板样二份、二寸五分斜格舆图铜板样一份，随同乾隆帝的诗文，分别将木板二份送交武英殿（修书处）刊刻，铜板一份交造办处铸炉处镌刻。直到乾隆三十五年（1770）五月，才全部完成。其中将新造得斜格铜板图104块，并刷印纸图104张，呈送给乾隆皇帝阅览。乾隆帝当即下旨："着刷印一百份，其现收贮旧铜板持进呈览。"表明对这《大清一统舆图》极端重视，审察很仔细，并对新、旧铜板做了全面比较。据档案记载，旧铜板图四十七块，新铜板图一分，计一百四块，所用工料铜五千余斤，银四千六百六十

---

①　内务府档案第一二六包。

九两五钱。乾隆帝下旨,"将旧铜板四十七块,着交盛京(今沈阳),好好包裹,不可磨蹭!"可见,对此修订以后不再用的旧铜板图仍然十分重视,留存盛京之地,以备察考之用。

同年(1770)五月二十八日,经圆明园总管太监李玉交出铜天体仪四份,粉油天体仪一份,亦交钦天监的官员粘补修饰。这几件天体仪,也参照新辟伊犁、回部等处的东西偏度,添写文字,并且每一天体仪各缮具《天体仪说》一份,送呈御览。①

乾隆帝对天球仪和地球仪具有特殊的爱好,一有机会便下令制造。乾隆三十六年(1771)十月,仿照养心殿安设的天球、地球仪,制成了地球仪和天球仪两件,陈设于淳化轩殿内。乾隆三十七年(1772)四月,又命内务府按淳化轩陈设的天球仪和地球仪的尺寸再造两件。内务府总管永瑢仍派原办官员并西洋人刘松龄等承办此事。② 乾隆三十九年(1774)刘松龄去世之后,乾隆帝要求内务府为宁寿宫、养性殿制作天文仪器,总管大臣永瑢向乾隆帝上奏折说,由于没有从前的那几位西洋人指导帮助,所以感到很难。可见刘松龄的去世使天文仪器的制作受到不小的影响。③

五、刘松龄对清朝外交工作的贡献

刘松龄升任钦天监监正之后,在协助清朝政府办理外交事务方面也发挥了不小的作用。乾隆十七年(1752)七月初七日,葡萄牙国新任国王若瑟,特遣使臣巴哲哥来华访问到达澳门。有关巴哲哥来华的信息,就是通过刘松龄代为转达的。并且先后两次用禀文向清朝主管衙门报告葡萄牙国使臣巴哲哥来华的具体情况。④ 乾隆皇帝对巴哲哥的来华极为重视,认为这是他向西洋夸耀富庶强盛,宣扬中华文化的良好时机。因此,要求官员们加紧赶办各项迎接工作,特别要求在宫廷供职的西洋画家、钟表机械师和建筑专家,加紧布置圆明园内西洋宫殿的各项陈设和装饰,以便让西洋来使观赏清

---

① 内务府档案第一二六包。
② 《造办处活计档》:乾隆十三年,三十八年,十四年,十七年,三十六年,三十七年,四十二年,十九年,八年。
③ 《造办处活计档》:乾隆十三年,三十八年,十四年,十七年,三十六年,三十七年,四十二年,十九年,八年。
④ 清礼科题本《广东巡抚苏昌题本》(乾隆十八年十二月二十一日)。

帝的各种珍藏以及西洋物品在中国宫廷里的陈设状况。① 为了表示热情好客,乾隆还特别挑选了钦差迎使官员,派内务府郎中官柱和钦天监监正刘松龄前往广东澳门接迎使臣。官柱和刘松龄于十一月初四日到达广东省城,立即赴澳门迎接使臣巴哲哥。按照清朝的惯例和乾隆帝关于"可酌量款以筵宴,沿途一切供应量从丰厚"的指示,两广总督、广东巡抚于十一月二十二日在广州举行欢迎钦差和使臣巴哲哥的盛大宴会,二十四日起程进京。葡萄牙国使团由巴哲哥为正使,下有副使一名,随行人员有天文学者汤德徽和林德瑶、外科医生张继贤等三名。葡国使臣巴哲哥返国时,仍派官柱和刘松龄陪同送到广东省城,于乾隆十八年(1753)十二月十一日由澳门开船返国。② 巴哲哥使团在中国滞留长达一年之久。在北京驻留期间,受到乾隆帝的热情款待,请巴哲哥参观游览了圆明园,观赏了北京的名胜。

依据清军机处档案《奏事略节》和《议覆档》的记载③,可以详细观察了解葡萄牙使臣巴哲哥使团一行在北京的活动日程及乾隆皇帝给予钦差监正刘松龄的赏赐,提升钦天监执掌地位,特别重用葡萄牙人在钦天监任职的记录:乾隆十八年(1753)正月,巴哲哥一行入住会通馆(通晓天文汤德徽和林德瑶、善于外科张继贤三名,跟随三十余人、土从人二十名),三月二十九日,早膳后乾隆帝召见巴哲哥,并特许巴哲哥进呈国书。四月初二日巳时,葡萄牙使臣巴哲哥等三人在乾清宫朝见乾隆皇帝。当日礼部官员向郎世宁、刘松龄征询回赏葡国国王礼品的意见,他们回称:"该国玉器甚为贵重,玛瑙、水晶器皿好者亦少。"④四月初四日,下达谕旨,称赞官柱和刘松龄赴澳门接待葡国使臣,"沿途办理一切,甚属黾勉",并下令赏给刘松龄三品职衔食俸,同时考虑到他在照料使臣巴哲哥方面必定有所"需费之处",又特别加赏银二千两。⑤ 又据同一天军机处档案记载:"查刘松龄原照载进贤之例食俸银

① 《上谕档》乾隆十八年正月至七月。《议覆档》乾隆十八年正月至五月。《清朝前期西洋天主教在华活动档案史料》第一册 109 号。鞠德源《清宫廷画家郎世宁年谱——兼在华耶稣会士史事稽年》,载《故宫博物院院刊》1988 年第 2 期。乾隆二十三年秋季档。

② 礼科题本外交类 20-5 号,21-10 号。

③ 清军机处《奏事略节》乾隆十八年。《议覆档》乾隆十八年。

④ 《上谕档》乾隆十八年正月至七月。《议覆档》乾隆十八年正月至五月。《清朝前期西洋天主教在华活动档案史料》第一册 109 号。鞠德源《清宫廷画家郎世宁年谱——兼在华耶稣会士史事稽年》,载《故宫博物院院刊》1988 年第 2 期。乾隆二十三年秋季档。

⑤ 《上谕档》乾隆十八年正月至七月。《议覆档》乾隆十八年正月至五月。《清朝前期西洋天主教在华活动档案史料》第一册 109 号。鞠德源《清宫廷画家郎世宁年谱——兼在华耶稣会士史事稽年》,载《故宫博物院院刊》1988 年第 2 期。乾隆二十三年秋季档。

一百两,后又加恩俸银一百两,每年共支银二百两。今奉旨赏给三品职衔食俸,应支双俸银二百六十两,比以前所支之俸较多,谨奏。"四月初六日,乾隆皇帝在天坛举行每年一度的常规祈雨典礼,时称"常雩"祭祀礼。当天摆出皇帝仪仗队,时称"大驾卤簿",请葡萄牙使臣巴哲哥使团一行观看,在正阳桥一路将象辇、马辇及卤簿仪仗全部摆设出来,伴随乾隆皇帝大驾的官员及执事官员,俱穿蟒袍补服,原先派去照看葡使的章京官员,带领使团一行人等出来迎接并拜见乾隆皇帝。随后,乾隆皇帝乘辇进正阳门内改乘大轿。葡使巴哲哥观看大驾卤簿之后,由内务府官员舒赫德带领使团一行往东进崇文门,乾隆帝则由西河沿进顺城门往圆明园。四月初七日,乾隆帝派出三位大臣带领巴哲哥团一行至承光殿观看,进瀛台至紫光阁看花马箭表演。(今按:这里所记的承光殿、瀛台、紫光阁三处景观,均在西苑,今称中南海内)并由舒赫德大臣招待巴哲哥等饮茶,之后又带领巴哲哥使团一行乘船前往观看天主堂三处及观星台和觉生寺大钟。四月初九日,葡国使臣巴哲哥在圆明园进献礼品(时称贡品)二十九箱。所有这些参观游览和贡献礼品等活动,皆有钦天监监正刘松龄及监副傅作霖等西洋人官员陪伴。四月十四日,监正刘松龄奏请将随巴哲哥来北京通晓天文的汤德徽、林德瑶留作北京效力,亦得到乾隆帝的批准。四月十八日,刘松龄建议礼部在给葡国国王敕书内,将西洋国名"博尔都噶尔亚",改写作"博尔都噶里雅";四月二十三日,礼部奏巴哲哥使团定于本月二十九日回国。但在四月二十四日草拟的颁发给博尔都噶尔亚国王若瑟的敕谕文稿里,只将"亚"字改作"雅"字。并在赏国王的礼品清单内确实加进了白玉制品六件和玛瑙制品一件,即:"白玉天鹅双卮一件、白玉诗意菱花壶一件、白玉蕉叶花觚一件、白玉龙凤双交瓶一件、白玉戟葵凤花觚一件、白玉双环盖罐一件、红白玛瑙梅椿插花一件。"表明清朝礼部官员非常尊重刘松龄和郎世宁的建议。四月二十六日,监正刘松龄向乾隆帝上请安折一件,并代葡使巴哲哥上请安折及代奏谢赏赐缎匹等折。四月三十日,"傅作霖内阁奉乾隆帝谕旨:(葡萄牙人)著授为钦天监监副"。五月初二日又奉旨:"钦天监满、汉监副,著各裁去一员,添设西洋监副一员作为定额。嗣后汉监正缺出,将汉监副及西洋左右监副一并开列请旨,钦此。"①这样的改革,提升钦天监西洋官员的职务地位,充分表明乾隆帝

---

① 《上谕档》乾隆十八年正月至七月。《议覆档》乾隆十八年正月至五月。《清朝前期西洋天主教在华活动档案史料》第一册 109 号。鞠德源《清宫廷画家郎世宁年谱——兼在华耶稣会士史事稽年》,载《故宫博物院院刊》1988 年第 2 期。乾隆二十三年秋季档。

特别看重以刘松龄、傅作霖为代表的西洋官员为中国天文历法和地理学术方面的重大贡献,以及在中国与西方诸国外交交往方面所发挥的中介作用。从此以后,钦天监监正、左右监副皆由葡萄牙国的入华人士担任,一直延续到道光六年(1826)。五月初六日,监正刘松龄又上奏折,代葡使巴哲哥向乾隆帝谢恩。五月初九日,又有郎世宁等人上奏,感谢乾隆帝对葡国巴哲哥使团的屡次赏赐之恩惠。当巴哲哥使团回国之际,乾隆帝仍派遣官柱和刘松龄等人沿路陪伴,至乾隆十八年九月初二日到达广州,九月初三日,由省城官员举行欢送巴哲哥使团盛大宴会,九月初四日进入澳门,十二月十一日由澳门开船回国。刘松龄等至十一月十八日返回北京,立即上奏,报告葡使巴哲哥到达澳门情形。

通过上述列举的清朝档案记录,可知葡国使臣巴哲哥的来华访问,获得显著成功,提升了葡萄牙派系在京西洋人的地位,葡萄牙人受到重用,钦天监成为葡萄牙人专门担当监正、监副的官府。这种优越的待遇,虽然来自清国与葡国固有的亲善友谊,亦当和刘松龄、郎世宁等西洋人的周到陪伴、照料与多方指导帮助有着重要关系。特别值得指出的是,巴哲哥的来华访问,给乾隆帝留下了非常好的印象,也促使乾隆帝更加重视入华西洋人对中国文化学术的贡献,乾隆时先后画像留念有70余人。乾隆帝曾特命画家画了巴哲哥的半身像,粘贴在圆明园谐奇趣东平台九屏峰的背后。乾隆十九年(1754)正月二十一日,太监胡世杰传旨:"谐奇趣东平台九屏峰(风)背后现贴有西洋来使巴哲哥脸像,著郎世宁查在京出力多年,有画过脸像西洋人配画十七个,钦此。"二十四日郎世宁查得现有画过脸像西洋人十四个,呈览。奉旨:"着十四人之内拣去三个,将现在内庭行走郎世宁等六十(人)画上,钦此。"①由于1860年英法联军对圆明园的疯狂抢掠、破坏和焚烧,原藏悬挂的入华西洋人的70余幅画像均已消失无存。

---

① 《上谕档》乾隆十八年正月至七月。《议覆档》乾隆十八年正月至五月。《清朝前期西洋天主教在华活动档案史料》第一册109号。鞠德源《清宫廷画家郎世宁年谱——兼在华耶稣会士史事稽年》,载《故宫博物院院刊》1988年第2期。乾隆二十三年秋季档。

乾隆十八年四月初四日内閣奉

上諭此次西洋貢使米京劉松齡前往接引沿途辦理一切

甚屬黾勉著加恩賞給三品職銜食俸再伊等照料貢使

不無需費之處者加恩賞給銀二千兩欽此

清朝《上谕档》，载刘松龄获赏三品职衔食俸上谕。

六、刘松龄对中国人口统计数量的报道

刘松龄对清朝的社会经济和人口增长状况十分重视。他曾把乾隆二十六年（1761）的人口数介绍给欧洲，并且将户部的人口数、谷数册的原本也寄到了欧洲。如今那件原本人口数册和译文已无法找到，但刘松龄所报道的1761年间中国的人口数字，培尔·阿缪特（Pere Amiot，汉名王若瑟，1718—1794）曾两次引用过：一次是在《备忘录》第六册第292页上，一次是在同册书的附录上。只是各省的人口数前后有所参差。其后格罗塞尔（Groseir）又转引了《备忘录》第六册附录的各省人口数，并且计算出总人口数和增加数。用《清实录》和《东华录》两书所载的人口数，与培尔·阿缪特在《备忘录》上所载的人口数，以及格罗塞尔转引的人口数相比较，基本相同。兹将两人所

引的各省人口数列表如下：

奉天	668,852（大小口总共之数，以下均同）	甘肃	7,412,014
直隶	15,222,940	四川	2,782,976
安徽	22,761,030	广东	6,797,597
浙江	15,429,690	广西	3,947,414
湖北	8,080,603	湖南	8,829,320
江苏	23,161,409	山东	25,180,734
江西	11,006,640	云南	2,078,802
河南	16,332,507	贵州	3,402,722
山西	9,768,189	总计	198,214,553
陕西	7,287,443		

培尔·阿缪特在《备忘录》第六册上引用刘松龄的人口数时，他把直隶的人口数写作 15,222,040，浙江写作 15,429,692，河南写作 16,332,570。因此，乾隆二十六年的总人口数是 198,213,718，那一年增加的人口数是 1,375,741。这个数字恰恰与斯洛文尼亚官员提供的刘松龄报道的人口数完全相符。关于中国的人口，虽然早在 1735 年法国耶稣会士杜赫德（Duhalde）编辑出版的刊物上报道过清朝康熙初年的纳税人口即成丁人口数，但那并非是全国的总人口数[1]；而刘松龄报道的人口数，才是经过普查的全国总人口。所以，刘松龄向欧洲通报清朝的人口数，对西方了解中国的社会状况具有特别重要的意义。[2]

---

[1]　清初制度，丁口编审，每五年一次，因吏胥扰民，于乾隆三十七年下令永远停止。
[2]　王士达著《控中国人口的估计（上）》，载《社会科学杂志》第一卷第三期，1930 年 9 月出版。

斯洛文尼亚在中国的文化使者——刘松龄

Hallerstein—The Multicultural Legacy of Jesuit Wisdom and Piety

钦天监监正刘松龄与左右监副列名职衔之序列。

七、刘松龄、傅作霖等为清朝争取西洋人来华、放宽通信限制所做的努力

从清顺治元年(1644)至道光六年(1826),在近 200 年间,钦天监的监正和左右监副一直由西洋人充任。在监任职的西洋人大都是耶稣会士,他们学识渊博,汉学造诣较深,勤敏监务,忠于职守,因而名望较高,深受清朝皇帝及同僚们的尊重。而在清朝的政治活动中,在监的西洋人所起的作用也不小,凡清廷与西欧各国有所交涉往来,常有国外来书,交给在监的西洋人翻译。由于乾隆帝喜好西洋学术文化,重视人才,刘松龄与鲍友管、蒋友仁等人几次联名介绍推荐学识渊博、有技艺专长的耶稣会士来北京供职,均受到乾隆帝的器重。乾隆二十三年(1758)十月十六日,介绍两位天文学者安国宁、索德超进京,留钦天监工作,在傅作霖、高慎思去世之后,他们先后继任钦天监监正和监副。乾隆二十四年(1759)十月,介绍法国人方守义、韩国英进京,均以擅长天文、水法和建筑被安置在朝廷"行走",参与圆明园西洋楼的设计和建设工作。乾隆三十二年(1767),又介绍赵进修、金济时来京,皆以通晓天文历法,奉旨由刘松龄负责安顿。①

---

① 《两广总督李侍尧致军机处咨文》,朱批奏折外交类 758-1;内务府来文外交类 1543-1。

西方来华的传教士,分属于耶稣会、多明我会和方济各会等教派,而且又分别受葡萄牙传道团和法国传道团的控制;各派系传教士的成分复杂,教派之间也有矛盾纠纷,向中国当局进行诉讼。乾隆朝初期,有些传教士渎忽清朝法律,私自潜入中国内地秘密传教,因此引起了地方官员的不安,清朝政府对违法的传教士和渎忽职守的地方官吏,给予了相当严厉的处分,对在华和来华的传教士也采取了相应的防范措施。乾隆二十四年(1759)以前,在北京的西洋人,其乡信往来,例由澳门当局的头目或在广东省的行商雇人代为传递。乾隆二十四年(1759)两广总督李侍尧《条奏防范夷人章程》,经军机大臣议覆之后规定,嗣后西洋人寄居澳门,严禁行商脚夫等人私行代迎信函;遇有公务转达钦天监,应饬令(澳门)夷目呈明海防同知,转详(报告)督臣,分别奏、咨办理(即向皇帝奏报,同时用咨文向主管官员申明)。自从此项定例实行以来,直至乾隆三十一年(1766),历经七年之久,西方来华人士明显减少。这种中西隔绝的情况,自然会引起贪图西洋奇器珍玩和追求西洋文化学术的乾隆皇帝的反省。两广总督杨廷璋于乾隆三十一年(1766)八月二十六日在《奏覆西洋夷人通达乡信事宜》一折中提出放宽限制。经军机大臣会议,认为杨廷璋的主张仍属过严,因此未能全行采纳。为了消除西洋人的疑虑,军机大臣们还专门征询了刘松龄、傅作霖等人的意见。今将军机大臣傅恒等于乾隆三十一年(1766)九月初七日所上的《议覆折》摘录于后:

> 查中外之防闲,不容不密,远人之情愊,不可不通。臣等从前议准两广总督臣李侍尧条奏,凡夷人情愿进京效力,及携带货物,递送书信之处,必令其呈明转达,原属防微杜渐之意,并非概为遏抑。但该夷等来自重洋,转致势多窒碍。应如该督(杨廷璋)所奏,嗣后西洋人来广,遇有进方物,及习天文、医科、丹青(绘画)、钟表等技,情愿进京效力者,在澳门则令告知夷目,呈明海防同知;在省行则令其告知行商,呈明南海县随时详报总督衙门,代为具奏请旨,护送进京,俾得共遵王路,以效愊忱。
>
> 至该夷通达乡信之处,询问傅作霖、刘松龄等,据称"向来西洋人所有书信,在广东、澳门者,俱由提塘递(按:提塘,为清朝内阁下属通政使司所掌管的投递官府文书的专门机构)至京城,交钦天监收拆;其从京城寄至广东者,亦由提塘递送"等语。查该夷人等从前往来书信,俱经

提塘转递,已历有年,并未见有违碍之处,似应循照旧例,交与提塘寄递。并令其在广省者呈报海防同知及南海县查收,将原封交与该省提塘递至京城,送钦天监转赴本人。其在京夷人,亦令其将所寄书信交与提塘递至广省,仍由同知、知县查收,将原封转给行商、夷目;该同知、知县亦随时详报总督衙门,以备查核。似此官为经理,有所稽查,既不至日久滋弊,而于提塘寄递,则京、广两地书信物件,往来便捷,不致滋扰阻碍,似于伊等更为有益。若如该督(杨廷璋)所奏,申送总督衙门查核加封,咨达提督四译馆转发,恐展转投递,反致沉搁迟延。且所带土物亦未免日久损坏,似非国家嘉惠远人之意。所有该督请申送总督衙门查核加封,咨达四译馆转发,及在京各夷人乡信呈送四译馆,咨交总督衙门之处,均毋庸议。俟命下,臣等行文该督,令其遵照办理,并晓谕该夷人知悉可也。①

乾隆帝对军机大臣的这次议奏,甚表支持,欣然"依议"。这一事实表明,乾隆皇帝和他的军机大臣们,对西洋来华的有学识有技艺的耶稣会士怀有敬重之情,仍然坚持着"嘉惠远人"的传统政策。同时也说明,前一段时间里实行的限制措施,带来了消极的后果,使西洋各国的传教士"心存疑畏,裹足不前",这不符合乾隆帝的欲望和利益。因此,才有可能使刘松龄、傅作霖等人所坚持的合理主张,获得军机大臣们的支持和乾隆皇帝的俞允。

以钦天监监正刘松龄为首的西洋人,由于恪尽职守,勤奋而出色地为清朝服务,博得了乾隆帝的信任和恩宠,所以,虽然出现一点小的过失,遭到某些官员的检举,皇帝也能予以解脱和宽容。乾隆十九年(1754)正月,因宛平县桑峪村张显枢等传教一案,北京天主堂的西洋人赵圣修、郎世宁、宋君荣、王致诚、蒋友仁及刘松龄等六人,均被牵连进去。原因是他们曾向教徒们提供经卷,而且刘松龄还曾到桑峪村逗留十余日。顺天府尹奏请"严禁",乾隆对此仅批示"知道了"三字了事,其后对刘松龄等人未见有任何处置决定。②乾隆二十三年(1758)七月,为失察员属之事,吏部提出议处,拟将刘松龄、鲍友管、傅作霖罚俸一年。乾隆谕令开脱说:"伊等西洋人,如算法有误,自当

① 《两广总督李侍尧致军机处咨文》,朱批奏折外交类 758-1;内务府来文外交类 1543-1。
② 《成案所见集》卷十六。

议处;其余事件,非伊等承办,嗣后不必议处,刘松龄等著加恩免议。"①

八、刘松龄等西洋人与清朝官员的友好交往关系

刘松龄在北京住在宣武门天主堂,和他同时在堂的耶稣会士还有傅作霖、鲍友管、魏继晋(1738 年入华,1771 年卒于北京,德国音乐家,传教士)、索德超(熟谙内外科)、高慎思(素习舆图)等。这几位西洋人与清廷官员常有交往。军机章京赵翼(字云松,历史学家,江南阳湖人,乾隆二十四年充补)、顾云(字北墅,江南如皋人,乾隆十八年由内阁中书充补)等人,于乾隆二十四年(1759)夏季某一日散值之后,前来宣武门天主堂访问,刘松龄等耶稣会士热情款待,请赵翼等人参观了堂内的西洋绘画、千里镜,并用管风琴演奏了西洋音乐,使官员们大开眼界。参观后赵翼写了《西洋千里镜及乐器》一文,并以"同北墅、漱田观西洋乐器"为题作长诗一首。两篇诗文详尽而生动地记述了天主堂的景物、陈设及西洋乐器的形状、结构,细腻描绘了西洋音乐的美妙动听与演奏技巧。兹将赵翼的记述和诗抄录如下:

西洋千里镜及乐器

天主堂在宣武门内,钦天监正西洋人刘松龄、高慎思等所居也。堂之为屋,圆而穹,如城门洞,而明爽异常。所供天主如美少年,名耶酥(稣),彼中圣人也。像绘于壁而姿出,似离立不著壁者。堂之旁有观星台,列架以贮千里镜,镜以木为箐,长七八尺,中空之而嵌以玻璨(璃),有一层者、两层者、三层者。余尝登其台,以镜视天,赤日中亦见星斗;视城外,则玉泉山宝塔近在咫尺间,砖缝亦历历可数。而玻璨(璃)之单层者,所照山河人物皆正;两层者悉倒,三层者则又正矣。有楼为作乐之所。一虬须者坐而鼓琴,则笙、箫、磬、笛、钟、鼓、铙、镯之声,无一不备。其法设木架于楼,架之上悬铅管数十,下垂不及楼板寸许;楼板两层,板有缝与各管孔相对,一人在东南隅鼓鞴以作气,气在夹板中尽趋于铅管下之缝,由缝直达于管;管各有一铜丝击于琴弦;虬须者拨弦则各丝自抽顿,其管中之关揿而发响矣。铅管大小不同,中各有窍窍,以象诸乐之声。故一人鼓琴而众管齐鸣,百乐无不备,真奇巧也。又有乐

① 《上谕档》乾隆十八年正月至七月。《议覆档》乾隆十八年正月至五月。《清朝前期西洋天主教在华活动档案史料》第一册 109 号。鞠德源《清宫廷画家郎世宁年谱——兼在华耶稣会士史事稽年》,载《故宫博物院院刊》1988 年第 2 期。乾隆二十三年秋季档。

钟，并不烦人挑拨，而按时自鸣，亦备诸乐之声，尤为巧绝。①

同北墅、漱田观西洋乐器

郊园散直归，访奇番人宅，中有虬髯叟（原注：钦天监正刘松龄等皆西洋人），出门敬迓客。来从泰西洋，官授羲和职；年深习汉语，不烦舌人译。引登天主堂，有像绘素壁：靓若姑射仙，科头不冠帻，云是彼周孔，崇奉自古昔。再游观星台，爽垲上勿幂，玻瓈（璃）千里镜，高指遥天碧，日中可见斗，象纬测晨夕。斯须请奏乐，虚室静生白，初从楼下听，繁响出空隙，噌吰无射钟，嘹亮蕤宾铁，渊渊鼓悲壮，坎坎缶清激，镈于丁且宁，磬折拊复击，瑟希有余铿，琴澹忽作霹，紫玉凤唤箫，烟竹龙吟笛，连桐栙楬底，频栎鉏铻脊，轵耳柄独摇，笙舌炭先炙，吸嘘竽调簧，节簌笳赴拍，篪疑老妪吹，筑岂渐离掷？琵琶铁拨弹，篆筝银甲画，寒泉涩箜篌，薄雪飞觱篥，孤倡辄群和，将宣转稍寂。万籁繁会中，缕缕仍贯脉，方疑宫悬备，定有乐工百，岂知登楼观，一老坐搊擘，一音一铅管，藏机掾关膈，一管一铜丝，引线通骨骼，其下辖风橐，呼吸类潮汐，丝从橐镦缩，风向管孔迫，众窍乃发响，力透腠理者，清浊列若眉，大小鸣以臆，韵仍判宫商，器弗假匏革，虽难继韶濩，亦颇谐皦绎。白翎调漫雄，朱鹭曲未敌，奇哉创物智，乃出自蛮貊。缅惟华夏初，神圣几更易，鸑鷟肇律吕，秬黍度寸尺，嶰谷截绿筠，泗滨采浮石，元声始审定，万古仰刹获。迢迢裨海外，何由来取则，伶伦与后夔，姓名且未识，音岂师旷传，谱非制氏得。始知天地大，到处有开辟，人巧诚太纷，世眼休自窄，域中多墟拘，儒外有物格，流连日将暮，莲漏报西刻（自鸣钟），归将写其声，画杜记枕席。②

赵翼对天主堂望远镜和乐器所作的记述和诗文，是两篇有价值的史料，它既是中国官员与天主堂耶稣会士刘松龄、高慎思等人友好交往的实证，又是西洋文化在中国传播并产生良好影响的具体说明。赵翼在诗文中对西洋乐器的结构、形体、声响及演奏方式的描绘，证明天主堂安设的乐器是一具形体庞大的西洋管风琴。清朝的官方文献中对此亦有简单记载："天主堂内有三十六祭台，中台左右有编箫（即管风琴）二座，中各有三十二层，每层百管，管各一音，合三千余管。风雨波涛，讴吟战斗，百鸟之声，皆可模仿。"③据

---

① 赵翼著《簷曝杂记》卷二。
② 赵翼著《瓯北集》卷七。
③ 《清朝文献通考》卷一七七"乐"二三"西洋乐器"。

传天主堂的管风琴是由耶稣会士徐日昇所造。按赵翼所记"一虬须者坐而鼓琴","一人在东南隅鼓鞴以作气",据有关史料记载,当是刘松龄的教友魏继晋和鲁仲贤两人。① 乾隆帝一度曾命魏继晋、鲁仲贤等人教内监小太监学习演奏西洋音乐,供帝后们欣赏。②

斯洛文尼亚天文学家刘松龄从1739年抵北京起,至1774年病故止,共计在华35年,其中在钦天监任职32年。据墓碑记载,刘松龄享年72岁,可知其入华之时年已37岁,正当年富力强、才华横溢之期。刘松龄在监任职期间,绘制地图、编纂《御制仪象考成》、设计制造玑衡抚辰仪和指导制作各种地球仪、天球仪等仪器,介绍推荐有学问、有技艺的西洋人来京供职,以及推动和增进清朝与葡萄牙两国之友好交往关系等等,均能恪尽职守,获得乾隆帝的赏赐或加官进职。他在天文学、地理学方面为中国留下了宝贵的历史文化遗产。

在我们与欧洲各国人民广泛交往的今天,全面深入地追踪与回顾18世纪斯洛文尼亚人天文学家刘松龄入华以来32年间的历史贡献和辉煌事迹,当会对发展中国与欧洲之间的国际学术交流、增进中国人民与斯洛文尼亚共和国人民的兄弟友谊有所裨益吧。

---

① 《文献丛编》第一辑《律吕正义后篇卷首档》。转引自方豪著《中西交通史》第五册。
② 《造办处活计档》:乾隆十三年,三十八年,十四年,十七年,三十六年,三十七年,四十二年,十九年,八年。

斯洛文尼亚在中国的文化使者——刘松龄

Hallerstein——The Multicultural Legacy of Jesuit Wisdom and Piety

清钦天监西洋人职官年表

任期	西文姓名	中文名	国籍	入华时间	官职	在监任职时间	卒年	卒地
1	Adam Schall Von Bell	汤若望	日耳曼	明天启年 (1622.6.22)	管监正事	顺治二年—康熙四年（1645—1664 年11 月）	康熙 五 年 (1666.9)	北京
2	Ferdinanel Verbiest	南怀仁 (F.V.)，字敦伯	比利时	顺治十六年 (1659)	治理历法	康熙十年—二十七年（1671—1688）	康熙二十七年(1688. 3. 1）	北京
3	Thomas Pereira	徐日昇，字寅公	葡萄牙	康熙十一年 (1672)	治理历法	康熙二十八年—三十四年（1689—1695）	康熙四十七年十一月十四日(1708. 2.24)	北京
4	Antoine Thomas	安多	比利时	康熙二十四年 (1685)	治理历法	康熙二十八年—三十四年（1689—1695）	康熙四十八年六月二十六日(1709)	北京
5	Philippus Maria Grimaldi	闵明我，字德先	意大利	康熙八年 (1669)	治理历法	康熙三十五年—五十年(1696—1711)	康熙五十二年(1713)	北京
6	Gaspar Kastner	庞嘉宾	日尔曼	康熙三十六年 (1697)	治理历法	康熙三十六年—四十八 年 （1697—1709）	康熙四十八年(1709)	北京
7	Bernardus Kilian Stumpf	纪理安	日尔曼	康熙三十三年 (1694)	治理历法	康熙五十二年—五十八 年 （1712—1719）	康熙五十九年(1720)	北京
8	Ignatius Kögler	戴进贤，字嘉宾	日尔曼	康熙五十五年 (1716)	监正 1725	康熙五十九年—乾隆十一年（1720—1746）	乾隆十一年三 月 九 日(1746)	北京
9	Andreas Pereira	徐懋德	葡萄牙	康熙五十五年 (1716)	监副 1725	雍正八年—乾隆八年（1730—1743）	乾 隆 八 年(1743)	北京

（续表）

任期	西文姓名	中文名	国籍	入华时间	官职	在监任职时间	卒年	卒地
10	Augustin Von Hallerstein	刘松龄，字乔年	日尔曼斯洛文尼亚	乾隆三年（1738）	监正（1746）	乾隆八年—三十九年（1743—1774）	乾隆三十九年九月二十五日（1774）	北京
11	Antonio Gogeisl	鲍有管，字义仁	日尔曼巴伐利亚	乾隆三年（1738）	左监副	乾隆十二年—三十六年（1747—1771）	乾隆三十六年（1771.3.12）	北京
12	FelixDa Rocha	傅作霖，号清臣，又名利斯	葡萄牙	乾隆三年（1738）	监正	乾隆十九年—四十六年（1754—1781）	乾隆四十六年（1781.6.13）	北京
13	Joséd'Espinha	高慎思，又名约瑟	葡萄牙	乾隆十六年（1751）	监正	乾隆三十八年—五十三年（1773—1788）	乾隆五十三年（1788.7.10）	北京
14	André Rodrigues	安国宁	葡萄牙	乾隆二十四年（1759）	监正	乾隆四十一年—六十年（1776—1795）	嘉庆元年（1796）	北京
15	José Bernardod Almeida	索德超，字越常	葡萄牙	乾隆二十四年（1759）	监正	乾隆四十七年—嘉庆十年（1782—1805）	嘉庆十年（1805）	北京
16	Alexander de Gouvea	汤士选	葡萄牙	未详	监正	乾隆五十四年—嘉庆十三年（1789—1808）	未详	北京
17	Domingos-Joaquim Ferreira	福文高	葡萄牙	乾隆三十八年（1773）	监正	嘉庆八年—道光元年（1803—1823）	道光四年（1824）	北京
18	JoséNunez Ribeiro	李拱辰	葡萄牙		监正	嘉庆十二年—道光六年（1807—1826）	道光六年（1826）	北京
19	Monteiro Da Sena	高守谦	葡萄牙	嘉庆九年（1804）	左监副	嘉庆十四年—道光六年（1809—1826）	未详，道光七年（1827）归国	未详
20	Gajetao Pires Pereira	毕学源	葡萄牙	嘉庆九年（1804）	右监副	道光二年—六年（1822—1826）	道光十八年（1838.9.20）	北京

北京市委党校内的耶稣会士墓地（照片提供：Anton Levstek）。

皮影戏：对刘松龄一生的艺术演绎，由 Zhao Qiu、Zhao Cong 与斯洛文尼亚马里博尔的汉学学生表演（2008 年 4 月 11 日，KIBLA 多媒体中心）。

关于刘松龄的信件

刘松龄信件简介

□阿列克斯·马沃尔(Aleš Maver)

导论

耶稣会传教士刘松龄在亚洲(大部分时间是在中国)生活了近 40 年,这期间他与他的同事寄往欧洲、描述他们在中国的生活、工作情况的信件,是当时欧洲了解中国、了解基督教在"中古王国"地位的唯一途径。虽然目前我们拥有关于中国更丰富更直接的材料,但这些信件的历史文化价值却丝毫未减。这些信件除了带给我们这些珍贵的信息以外,更重要的是,它们的作者代表了背井离乡且生活艰苦的一类人,这些信件给予我们了解他们内心世界的珍贵机会。无疑,刘松龄是这类人的典型代表。

因此,这篇文章的目的就是让刘松龄"开口讲话",让刘松龄本人、他的时代、他周围的中国人与欧洲人以及他们的奇思妙想和闪光点等都呈现在我们眼前。坦白地说,本文的内容依然不够全面。但是研究传教士的内容和方式总有一天会被完全发掘,这篇文章就是本人在阅读前人对发生在刘松龄和其他传教士身边的社会现象和问题进行研究时得到的发现。而另一个不利因素是刘松龄信件的自然属性:信件没有直观的表达(一件事情很容易受当时条件的影响,变得十分复杂)。但是,信件需要更深入的解读,为了满足这个要求,每位读者、每位评论者都要去品评、翻译和体会字里行间的意思,而这些都没有绝对可靠的证据与客观的标准。因此这篇论文只能在读者读那些信件时从另一个角度给他们一些启发。

在完成这个较感性的结果之前,我先讲一下文章的要点:首先是概括评论刘松龄信件的内容,提供他写信时所遵从的一些规则(如果没有这些,信件就会变得特别难懂);然后,通过引用信件原文,呈现刘松龄的自我认知以及他在华期间的价值观(这方面内容有很多,而且我认为特别重要);接下来的部分,是刘松龄对传教环境及传教士地位、欧洲时势以及对中国人特别是清廷的认识和评价;最后,论文从一位耶稣会士的角度专门讨论他们对中国传统宗教的认识,这些对他(以及所有耶稣会士)的传教工作有很大影响。

刘松龄的遗留书信

与其他传教士一样,刘松龄从中国寄往欧洲的信件不是所有的都能保存下来,这是可以理解的。但幸运的是,他的大部分书信得以出版。解读信件的多数成果被发表在耶稣会书信集《新世界报告》与早期匈牙利传教士兼历史学家乔治·普雷 1781 年的著作 Imposturae CCXVIII in dissertatione R.P. Benedicti Cetto, Clerici Regularis a Scholis Piis de Sinensium Imposturis detectae et convulsae 中。1755 年,弗兰兹·凯勒(Franz Keller)编辑出版了此书信集,书中收录了 5 封刘松龄的信件,其中 4 封写给他的弟弟韦查德,一封写给奥地利教省主教弗兰西斯·莫林德。这 5 封信的时间都是在 1735 年到 1741 年,按时间排序前 3 封(他的弟弟两封、莫林德主教一封)记述他到中国以前的状况。1758 年,《新世界报告》收录了刘松龄的另 3 封信,这让我们对他有了更多的了解:从 1741 年到 1749 年,他分别给弟弟韦查德、葡萄牙皇后的告解神父约瑟夫·里德以及来自不勒斯的传教士倪天爵各写了一封信。

普雷摘选的刘松龄信件十分有趣,所跨时间段不仅包括发表在《新世界报告》中的信件的时间段,而且一直持续到 1766 年(即他选择的第二封),信的内容与另外一封在汇编中的信件内容差不多相同(即前文提到的写给倪天爵的那封信)。而且这位前匈牙利耶稣会士与历史学家普雷(他曾写过关于中国礼仪之争的书)将刘松龄的信件有选择地加入了他的著作 Imposturae,他的动机更为有趣,他以此来反驳 Benedictus Cetto(其真名为 Joseph Innocent Deseritius)的观点,Benedictus Cetto 在他的文章 Desinensium imposturis dissertario 和 De argumentis a Sinensium annalibus pro Hungarorum origine 中认为中国文化是"野蛮"的(Hungarorum,匈奴,即匈牙利人的祖先,也与中国人有关系)。这几封摘选的信件都是刘松龄从中国寄给他弟弟韦查德的,普雷将他们从德语翻译成拉丁语(信件的德语版在《新世界报告》中出版)。

除了以上提到的信件,一些学术性信件也被出版。包括两封 1747 年到 1753 年寄给英国皇家学会秘书莫蒂默(Cromwell Mortimer)的信,还有两封 17 世纪 40 年代早期的天文仪器说明书,里面虽然没有提到刘松龄的名字,但他很可能负责了主要工作,这些成就都被发表在皇家学会刊物《哲学汇刊》上。另一方面,圣彼得堡科学院计划从 1756 年到 1763 年在会刊上发表两组观测结果,在维也纳皇家天文台台长、斯洛伐克传教士马米兰·赫尔的帮助下,刘松龄的观测结果才得以最大限度挖掘出来,经历了相当多麻烦,1768 年他的书《天文观测》终于在维也纳出版。

至于他信件的原本,有两封给他妹妹安的信件手稿保存在卢布尔雅那①(同时保存的还有另外 5 封)。而另外正式的 10 封信(其中有 7 封是别人寄给他的)保存在罗马耶稣会档案馆。②

显然,刘松龄的信件有许多都已经丢失了(即使那些被出版出来的也有可能被编者删掉了一些,普雷选择的第一封信就是一例)。③ 虽然现存的信件和其他材料包含了刘松龄的许多信息,但是留下来的信息依旧极少。

刘松龄的大部分信件都是按照耶稣会报告的标准格式写成的。这种格式建立在耶稣会创始人圣依纳爵·罗耀拉创建的信件格式基础上。④ 耶稣会第二次大会上,信件格式被重新规定,各种细节被进一步敲定。⑤ 当写信给长者或上级时,信件的结构和频率等都有十分严格的规定:每位教省主教一个月至少须给大主教写一封信,而更低级的人员则须每年给上级写 4 封或两封信。与之类似,修道院院长(house superior)甚至也要每周写信给教省主教。而回信也是必须的,大主教每两个月须回信给各位教省主教,而教省主教须给修道院院长一年至少回两封信。⑥ 当然,在传教地区很难实现这样频繁的交流,刘松龄所有出版信件中严格按照规定时间寄出的只有 1735 年写给奥地利弗兰西斯教省莫林德主教的一封信[同样格式的信件有很多封,如给索智能主教或南怀仁(G.L.)副主教的信,都保存在罗马耶稣会档案馆中]。然而,读者不用仔细阅读他寄回的这些信件,因为各封信的内容都与寄给莫林德的信差不多。耶稣会士的信件理论上一般分为四类:给上级的、

---

① 分别是 1750 年 10 月 31 日和 1756 年 9 月 11 日的信件,保存在斯洛文尼亚共和国档案馆,Dolski Arhiv(the Dol Archive)fasc.194,Raigersfeld XXV。

② 保存在罗马耶稣会档案馆。Indipetae,FG755,Vol.24,ff.593-594(application for missionary work written in Vienna on 08/10/1727);Epistulae Sinarum 1731-1771,lap.-Sin.181,ff.227-228(probably a letter to Laimbeckhoven,written in Beijing on 01/09/1751);ff.237-239(a letter to Visconti from Beijing dated 09/11/1751);ff.245v(a letter to de Sousa from Beijing dated 17/02/1752);ff.247-248(a letter to de Sousa from Beijing dated 25/03/1752);ff.252(a letter to Visconti from Canton dated 06/12/1752);ff.281-282(a letter to Ricci from Beijing dated 01/10/1771);lap.-Sin.184;ff.251(a letter to the Jesuit general from Beijing dated 02/11/1771)。

③ 参见 Pray,1781,II。

④ Cf.*The Constitutions of the Society of Jesus*,P.8,c.1,n.9.

⑤ Koch,1934,s.v.Berichterstattung.

⑥ 同上。

给基督徒的、给所有人的公开信以及私人信件。①

　　至少在我看来,如何对刘松龄大部分信件进行分类是很麻烦的事情,比如他给弟弟韦查德的信件(共有 13 封)。这些信件都是完全按照既定格式写的,刘松龄很正式地用"尊敬的阁下"(Your Reverence)的称呼(在德语原文中是 Euer Ehrwürden,普雷把它翻译成拉丁文 Reverentia vestra)给弟弟写信,甚至在信件开端,他也如称呼其他所有同事一样,用"Ehrwürdiger Pater in Christo"(尊敬的神父大人)来敬称他的弟弟。偶尔在信件末尾有较亲密的字眼——"亲爱的弟弟"(brotherly love),但这也不能表示他们的兄弟情谊,因为这是弥撒中普通的问候,也是他给传教士回信的一个典型标志。对于给自己弟弟信件的内容也不偏离圣依纳爵所做的规定,因为他经常建议其信徒写信时不仅要写关于宗教的问题,同时也要涉及天气、食物、风俗、当地人的脾性以及精神信仰等等②,这些都能在他给韦查德的信中找到,部分内容直接回答了韦查德的问题。因此,这就解释了为什么刘松龄在信中对部分话题十分谨慎(见下文),有时回避话题,有时模糊回答,有时又在掩饰。传教士不会忘记别人责备他们的写作规定:"(他们的写作格式)是能够想象得到的最狡猾的一种方式,大家相互监督,同时又相互吹捧。"——当然,他们自己是不承认的。③ 虽然刘松龄写信给韦查德是近亲之间的沟通,但上文所说的或许都能从信件的字里行间体现出来。只有在一封信中他给他的弟弟表达了自己的感受,他写道:"同时,我也向上帝祈祷,祝愿您身体健康,因为您是我经历的这些<u>艰难困苦</u>中的唯一依靠。"④

　　另外应该注意到的是中欧信件的传递途径,这是研究中欧交流的一个重要线索。因为信件传送经常出现问题,刘松龄在信中也提到,他经常试图找到最快、最可靠的传递路线。特别值得注意的是,他送往欧洲的信件往往是在秋天——9 月份到 11 月份写成的,这段时间可以往广东送信,欧洲轮船再将信件从广州带回欧洲。有几次他对葡萄牙邮政系统的可靠性表达了不

---

① Correia-Afonso,1969,p.8.

② Correia-Afonso,1969,p.13.

③ Koch,1934,p.I.c.

④ Pray,1781,p.XLV(a letter from Beijing dated 27/10/1765).

满①,因此,许多邮件都是通过法国②或者俄国③送出的。他的弟弟也利用不同的寄信路径,特别是其中的一封——在七年战争时期,是通过耶稣会士不太喜欢的荷兰邮政传递的(在拿破仑以前,荷兰禁止信仰天主教④,同时,荷兰人为了获得商业利益在日本沿海大肆践踏,也引起了他们的不满)。⑤

刘松龄信中的自己

虽然刘松龄在信中应该会提到许多与他自己相关的事情,可是乍看,似乎他在信中很少提到自己。前文我们已经提到了他写信的格式,额外的情绪和生活难题是不提倡写在信中的。但是仔细阅读信件内容,不得不说刘松龄依旧表达了对自己传教活动的看法以及他最重要的信仰。

我先列举一些体现了刘松龄人性化的例子。按时间顺序的第一封信中,他描述自己去里斯本,水路旅行给他带来很大麻烦。他写道:"在航行中,经常被晕船困扰的南怀仁(G.L.)神父已经好了很多,但是我却一直走到塔霍河(Tagus)还觉得恶心反胃,特别是船长告诉我海水会给我的身体造成非常大的不便以后,我觉得我都难以支撑到里斯本,更别提能到中国了。"⑥然而可以理解的是,除了这些麻烦,他对自己的传教事业还是十分有信心的,这在下文会展开分析。他在信中写道:"然而仁慈的上帝并没有让这些疾病置我于死地,他似乎在挑选圣徒,看谁能进行更加困难的旅行,而我已经通过了他的考验。"⑦

早期信件中,他还几次提到食物的问题。1735 年从葡萄牙首都寄出的信(第二封)中,他讨论了葡萄牙,并赞扬了其首都里斯本,认为那里的食物虽然不如德国,却远胜意大利。⑧ 在普雷选择的第一封信中,刘松龄为了回答韦查德的问题,列出了他在中国吃过的食物的详细清单,他对中国的印象

① Cf.ibid,p.II(a letter from Beijing dated 06/10/1743);*Der Neue Welt-Bott*,Part Ⅳ,Vol.30,p.94(a letter from Beijing dated 06/11/1740).

② Cf.Pray,1781,p.I(a letter from Beijing dated 06/10/1743);*Der Neue Welt-Bott*,1755,p.93(a letter from Beijing dated 06/11/1740);Pray,1781,p.XLIX(a letter from Beijing dated 24/09/1766).

③ Cf.Pray.1781,p.XXXⅣ(a letter from Beijing dated 06/10/1757).

④ 刘松龄也写到了一个必须在马六甲(Melaka)秘密工作的天主教神父,Cf.*Der Neue Welt-Bott*,o.c.,p.82(a letter from Beijing dated 04/11/1739).

⑤ Pray,1781,p.XLI(a letterfrom Beijing dated 12/09/1764).

⑥ *Der Neue Welt-Bott*,o.c.,p.71(a letter from Lisbon to brother Weichard dated 07/12/1735).

⑦ 同上。

⑧ 同上,p.75(a letter from Lisbon dated 24/04/1736)。

很好："在中国，特别是在清廷皇宫中，虽然食物不如欧洲那般充足可口，然而吃穿用度都不用发愁。除了日常的米、馒头和肉类，也有十分清淡的酒。"①可是不久以后就发现那些酒有问题，所有的欧洲人喝完后都会觉得不舒服。因此传教士后来都喝通过广州从欧洲进口的酒。刘松龄表达了他对不可避免的中国食物的抵触："另外，我的味觉完全不能忍受中国人做食物的方式，真不敢想象我竟然要尝试和忍受这么多种类的食物！"②刘松龄在1743 年同一封信中回答了他弟弟关于衣服的问题，很明显，在他来中国初期，这是比食物更加难以解决的问题。他坦诚地说："虽然我觉得我已经能够适应它们了，但是还是觉得很不舒服。"③

　　另一个了解刘松龄的角度是，他毕生热爱奥地利，这种感情多年来从未减弱。也许要说明一点：官方报告上认为刘松龄是一个德国人（他在有关饮食的陈述中说回家是"去德国"也说明这一点。然而，在当时，作为一个德国人意味着只在地理上属于德国，国籍却不属于任何国家），但是刘松龄作为哈普斯堡皇朝殖民地（奥地利）的公民，他认为他的命运和奥地利（特别是克拉斯卡）紧紧相连。这里有一些明显的证据，虽然他曾在信中赞扬了葡萄牙，但在给奥地利主教莫林德的信中还是忍不住说："当然，我在葡萄牙和意大利不太可能遇到奥地利人，但我印象中葡萄牙人中也没有谁对我心存恶意。"④在同一封信最后，他接着强调了他之前说过的话："虽然葡萄牙神父像父亲一样把我们照顾得十分舒适，让我们在葡萄牙感觉像是依旧待在深爱的奥地利一样。然而，在我虔诚的信仰里，我绝对不会忘记奥地利，还有教区最受人尊敬的主教。"⑤信件中提到的三点足以表明他对奥地利统治者的态度：1736 年当他得知了查尔斯六世死亡的消息（后来被证明是谣言，查尔斯死于 1740 年）时，他很恐惧⑥；他对本国统治者的感情极深，从他在七年战争时期的表现就能明显得知，他在向乾隆皇帝汇报攻打准噶尔战争捷报的奏折中，不自觉地将这件事与奥地利的情况做了对比："我亲爱的上帝，也请让我们的女皇结束对敌人的战争吧！〔这里的敌人是指普鲁士国王腓特烈

---

① Pray，1781，p.XI（a letter form Beijing dated 06/10/1743）.

② 同上。

③ 同上，p.XII。

④ *Der Neue Welt-Bott*，o.c.，p.71（a letter to the provincial Molindes from Lisbon dated 07/12/1735）.

⑤ 同上，p.73。

⑥ 同上，p.75。

二世（Prussian King Frederick Ⅱ）]"①；在从韦查德那里确定了弗兰西斯一世（Roman-German Emperor Francis Ⅰ）的死讯和其子约瑟夫二世（Joseph Ⅱ）即位的消息，他明确写道："我急切盼望看到这样的消息：约瑟夫，神圣的罗马国王。"②

介于应有的小心谨慎，从信中来看，刘松龄认为葡萄牙王后玛利亚·安娜（Maria Anna，奥地利人，1683—1754，约翰五世的妻子，约瑟夫一世的母亲）是十分和蔼的，可是正是这个在刘松龄的信中被描绘成为一个好朋友的王后，实际上是庞巴尔侯爵（庞巴尔侯爵，历史上耶稣会最大的敌人，是18世纪下半叶耶稣会的"掘墓人"）的坚决支持者，这是一个极大的讽刺。这里摘录的内容表现出刘松龄极度热情的一面——这在他的信件中并不常见。"尊敬的王后跟我提到了由牧师约瑟夫·斯多哥（Josef Stöcklein）编辑的耶稣教刊物《新世界报告》。我一到，她就亲切地要求阅读刊物，读完以后又把书送回来。在书里，我找到了绿色丝绸做的书签，尊敬的王后用书签标记她阅读到的地方。我把这件事告诉了王后的告解神父维英格（Weizinger），告诉他我将要把这枚书签永久保存，用来系挂我的怀表。维英格神父一定是将这件事情告诉了王后的侍女，侍女又告诉了王后。这位仁慈的公主（依旧指葡萄牙王后玛利亚·安娜，她是奥地利的公主——译者注）十分意外地直接送了一些用金线和银线编织的丝绸书签给我，让我们拿来用。"③

正是因为这个女人去世前的干涉（当时她已经成为太后），刘松龄才得以陪同葡萄牙使团于1752—1753年来中国。④ 为此，刘松龄也经历了相当多的尴尬，因为中国官员对基督教的态度时好时坏。他自己承认，他必须巴结那些官员，送他们一些欧洲玩具，以此来增加他们对欧洲的好感。他写道："相信我，这些礼物虽然现在欧洲，但是它们能在世界的另一个角落——中国，在建立和保持友谊方面发挥巨大作用。这种友谊对保持和平以及壮大教会事业至关重要。在目前情况下，没有任何人比我更能容易保持和培养这种友谊。"⑤

如果以上摘录表现了刘松龄极强的正统主义，那么信中也有相当多的

---

① Pray，1781，p.XL（a letter to brother Weichard from Beijing dated 29/10/1761）。

② 同上，p.XLV（a letter from Beijing dated 27/10/1765）。

③ *Der Neue Welt-Bott*，o.c.，p.75（a letter to brother Weichard from Lisbon dated 24/04/1736）。

④ 刘松龄在一封信中详细记载了这次来访，参见：Pray，1781，p.XXIX－XXXII（a letter from Guangdong dated 21/10/1753）。

⑤ Pray，1781，p.XLVII（a letter from Beijing dated 27/10/1765）。

例外情况。其中有两封 1748 年他寄给教难中受迫害的基督教徒的信件(一封给倪天爵,另一封给他的弟弟)。因为之前他和傅作霖一起在基督教徒中发放传单时接过法庭的传唤,因此刘松龄在信中对此极为生气①,呼吁能够发动一场改革。他给倪天爵写道:"现在这场风暴已经逐渐消退了。然而,我们不能确定它们会不会更猛烈地卷土重来或者在其他地方发生。因为威胁的消退并不是由于那些最初做坏事的人以及他们的帮凶已经被神灵报复、被打败或者被摧毁了,而是由于中国皇帝,这个基督徒与欧洲人最大的敌人依旧活着并且身体很好。"②

在给弟弟的信中,刘松龄写得更为直白:"一般的看法是如果当时江南省或者浙江省有人揭竿而起,那么满人只能通过长时间的战争来维持他们的统治,否则就会很容易被赶出关外。但是让我们把这份敬重留给无所不能的上帝,他的裁决虽然深不可测,但是十分公平。"③这些话出自刘松龄之口极不寻常,特别是他晚年愈发赞赏乾隆皇帝,目前我们所知的其最后一封信几乎可以算是乾隆皇帝的功德碑,他甚至认为乾隆帝应成为欧洲统治者效仿的对象。

刘松龄是如何看待他自己在中国所扮演的角色呢?刘松龄的信件毫无疑问地解决了这个问题,甚至可以说这个明格斯人是十分坦率正直的。到中国传教是他儿时的心愿④,而从他的信和他的行为来看,直至他死,他还忠诚于自己当初的选择。毫无疑问,他最初就把自己摆在了宣传福音和上帝教义的位置。如果我们今天了解的刘松龄是一位天文学家或者制图学家,主要是因为他在这些领域取得了令人羡慕的成就(虽然在这些上面花费的精力并非他所愿),而有效的传教工作成果却微乎其微。因此直至现在,斯洛文尼亚或其他地区的天主教会还未承认刘松龄是神职人员,他也没有像其他传教士一样被收录在主流的布道书籍中。如果刘松龄知道这种境况,他一定十分伤心。

但还是让他自己讲话吧。从果阿(Goa)寄给他弟弟的信中他这样描述了自己的希望:"我急切地期待着我在果阿的最后快乐时光……然而,我并

① Pray,1781,p.XVIII(a letter to brother Weichard from Beijing dated 28/11/1749);*Der Neue Welt-Bott*,1758,p.126(a letter to Nicolas Giampriamo from Beijing dated 28/11/1749).

② *Der Neue Welt-Bott*,1758,p.127(a letter to Giampriamo from Beijing dated 28/11/1749).

③ Pray,1781,p.XX(a letter to brother from Beijing dated 28/11/1749).

④ Cf.n.2.

没有真正满足,因为只有在那些异教徒中找到哪一个是上帝选择由我来改造的——这才是我真正的愿望。"①十分有趣的是,他的 16 封信中只有 3 封提到了天文活动。这并不意味着他没有认真对待天文学研究,因为天文学能够保证他们留在北京,这在之前提到过的他 1749 年给韦查德的信件中写到过:"然而,我们并非整天忙于这些事务,因为我们的目的不是为了进一步提高天文学。不过,如果有多余的时间和精力,我们也会去研究天文,因为这是保持我们工作岗位的需要。也是为了与可能会帮助我们的人扩大联系,这样,一些中国人才能看到他们自己与现有的天文学还有多大差距。对于这些,一些无知的人或许敢于说出来,但是大部分中国人都不相信,尤其是清廷和政府更不相信。一旦他们中国人了解这些实情后,实际上我也不知道届时外在困境中的我们是否可以保持在北京的岗位。"②这段文字明显说明,传播天文知识并不是刘松龄的主要目的。但是,正如我之前提到,自从他在莫桑比克和马六甲③停顿,在传教方面做出一番大事业的希望破灭,他至少也会稍稍以他在天文和制图上的成绩为傲,甚至这些成就在某种意义上提高了他的国际声望。④ 接下来的摘录来自他的一封早期信件,在谈到欧洲科学在中国的地位的时候,刘松龄至少表达了他对科学失去声望的少许担心:"说实话,据我看来,中国人对西方科学的喜爱程度正在逐步下降。他们的高级官员也以皇帝马首是瞻,皇帝除了绘画艺术以外几乎对什么都毫无兴趣。"⑤然而,在回答中国人如何看待他们传教士这个问题时,他的回答非常具代表性:"众所周知,我们在这个帝国的存在并不是仅仅为了皇帝,为了宫廷,为了这个帝国,而是为了那些普通人。他们认识我们,称呼我们为上帝派来的老师、外国信仰的布道者,等等,而不会加上关于艺术与科学的任何东西。"⑥所以即使是中国人,他们也认为耶稣会传教士是为了来宣传外国宗教的,正如传教士自己认为的那样,科学活动被摆在了第二位。

刘松龄来中国的使命

笔者认为,毫不夸张地说,基督教在华传播活动的各个阶段(1 世纪景教

---

① *Der Neue Welt-Bott*, 1755, p.78(a letter to brother Weichard from Goa dated 13/01/1738).

② Pray, 1781, p.XXV(a letter from Beijing dated 28/11/1749).

③ See *Der Neue Welt-Bott*, 1755, p.79-93(a letter to brother from Beijing dated 04/11/1739).

④ 参见之前提到的刘松龄写给倪天爵和给韦查德的信。

⑤ *Der Neue Welt-Bott*, 1758, p.40(a letter to brother Weichard from Beijing dated 10/10/1741).

⑥ 同上, p.76s.(a letter to Josef Ritter from Beijing dated 01/11/1743)。

时期、14 世纪慕缘修会时期、17 至 18 世纪基督教时期、20 世纪最近阶段)都以失败告终。虽然投入了所有的努力和精力,这是毋庸置疑的[刘松龄以及其他传教士,如 1748 年在教难中被迫害致死的谈方济(Tristan Attems)①都证明了,选择牧师这个职业单纯是为了丰厚的俸禄的概念已经逐渐被完全破坏],但收获却与此不成比例。景教在当时可以算是最成功的宗教,可是没起到重要作用,因为即使现在全世界的景教教徒才不过 10 万人,更别提人数更少的宗教组织了。

耶稣会士在中国遇到的头等麻烦是当时欧洲其他力量阻碍了传教活动,这表现在教会内部关于在中国的礼节问题上所产生的冲突。其他势力的阻挠,无疑在一定程度上导致了耶稣会士的失败,甚至给耶稣会带来了解散的厄运。但是,如果把所有的罪过都归因于礼仪之争也有失偏颇。

在刘松龄的大量信件中,他本人对于自己在传教工作中所付出的努力表现得非常谦虚。到中国后,他对中国的传教工作感到十分乐观。相应地,他在给他弟弟的信中表明了这种态度。他评论了孟定士(Manuel Mendez)叙述乾隆喜爱基督教徒的报告:"我不能用言语表明我看到这个报告以后有多么欣慰,因为中国皇帝需要我卑微的工作。事实上,我坚信,有了与中国地方官员的良好互动,我救赎当地异教徒的美好期望一定能够实现。而这个期望,也能带给一个虔诚的基督徒最大的满足。"传教士们持有如下观点:能否获得地方官员的许可和支持,是在该地区成功传教的关键性因素。② 因此我们能够理解刘松龄对于先皇康熙的极大热情。康熙在文艺作品中经常被称为中国的君士坦丁大帝(虽然完全没有道理)。实际上,1692 年康熙颁布了一个宽容的法令,规定基督徒和道教、佛教弟子享有平等权利,同时,他也采取了一些限制基督教的措施③,1664 年的基督教难也发生在他在位期间。在铎罗(Cardinal Tournon)来访以后,他开始颇为反对基督教。④ 康熙最终形成了一套对基督教在中国传播有着致命影响的思想,他认为"基督教和欧洲人只对中央政府有利,而对地方毫无益处"。这实际上将传教士的活动范围仅限在北京,这一点也使刘松龄感到绝望。

耶稣会士和罗马传信部在传教方向上的分歧和争执点是否应该彻底改

---

① See Pray,1781,p.XXI(a letter from Beijing dated 28/11/1749).

② Jedin,p.263ss.

③ Jedin,1978,p.277.

④ 同上,p.281s。

变一个国家。① 传信部提倡首先改变老百姓,做好对地方牧师的教育工作。据刘松龄的信中证实,传教士们也是这样做的。然而正如我们之前提到,刘松龄在宫廷和贵族阶层花费了许多精力(虽然作为一个牧师,他还是应该主要与老百姓打交道)。当他听到著名宫廷画家郎世宁去世的消息,他十分悲痛地写道:"上帝在三位亲王面前称颂了他的仁慈。如果可能的话,他可以用这种仁慈以及他谦逊、智慧、耐心的美好品质去改变这个宫廷。"②如果1743 年他还能肯定地对里德说,"他(清朝皇帝)虽然不是特别喜欢我们,但也没有特别讨厌"③,并把基督教在中国遇到的麻烦归咎于行政部门,特别是理藩院,那么,1748 年的教难让传教士(特别是那些试图改变皇帝的传教士)有了一个十分清醒的认识:"对于基督教的禁止似乎有缓解的希望,但是依旧不安全。因为镇压圣教的最大凶手正是皇帝自己,虽然他不算坏,但他是一个不公正的统治者。"④在此之前,他描述了教难发起者所受到的惩罚,这是在困难时期里为数不多的一点安慰。对于基督教在中国即将失败的结果,刘松龄已经在葡萄牙使团来中国之前就在一篇评论中强调过了——虽然接待使团这件事对他个人来说很有好处(他被晋升为三品大员),从表面上也对葡萄牙人有利——他写道:"这样他们可以为葡萄牙王室完成荣耀的使命! 没有人期待这次出访会带来什么好处。好处是什么呢? 他们会允许各省的传教士自由传教吗? 这个目的是无论如何都不可能达到的。他们还会让我们留在北京吗? 当然,这个目的是中国宫廷真正想要的,因为他们需要我们。"⑤

刘松龄与上层阶级、其他传教士、京城百姓打交道时,多多少少都受到限制,这些努力都是不成功的。虽然我们不能将此归因于传教士们的热情不足(因为女人是被禁止参与教堂活动的,从刘松龄的记录中我们可以看出,他是如何用尽全力去尝试吸引尽可能多的女性教徒的)⑥,也不能归因于罗马教廷对中国礼仪的荒谬政策,大部分原因是中国人对基督教完全不感兴趣。这一点刘松龄十分明白:"许多人会经常来拜访我们,在这种情况下,我们应他们的要求根据教堂里的挂图给他们讲解我们神圣教会的秘密。一

---

① Jedin,1978,p.256ss.

② Pray,1781,p.LI(a letter from Beijing dated 24/09/1766).

③ *Der Neue Welt-Bott*,1758,p.77(a letter to Josef Ritter from Beijing dated 01/11/1743).

④ Pray,1781,p.XX(a letter from Beijing dated 28/11/1749).

⑤ 同上,p.XXVI(a letter from Beijing dated 28/11/1749)。

⑥ *Der Neue Welt-Bott*,1758,p.76(a letter to Josef Ritter from Beijing dated 01/11/1743).

般很少人反对,但同样也没有什么人相信。"①当然并不是所有的事情都这么糟:"在我们的三个教堂中,平均每个教堂每一年都要为六十名大人和上千名儿童洗礼。"②这些人大多是中国的穷人。正如我们的传教士注意到的:对不朽灵魂的信仰是基督教的核心内容,但是在中国却不能以书面或口头的形式来讨论灵魂。③

刘松龄也在信件中不可避免地提到了中国礼仪问题。这个问题让他很不愉快很恼火,于是他在回答韦查德关于教宗本尼狄克十四世颁布礼仪法令(教皇颁布《自上主圣意》法令,法令禁止了传教士祭祀祖先的行为)的原因时,在信中明显地表达了这种态度。④ 在刘松龄简单地表达了北京耶稣会士对罗马法令的忠心以后,就很快停止了讨论,并用意大利语说了一句:"最起码,一切还不错(quanto meno,tanto meglio)。"⑤另外,他在信件其他部分也暗示了因教会采取的坚定立场而导致他处境艰难。虽然他可以安慰自己安于贫穷,但他在北京的基督教徒们都不愿意再给他们的祖先提供祭品了,很明显是履行了礼仪法令。刘松龄同一年给他弟弟的信中含糊地提到这件事:"我们在北京有一个主教,他是教区主教索智能,我想阁下一定从其他地方听说了他的一些麻烦。"⑥

信中很少内容涉及刘松龄本人在传教过程中是如何履行耶稣会的新传教策略的。而他之所以不写也许是由于他在清廷受到重视(他去世的时候做到了三品大员)。刘松龄还牢记着经验丰富的基督传教士和督察员西蒙(Simonelli)给他和另两名同事的忠告:"对于阁下以及您的一些同事,我对你们的第一个要求就是请全力以赴勤奋地学习汉语以及汉语经典。而且你的目的不仅仅是能说熟练的汉语,同时也能读和写。是的,最初级的目标是能够大致地了解最基本的教义大意。当下没有比这更重要的,而对一个在中国的传教士来说,没有比这更有用了;因为只有这样你才能拥有威信和敬重,否则中国人会认为你是个匹夫,不会听你讲话,或者即便他们听了,也不会相信。"⑦这位明格斯传教士始终牢记前辈的忠告,飞快地学习中文的说、

---

① Pray,1781,p.XVI(a letter from Beijing dated 06/11/1743).

② 同上。

③ 同上,p.XLVI(a letter from Beijing dated 27/10/1765)。

④ Jedin,1978,P.282.

⑤ Pray,1781,p.IV(a letter from Beijing dated 06/11/1743).

⑥ 同上。

⑦ *Der Neue Welt-Bott*,1758,p.77(a letter to Josef Ritter from Beijing dated 01/11/1743).

读、写(正像他以前学习葡萄牙语那样)。1743 年,在他仅仅来中国 4 年以后,他就给里德写信说,他在讲道时可以不用提前准备了,而且可以用传统中文来与中国人讨论基督教义,这样可能会更有利于获得别人的尊重。同时他写道,他已经在一个中文老师(一个基督徒)的指导下轻松地学习了古汉语拼音。[①]

从刘松龄的信中,我们也可以看到传教士在亚洲传教的另一个困难,即传教士夹在葡萄牙(皇家赞助)与罗马传信部(即 Propaganda,从拉丁文 Congregatio de propaganda fide 得来)之间的挣扎。葡萄牙为早期在中国和非洲的传教事业付出了很多(1780 年,456 名来华传教士中从葡萄牙来的就有153 人)[②],葡萄牙传教事业直至很久以后还有极大影响,就中国来说,甚至一直到封建社会结束以后其影响力还存在。葡萄牙传教过程中一直同罗马传信部竞争,后者也试图在亚洲传教事业中获得发言权。[③] 这种争端极大地加剧了耶稣会与其他宗教团体的紧张状况(甚至在耶稣会内部,法国国王路易十六禁止法国耶稣会士与葡萄牙等外国传教士交往),并且为中国的礼仪之争埋下了种子(当时在任何一方都没有团结起来,甚至在耶稣会内部都没有)。这种争端也因教皇使节——法国红衣主教铎罗在中国之死而发展到顶峰(葡萄牙人将铎罗监禁在澳门,1710 年,铎罗死于狱中)。[④] 而铎罗的行为也曾让康熙皇帝十分恼火,因此影响到了康熙对基督教的态度。

那么刘松龄对这种争论是什么态度呢? 至少从信件来看,他尽可能回避这个困难的问题,不发表任何偏激意见,这是可以理解的。因此我们得出的结论也许会存在很大的误导,然而,刘松龄确实是葡萄牙王室资助的传教士之一,并且与葡萄牙王室特别是玛利亚·安娜王后保持了良好的关系。正如之前所说,正是在玛利亚王后的建议下,他才得以陪同巴哲哥使节来到中国。当他给他弟弟写信提及此事的时候,他毫不犹豫地用"神圣的罗马国王"来赞扬王后的儿子国王约瑟夫一世(King Joseph I)(虽然这样的字眼在他的信中很常见)。几年以后,正是这位国王在庞巴尔的唆使下,将耶稣会士从葡萄牙驱逐出去,当然,这件事在中国并不像欧洲的形势那样严峻,然而从那以后,刘松龄的信中就再也没有提到葡萄牙王室了(正是在 1754 年,

---

① Jedin,1978,p.278.

② Koch,1934,s.v.China.

③ Discussed in detail in Jedin,1978,p.256ss.

④ 同上,p.262。

他的支持者,已成为太后的玛利亚去世)。

刘松龄系列图片展(2007)(王慧琴提供)。

　　至于罗马传信部,刘松龄几乎没怎么提及,但是其文字中流露了一些保留态度。他认为在描述两处北京的教堂时,强调这一点非常重要:耶稣会的教堂是在皇帝的直接批准下建立的,而罗马传信部的教堂则不是。他在给他弟弟的一封信中讲道:"在我们的三个教堂上都题着五个鎏金大字'赐建天主堂',意为在(皇帝)命令下为天主建立的圣堂,而另外的两座由传信部建造的却没有题字,而且几乎被隐藏在他们的房子里面。这中间的不同在于,教堂是不是在皇帝的命令下建造的,或者简单地说有没有被皇帝允许。"[1]刘松龄甚至有点瞧不起安德义,此人是罗马传信部成员,1780 年接替索智能成为北京教区主教。[2] 显然,刘松龄以前就认识安德义,那时安德义与郎世宁和其他两个同事一起作画描述乾隆皇帝的军事成就。刘松龄对几位艺术家的工作作了如下评价:"各人的画作自然有很大不同。毫无疑问,最好的是郎世宁神父画的,接下来是艾启蒙神父和王致诚教友,他们的绘画水平不及郎世宁。而那些从罗马来的绘画水平就落后更多,几乎是一个初学者。"当然,我们必须考虑到以上提到的三个人是不是都是耶稣会士,因

---

① 　Pray,1781,p.LⅣ(a letter from Beijing dated 24/09/1766).

② 　Jedin,1978,p.278.

此,在此很难说教会内部的斗争是不是也在悄悄地进行。

确实,关于刘松龄在他信中如何描述在华传教的境况和困难,还有许多值得研究的地方,但是我相信我已经研究了那些最有趣的话题。

刘松龄眼中的中国人

刘松龄用大量有意义的信息来回答一些关于中国和中国人的问题,尤其是回答他弟弟的问题。其中一些摘录几乎可以延伸为小篇幅的学术论文,比如关于着装和中国的信仰(正是这封信把刘松龄和其他汉学家先驱区别了开来)。在这里我希望能够把我的侧重点放在一些实例上。

全部读完刘松龄的信之后会发现,他在来华初期十分反对中国人,而到去世的时候,他对中国人的态度逐渐发生了重大变化,开始赞赏中国人,甚至将中国人作为欧洲人的榜样。

这在刚开始的时候确实令人难以置信,他所描述的中国人实在难以理喻。连同鞑靼人(即在清朝政府统治下的满洲人),他把他们描绘成怀疑论和阴谋论者[原因是一位出访中国的俄罗斯大使因为过分谦虚而拒绝接受中国皇帝送给伊丽莎白皇后(Empress Elisabeth)的礼物]。[1] 在同一年,他给里德的信中详细地描述了这种在官僚组织中十分普遍的可怜心态。这段内容值得全部摘录:"在这个帝国中有数不清的行政区、城市、乡镇和村子,那些官员对待我们的态度是喜欢和讨厌二者皆有,这取决于他们对我们传道、风俗和称呼的了解正确与否。然而一般来说,那些现在希望我们好的人,会很容易被拉拢到反对我们的阵营中,这也是事实,特别是当他们相信这样能够在他们极力讨好的那些高级官员那里获得更多青睐的时候,而结果是他们可能真的被晋升了。"[2]他依旧由于天主教徒的人心惶惶而对理藩院怀恨在心,至少当时是这样的。因此放在第一位的好消息即是皇帝驳回了理藩院驱逐基督教徒的要求。他简洁地评论道:"中国人和鞑靼人都很狡猾,为了不被他们捉弄,最好不要相信他们所说的话。"[3]

教难发生后的第二年,即 1749 年,他对中国人的怨恨达到了顶峰,几乎在每封信中都会提到教难。这些信对当时的可怕情况进行了描述。可能不无他自己的经历,他写道:如同中国人似乎莫名讨厌所有外国人,鞑靼人也

---

① Pray,1781,p.II(a letter from Beijing dated 06/10/1743).

② *Der Neue Welt-Bott*,1758,p.77(a letter to Josef Ritter from Beijing dated 01/11/1743).

③ 同上。

不可能把他们的统治建立在爱的基础上(像汉人对待他们那样)。他接着写到中国人是一个极其没有骨气的民族,甚至还对一些事件表现出幸灾乐祸的情绪,比如支持发动教难的三个人受到了惩罚、当时清朝皇后在东巡时去世、唯一的太子又恰逢新年去世等等。对比其平时的态度,刘松龄的恼怒在他令人吃惊的"造反"的情绪中表达了出来,表现为他思考中国政局变化的可能性,支持四川地区造反。在给倪天爵的信中,他提到了造反的结果:乾隆皇帝获得了名义上的胜利。他写道:"冲突被调解了,和平也恢复了,这对造反的人来说是获取了荣誉,也有利可图,而对皇帝则少了一些尊重、损失了一些利益。虽然他十分希望在这次反叛中能够成为一个胜利者,被他的子民所赞扬,可他现在被整个国家鄙视为胆小和优柔寡断的皇帝。"①对比这段摘录和以后他说的话,是非常有趣的。

虽然刘松龄在早期信件中赞扬过一些人(当他还在果阿时就称赞乾隆皇帝;1741年在写给韦查德的信中,就荷兰人在印度尼西亚屠杀华人事件赞扬过福建布政使)②,但1750年以后,他在笔记中的话体现出他的态度有了决定性转变,这一年葡萄牙为改变基督教在华地位派使者来华,也是这一年葡萄牙宫廷拒绝继续给基督教徒提供资助。

然而,刘松龄在信中描述1753到1758年乾隆皇帝攻打准噶尔取得胜利时,体现了基督教徒态度的转变,他不仅在三封给韦查德的信件中都描述了这件事,而且信里完全找不到他十年前的怨恨痕迹了③,这个明格斯人几乎把中国统治的胜利当成了他自己的胜利。

刘松龄的最后一封信值得我们特别注意。在这封信中,他对中国人的认识与1740年的猛烈抨击态度截然相反。在这封信中,他提倡了中国皇帝统治下的专制主义,并且把中国皇帝作为欧洲统治者的典范。在描述中欧区别时,他写道:"中国的统治十分平静有序,而且这种状态至少到目前已经持续好多年了。欧洲人热爱战争,而中国人热爱和平。所以我能不能这样说,是不是欧洲王国是建立在战争上,而中国的王国是建立在和平之上并且自发成长的?"接下来,他非常明显地在用事实支持专制主义:"出现这种情况最基本的原因,是不是因为中国都臣服于一个皇帝,而欧洲有很多的统治

---

① *Der Neue Welt-Bott*,1758,p.127(a letter to Nicolas Giampriamo from Beijing dated 28/11/1749).

② 同上,p.40(a letter to brother Weichard from Beijing dated 10/10/1741).

③ See Pray,1781,p.XXXVII-XLVI(letters from Beijing dated 29/10/1761,12/09/1764 and 27/10/1765).

者？很确定的是,当中国皇帝最弱的时候,诸侯纷争。有人问哲学家孟子,什么时间和平可以重新建立起来？孟子答道,当天下统一的时候和平就可以重新建立了(原文:孟子见梁惠王:"卒然问曰:'天下恶乎定？'吾对曰:'定于一。'"——译者注)。① 刘松龄之前对乾隆皇帝充满敌意,而在他晚年时,他说:"如果要我称赞或者仅仅描述一下乾隆帝的处理政务的坚定、警觉和智慧,不论在国内还是国外,不论是在打猎还是巡察,恐怕我都会滔滔不绝。"他同时在中国人的性格特征中找到了这件事的原因(在过去他是十分不赞赏的):"他统治的成功和有序要归因于他的子民们对服从的渴望。中国人知道如何命令,如何服从。"②

对刘松龄信件中重要部分的介绍还没有结束(虽然其潜力已十分巨大),因为我们还没有触及到刘松龄对中国人信仰的评论。他在 1757 年给他弟弟的信中详细提及③,在信中,他首先陈述了中国最主要的教学内容和宫廷中的正统学说(儒家学说),他对儒家学说的定义很值得摘录:"这样来说,此信仰相当于对天或者对最高统治者的崇拜。"④与其他传教士一样,刘松龄对儒家思想的态度也是十分积极的,他认为儒家思想是基督教的一个初级阶段,即基督教的前身。他在信中细致地描述如下:"很难说,在他们的一些所谓的经典书籍中,描绘了一个和我们不一样的上帝,他们的上帝跟我们的天堂或者最高的统治者不在一个平行的空间里。类似的,在书中也没有找到属于天而不属于上帝的东西。"⑤对于刘松龄来讲,儒家思想和基督教义围绕"灵魂不灭"产生争论,尤其是在祖先崇拜问题上的分歧尤为突出。该不该有祖先崇拜是礼仪问题的决定性因素,而且中国人不能原谅基督徒的不知情。或者,按照刘松龄所说的:"我们的神圣信仰受到他们谴责的原因是他们认为我们不敬重我们死去的父母和祖先,甚至把先人完全遗忘到了脑后。这听起来是很严重很刺耳。"⑥

让基督教徒糊涂的中国信仰的另一个特点是宗教融合。虽然儒家思想强调一神论概念,但是中国人还是崇拜各种各样的神明。刘松龄在信中提到了几次,特别是 1749 年给他弟弟描述中国皇后去世(这件事被认为是对

---

① See Pray,1781,p.LIV(a letter from Beijing dated 24/09/1766).

② 同上,p.LV。

③ 同上,p.XXXIV–XXXVI(a letter from Beijing dated 06/10/1757)。

④ 同上,p.XXXIV。

⑤ 同上。

⑥ 同上,p.XI(a letter from Beijing dated 06/10/1743)。

皇帝发动教难的惩罚）的愤愤不平的信中深入地分析了这种"神明崇拜"。他对乾隆皇帝给出了如下评价："一年以后,他和他的皇后以及母亲去山东,表面上是去拜访孔子的故居,实则是去朝拜那里的一位著名的圣人,他更感兴趣的仅仅是一个圣人,而不是孔夫子本身。"[1]欧洲基督教徒很难理解为什么中国会同时存在儒家学说、道教和佛教。因为相较而言,刘松龄更倾向于儒家学说,因此他会把基督教和儒家学说相提并论。

我们只是简单地浏览了一下刘松龄信中的内容。只有尽可能多地阅读了他的信件原件,我们才能够对刘松龄以及他对宗教信仰、欧洲人、中国人真实的态度有一个客观的了解。除此之外,任何推测都只是糟糕的推断。

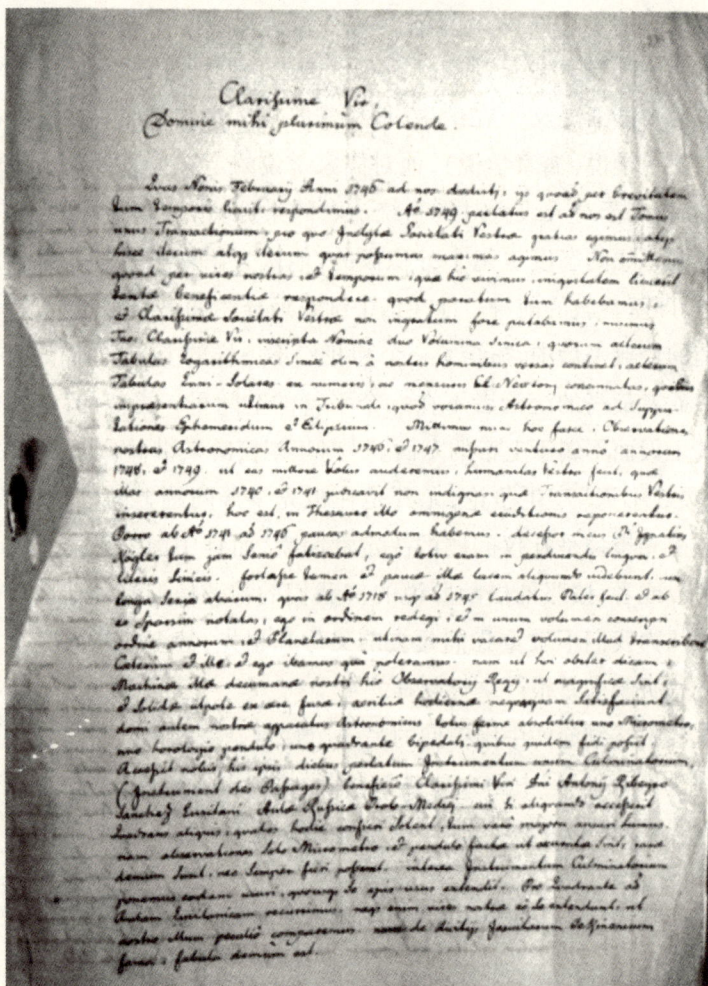

---

[1]　See Pray, 1781, p.XXI(a letter from Beijing dated 28/11/1749).

香
獐
子

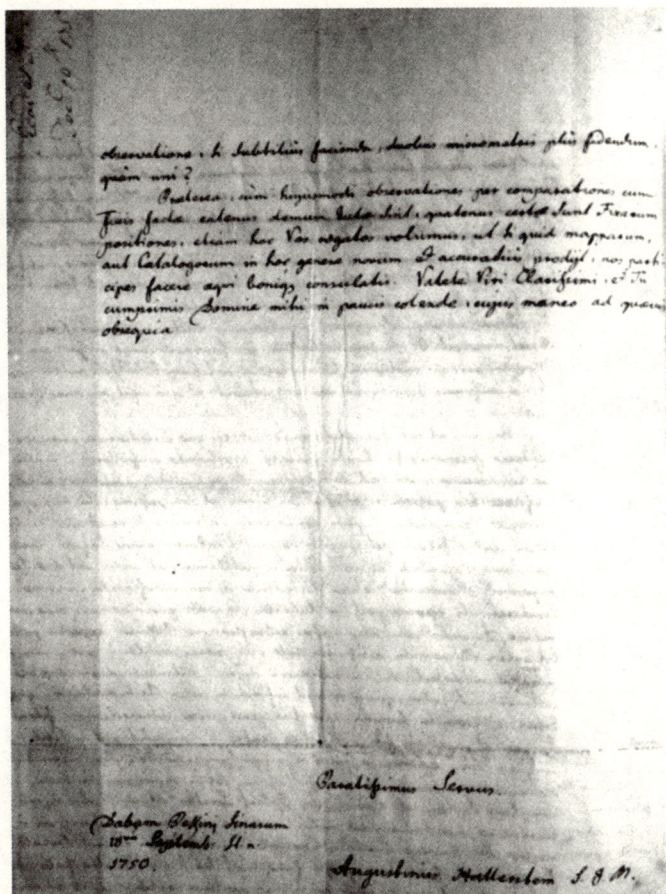

　　现存唯一一封刘松龄书信原件,1750 年 9 月 18 日由北京寄往伦敦,附有一些天文观测以及一幅香獐子(Asian musk deer)的画像(照片提供:斯洛文尼亚明格斯档案馆,P.Škrlep)。

刘松龄的信件

信件编号:584

文献来源:

《新世界报告》,第四本,第三十部分,弗兰兹·凯勒编辑,维也纳,1755,信件编号:584,71—73 页。

第一封信。来自奥地利耶稣会的刘松龄神父给尊敬的奥地利教区主教莫林德的信。写于里斯本。1735 年 12 月 7 日。

尊敬的主教:

主内平安!

衷心希望阁下在收到这封信时身体健康,我会每日祈求上帝为您祈祷。正如我之前许诺的那样,这封信的目的是向您报告一下我从果阿到葡萄牙的旅行情况以及我的近况。

我们在果阿休息了 19 天,其间,受到了尊敬的塔毕尼神父的盛情接待,我们初次从果阿登岸他就一直像父亲一样照料我们。10 月 30 日下午 3 时,我们继续出发,塔毕尼神父为我们备齐了所有必需品。

11 月 16 日,我们第一次看到了里斯本。然而,天气恶劣,发生了一场小风暴,我们的船又是逆风而行,因此没能进入海港,也打消了我们上岸吃晚饭的念头。4 天以后,我们终于可以进入海港,但又因一个向导染上水痘,当地的医务委员会不允许我们上岸,我们不得不在船上多停留一天半的时间。如果不是这些令人不快的小状况,我们在 13 天内就可以结束造访行程了。

在航行中,经常被晕船困扰的南怀仁(G.L.)神父已经好了很多,但是我却一直走到塔霍河(Tagus)还觉得恶心反胃,特别是船长告诉我海水会给我的身体造成非常大的不便以后,我觉得我都难以支撑到里斯本,更别提能到中国了。然而仁慈的上帝并没有让这些疾病置我于死地,他似乎在挑选圣徒,看谁能进行更加困难的旅行,而我已经通过了他的考验。

在这点上,我想到了哲罗姆(Jerome)的至理名言。1734 年 5 月 10 日,我在旧约书中读到了这位经过多次磨炼有丰富阅历的隐忍者的话:只有经过艰难困苦、斗争和悲痛,我们才能找到通向荣耀的道路,同不幸、困难与压力作斗争,才能使胜利的花环更加稳固。我们必须要直面困难,因为它们是海洋危险的一部分。

在这种沮丧的情况下我收到了您 5 月 10 日的信件,您的信为我们在中国的传教工作打下了基础。为此,我把先哲说过的话、对这段话的评论以及您的信放在一起,就清晰地认识到:上帝想通过这些提醒我,希望我精力充沛地做好承受磨难的准备。感谢上帝!"我欲不以性命为念,也不看为富贵,只要行完我的路程,成就我从主耶稣所领受的执事,证明神恩惠的福音。"(《圣经使徒行传二十》)

请允许我回到刚才的话题。在我们到达的前一天,我知会了当地的教会执政长官。11 月 19 日,他派两名教友来接应我们,带领我们去圣安东尼学院,把行李也送了过去。我们受到了许多人的接见,有宫廷的神父,有大学教授,还有学生,包括教会学校的青年人以及我们的教友。按照别人给我描述的葡萄牙人粗暴无礼的样子,现在他们如此和蔼谦恭,是我之前没有预料到的。当然,我在葡萄牙和意大利不太可能遇到奥地利人,但我印象中葡萄牙人中也没有谁对我心存恶意。可是如果我不是直到现在还享受着这些葡萄牙人的和蔼和礼貌,我可能不会相信他们谦恭有礼的第一印象。正如巴德(Balde)在他的《基督教真理》中写道:"远处的谣言都是十分愚蠢的,或者甚至完全是诽谤。"

在我们到达几天以后,出了一点小状况。我和南怀仁(G.L.)神父可能不能去中国而要到别处去了,原因如下:耶稣会那不勒斯人卡本神父和多明我·卡帕斯(Dominico Capassi)神父去巴西时途经里斯本,虽然我不知道他们是为了传教还是为了测绘地图。卡本神父天生细致诚挚的秉性和谦虚的品质令葡萄牙国王十分感动,他把多明我·卡帕斯神父与一位葡萄牙人索阿(Soares)神父送去巴西进行测量工作,而把卡本神父留在里斯本作皇家天文学家,经常召他去商讨一些最机密的问题。

这位牧师(指卡本——译者注)来到我们的房间,十分亲切地欢迎我们,并且谈到在雍正皇帝统治时期去中国很困难。他确信我们已经做好了准备,哪里需要我们就去哪里,之后就离开了。南怀仁(G.L.)神父对我说:"神父,如果我们被送到巴西,去帮助那些卡帕斯神父已经教化过的教徒,那该怎么办呢?对于我来说,我是希望去中国的。"我慢慢回答:"时间会证明一切。"

堪普斯神父,这里学院的一位数学教师,简洁地打断了我。他从卡本神父那里听闻,莫卧儿王朝的一些统治者给果阿总督送了一封信,希望寻找一名从欧洲派去的传教士,不仅仅要精通数学,对天文学也要很擅长,因为天文学是莫卧儿王朝的数学家研习了很长时间还未精通的学问。统治者会允许这个传教士建房子和教堂,给予他传教的权利,并且让自己的国民转而信仰基督教。果阿总督告知了卡本此事,并说,如果卡本神父没有得到这个任务,他准备给最尊敬的主教大人写信。卡本神父给罗马写了一封信,内容如下:"为了上帝的荣耀和灵魂的救赎,如果您从去中国的传教士中挑选一两名为这里的统治者服务,会是一个更好的选择,因为在中国精神受益的希望十分渺茫。"当时卡本神父正在等待罗马的答复。到这儿,堪普斯神父结束了他的故事。

为了了解传教事业的发展现状,我带着这个光荣的使命拜访了卡本神父,还没等我说到中国,他就开始打断我的话,并且重复了堪普斯神父告诉我的事情,他给我看了统治者的信,因为信是用阿拉伯文、波斯文、叙利亚文写成的,我读不懂。对于我是否乐意去那里投身传教事业的问题,我答道:"我将要去尊敬的主教大人认为合适的地方,或是上帝需要我去的地方,或是异教徒需要救赎的地方。"他回答:"非常好。我们现在只须等待罗马的回复了。"我回答:"如果命运正在等待着我,我会恳求您给我至少一年时间,在这段时间中,我可以充实我的天文知识,这样也可以更好地满足他们统治者的期望。"教父总结道,"那的确很重要",之后就离开了。

在另一地点,他提供给我他所有的数学书籍与工具,同时还有他观测天空的所有经验技巧,他把这些传授给我和我的同事们。这门学问在葡萄牙很受尊重,他们也十分努力地从事这个工作。在哥伦比亚的大学里,一些耶稣会的成员,所谓的"命中注定者"(Destinates),把他们的精力全部投入于此,他们都是被堪普斯神父带领到这个领域的,而堪普斯神父也正在家埋头于这门科学。

这里有一位来自西西里省(Sicilia)在马都拉工作14年的传教士。

我从他那里了解到,在果阿的马都拉、迈索尔(Maisur)和卡纳塔(Karnata)共有 15 万名基督徒会参加圣餐礼和告解礼,因为在那个基督的葡萄园里没有其他教会的信徒,只有 28 位耶稣会传教士为他们服务。传教士的食物只有米饭和水,如果他们不想惹怒那些皈依者与异教徒的话,他们必须无条件服从这个生活习惯。一年内,他们至少为 3000 名成人做了洗礼,小孩的数量更多。"要收的庄稼多,做工的人少"(马太福音 9,37)。

我们依旧不知道何时能从这里离开,有些人希望我们一直待到 4 月份。我利用部分时间观测天文现象,这是卡本神父一直提醒我的,其余时间则学习葡萄牙语,我们的督察神父雷登(Leitam)支持我这么做。

不久之前,我十分荣幸地见到了我们在印度的试用教堂,我必须承认,这里的圣器收藏室、餐厅,甚至教堂本身,比我之前在任何教堂或者大学中见到的都要干净和舒服。

在我们的图书馆中,有一本《亚洲的葡萄牙人》(Asia Portuguesa),书中包含了在东方建造的葡萄牙堡垒的装饰画,这本书现在在我手里。我会努力临摹,并把它们带到维也纳去,尊敬的桑那(Thulner)神父装饰数学房间时会用得着。

我们最仁慈的王后也十分友好。虽然葡萄牙神父像父亲一样把我们照顾得十分舒适,让我们在葡萄牙感觉像是依旧待在深爱的奥地利一样。然而,在我虔诚的信仰里,我绝对不会忘记奥地利,还有教区最受人尊敬的主教。虔诚地请您为我祈祷。里斯本,1735 年 12 月 7 日。

给尊敬的教区主教。谦卑的儿子和仆人,耶稣会士,刘松龄敬上。

信件编号:585

文献来源:

《新世界报告》,第四本,第三十部分,弗兰兹·凯勒编辑,维也纳,1755,信件编号:585,74—76 页。

第二封信。来自奥地利耶稣会刘松龄神父写给他的弟弟韦查德神父的信。当时韦查德担任澳大利亚维也纳学院的伦理学教授。写于里斯本。1736 年 4 月 24 日。

韦查德神父,主内平安!

因为我们将要在 14 天内上船开始我们的旅行,更重要的任务包括了 8 天的"依纳爵神操"(the Spiritual Exercises of Saint Ignatius)——没有这个,我不会去进行如此长的冒险旅行。这个任务使我不得不推迟许诺的到达时间,直到果阿和澳门在新闻上公布了出来。为了减轻我这个假想的罪责,我会简单地描述一下我们的情况,等有了合适的时间再详细书写。

属于耶稣会的葡萄牙教省领域,除了王国范围以内的领域,还包括亚述尔群岛(Azores Islands)上的三所大学:一所在特塞拉岛(Terceira)上,该岛是主要的岛屿,第二所在法亚尔岛(Faial)上,第三所在圣米格尔岛(Sao Miguel)上。另外在亚述尔岛和加纳利岛(Canary)中间的马德拉岛(Madeira)上也有另一所大学,最后,还有一所在安哥拉的罗安达(Luanda in Angola)称作圣保罗岛(Sao Paulo)的地方。几年以前,巴西教省想得到此地,如果不是条件限制,葡萄牙人可能已经将圣保罗岛让给巴西教省了,因为葡萄牙人去那里会有危险。下文会说明这些事情。

三年以前,尊敬的教省主教(指葡萄牙教省主教——译者注)按照惯例,送四名牧师和一名长官去那里。他们登上了一艘英国船只,但是遭到绑架。一些英国旅行者也一道被俘,在梅克内斯被海盗们驱使成为奴隶。

那些英国人每人交付 700 基尔德的赎金,就直接被他们本国人赎走了,而我们耶稣会的葡萄牙人却被推迟了三年。摩洛哥国王,即梅克内斯和菲斯(Fes)的国王,要求他们每人交赎金 25000 克鲁扎多[1 个克鲁扎多等于 1 基尔德加上 24 个十字币(十字币是旧时德国和奥地利的货币单位——译者注)]、10 件英国长袍与大量欧洲珍宝。如果没有葡萄牙皇室的慷慨,交付了摩洛哥专制统治者释放人质要求的所有财物,这些不幸的人可能现在还生活在野蛮人的枷锁下。

在我们离开前不久,他们到达了里斯本。在梅克内斯做奴隶时,当地基督徒给予他们安慰和帮助,没有任何语言能够表达他们对当地基督徒的感激。他们(在梅克内斯时)恳求牧师们能够主持每天的弥撒,慎重地安排葡萄牙大学的同事们,并时不时给他们送来一些必需品,这样就不会导致物品短缺。最后,那些白白等待了两年赎金的异族人改变了很多,不像以前那么残酷,虽然对待我们的俘虏还是相当粗鲁,但是不再野蛮了。

他们还讲了野蛮人让他们做所有的粗重活,比如,他们要推倒旧墙、搬砖、拌砂浆等,他们要很早起床,在太阳没升起之前就开始做弥撒,弥撒以后开始做工,重复的劳动要一直持续到太阳下山,中间只有半小时的休息时间。

我问他们中有人是不是被鞭打,被强迫工作。"太常见了,"一个人回答,"而且因为我体力虚弱,不能习惯这样的工作,我的背会频繁地像爆炸一样疼。"我又问他们是不是见过摩洛哥的国王,他说他们每天都见,国王每天骑着马,背着长矛,去视察他们的工作,督促他们做事。

我已经花费了太长的时间讲述这些悲伤的故事,因为时间有限,我必须打断一下。今天下午3点,我们将要登船,上帝保佑,明天上午会与20多艘船一同起航,其中包括5艘军用船,剩下的全是商船。

我们的船称作圣佩德罗·阿尔坎塔拉号(Sao Pedro de Alcantara)。在他强有力的保护之下,我们期待一次快速而安全的旅行。

在我们离开葡萄牙之前,我一定不能忘记感谢葡萄牙神父,他们用所能想象到的友好来接待我们,在我们逗留期间慷慨地支持我们,并且一如既往地用友好的态度送我们离开。

王后陛下,我们最优雅的女士,除了施与我们这些旅人关怀以外,她还下令送给我们200克鲁扎多的盘缠。同时,她还送给北京圣若瑟教堂一架纯银做的手风琴(除四条腿外),在手风琴顶部的一个精致的盒子中有一块钟表,王后用这件乐器熟练地弹奏了一段欢快的乐曲。她给尊敬的费隐神父的礼物是一封拉丁文的亲笔信,另一封是为马拉巴尔(Malabar)的雅各布·豪森格尔(Jakob Hausegger)神父准备的。

尊敬的王后跟我提到了由牧师约瑟夫·斯多哥(Josef Stöcklein)编辑的耶稣教刊物《新世界报告》。我一到,她就亲切地要求阅读刊物,读完以后又把书送回来。在书里,我找到了绿色丝绸做的书签,尊敬的王后用书签标记她阅读到的地方。我把这件事告诉了王后的告解神父维英格(Weizinger),告诉他我将要把这枚书签永久保存,用来系挂我的怀表。维英格神父一定是将这件事情告诉了王后的侍女,侍女又告诉了王后。这位仁慈的公主(依旧指葡萄牙王后玛利亚·安娜,她是奥地利的公主——译者注)十分意外地直接送了一些用金线和银线编织的丝绸书签给我,让我们拿来用。

我与国王陛下的六次交谈都十分愉快,有几次他亲切地问我觉得葡萄牙食物怎么样,我回答,非常美味。实事求是讲,我不能回答别的。其实,食物没有我们在德国吃得那么好,但是比意大利好多了。而且我不知道我能向厨房要什么其他食物。在最后一次谈话中,国王陛下温和地嘱咐我以后要坚持时常给他写信,汇报我的境况以及在中国的其他进展,特别是关乎信仰的内容。

几周前,5艘英国战舰从里斯本起航,8天前,一队英国舰队出发。当它们在巴兰海港(Barra,葡萄牙人这样称呼它)停泊时,有3艘船沉没了。人们从其中的一艘船中救下6名水手,另两艘不幸全部沉没。

我听到了一些流言(来源不明),说尊敬的查尔斯六世殿下已经去世。上帝保佑,这一定是谣言!

航行过程中,又陆续发生了许多事情。一些人认为我们不去果阿了,而要去巴伊亚州(Bahia)或者巴西海湾,又认为我们明年才能到达果阿。另一些人预测这会是一次迅速而愉快的旅行,他们的愿望实现了,至少我认为这是一次愉快的旅行,因为我离我的目标又近了一步。

希望阁下能够原谅我这封信的杂乱。因为一个人在慌里慌张的时候就会发生这种情况。我请您在圣礼时永远记得为我祈祷。上帝既然选择了我,那就让上帝把我塑造成为一个在异教徒中宣传他的荣耀的工具。里斯本,1736年4月24日。

耶稣会传教士,您的仆人和兄弟,刘松龄。

信件编号:586

文献来源:

《新世界报告》,第四本,第三十部分,弗兰兹·凯勒编辑,维也纳,1755,信件编号:586,76—78页。

第三封信。来自奥地利耶稣会尊敬的刘松龄神父给他的弟弟韦查德神父的信。韦查德当时与刘松龄属耶稣会同一教省,是法国洛林卡尔王子的告解神父,尼德兰教省的长官。写于果阿。1738年1月13日。

主内平安!

上帝保佑,如果我把从欧洲到印度再到果阿的旅行中遇到的幸运或不幸的事情都陈述给你听,那就太冗长了。如果上帝能够让我到达旅行的终点,如果我能赢取更多时间,我会把我和我的同伴们在从里斯本到中国的旅途中所发生的事情都尽可能详细地汇报。

然而我会告诉你，我们于 1736 年 4 月 25 日离开里斯本，在 6 月 24 日绕过好望角，然后在 9 月 16 日靠岸抛锚在索法拉。经过了六周艰辛的旅行，我们在 10 月 29 日到达了莫桑比克海港，其实如果风向顺利，我们只需要十五天。在那里，我们被迫无所事事地停留了九个月，因为当时的海水和风向都不允许我们 8 月之前起航。1736 年 8 月 16 日，我们愉快地开始了旅行，并在 9 月 18 日踏上了果阿干旱的土地。阁下知道我多么期盼来到印度，所以您很容易理解对我来说，那些长长的旅行和无用的延迟是多么让人难以忍受。接下来，我必须用上帝英明的远见来安慰自己：因为上帝乐意这样做，所以事情就发生了。赞颂圣主之名！

我到达果阿的时候他们转达了三封信给我，都是你在 1736 年写给我的，对于这几封信，我表达一下我的看法。你说能在这里找到叫"arikviriz"的石头，这里的每个人都不知道，如果你不是指那种珍贵的牛黄的话，我们就都不知道是什么东西了。如果我能够找到新的关于它的信息或者能够找到它，我一定非常高兴地把它提供给你。

作为你告诉我欧洲新闻的回报，我会告诉你一些印度新闻。我会简要地告诉你一些我在这里听到的新消息以及我在别人给我的信件中读到的信息。

他们说在这个伟大的莫卧儿帝国以及其混乱的统治下，发生了许多暴力事件。一些他们称为"rajas"的异教徒十分强大，据说正在密谋反对这里的穆斯林领袖。那些穆斯林们骄奢淫逸，不务政事，异教徒们准备推翻他们。这件事很容易成功，因为莫卧儿王国曾经求助的波斯国王现在不知为何对莫卧儿国王十分生气，原因可能是莫卧儿国王要求从波斯要回之前属于他们的土地坎大哈（Kandahar）。据说，波斯国王甚至命令他的军队进发莫卧儿王朝首都阿格拉（Agra）城下，这样他离他强大的军队只有三天的路程了。

谣言开始传播，一个被称为"Suraj"的马六甲异教徒统治者将一个叫萨尔赛德（Salcette）的小岛从葡萄牙分裂了出来，这个小岛是一个离果阿七十德里，和萨尔赛德半岛重名的地方。一同分裂的还有建在那里的五个堡垒中的四个。据说，小岛上的武器再次对准了勃生（Bassein，缅甸南部的一个港口）。他们从大陆的一边（他们在海上没有任何力量)已经秘密地包围了萨尔赛德岛,并且用带去的大量云梯继续攻击。堡垒的长官,勇敢的金·卡丁(Jean Cardin),英勇地回击了他们的攻击。果阿的总督没过多久就给堡垒提供了人员以及教会募集的财力支持。然而,据说敌人已经攻下了在塔那(Thana)的堡垒,并且给周边地区的百姓带来了极大破坏,特别是需要从萨尔赛德和勃生获得重要必需品的几个地区,强烈地感觉到了这种破坏,如我们的果阿教省、马拉巴尔、中国以及日本等。另外还有几处比较大的防御措施,有被葡萄牙人命名的维索拉堡垒(Fort Versova),英国人在孟买建造的堡垒,还有隶属于果阿教省、班多拉(Bandora)本地士兵和总督指挥官的军队建造的教堂和官殿(这些建筑被壕沟或者城墙围绕)等。我们不仅希望敌人不要再继续攻击,也希望他们可以尽快投降。

我读了孟定士神父在 10 月 14 日于澳门用葡萄牙语写的信,感到十分高兴,内容如下:一些鞑靼统治者想用威胁甚至武力手段强迫在他们统治下的山西省军队中的天主教徒放弃信仰,我们北京的神父给皇帝上书,恳求皇帝保护。皇帝同意了,但是警告说,他们只能在上午自由地传教,而下午不被允许。因为当时皇帝本人已掌握皇权,可以经常为传教士与天主教信仰提供保护。

在接下来的信中,孟定士引用了德玛诺教父的信件,提及皇帝与其他高层官员强烈地斥责了之前教难支持者所做的错事,因为前朝皇帝颁布的传教禁令已经取消,但在各地并没有公开。康熙时期的传教士可以没有任何妨碍地自由从事传教工作。德玛诺教父,在山西省从 1736 年 11 月到 1737 年 8 月为 1234 名中国人洗礼,直到他 78 岁还一直满怀热忱地处理事务,听了 7641 次告解,并且把圣餐分给了其中的 5871 人。在 Cum-hi① 岛上,他用圣水为 411 人洗礼,解除了 1773 名忏悔者的罪过。在剩下的时间里,他全心投入到浙江省的传教工作中。

据说,当苏霖(Jose Suarez)教父去世时,皇帝恩赐了 200 两白银筹备其葬礼,另一位慷慨的总督则捐赠了 50 两。位高权重的大臣和官员们十分乐意公开拜访我们在北京的教堂和住所。因为他们在我们那里所见识到的,会为他们带来特殊的敬意。

---

① 刘松龄对这个地点的描述用的是当时罗马化的汉语拼音。由于有歧义,这个地点在哪里现在不确定。文中保留了刘松龄信件的原文。

即使我十分自以为是,认为我谦逊的工作在这个中华帝国中有多么重要,我也无法用语言表达当听到这些消息后多么欣慰。我坚信,得到这些高层官员的欣赏和关照,我的救赎异教徒的努力就一定能如愿以偿。这个希望能给教徒以最大的满足感。

(教会)马上要实施一项"欧洲精神条款"(European Spiritual Items)来提高我们耶稣会士的津贴。我认为,这样的神圣礼物十分美妙,就如贝希特斯加登(Berchtesgaden)象牙的工艺、威尼斯玻璃的底坯、斯太尔的木雕以及奥格斯堡的黄铜铸件一样。我希望,尊敬的巴伦·安格秀芬(Baron Engelshoffen)的一部分施舍能够用在这些不寻常和令人愉快的事上,我会由衷感谢这位蒂米什瓦拉巴纳特(Timisoara Banat)地区长官的非同寻常的善举。希望阁下能够确定将来会有一些欧洲产品运抵我们这里。

在我做总结之前,阁下,我必须怀着崇敬的心情告诉你:我们勇敢的英雄,卡尔神父的兄弟、葡萄牙王后的告解神父巴伦·伽伦弗在这里赢得了天主教异教徒以及伊斯兰教徒的支持。这是我们祖国的荣耀,让人十分欣慰。他在岛上的城堡和第乌城从事了三年的行政工作以后,一周前到达果阿,贵族和公众都对他这种高尚的服务做出很高评价。当我第一次在莫桑比克准备过冬的时候,那里来了一位从岛上来的异教徒商人,我询问他关于"Dom Francisco Alema"(他们在这里这样叫巴伦)的身体情况,他告诉我许多别人称赞他的溢美之词,商人评价他为:"Em fim,he homem,que faz justica à todos."(用一句话说:"他是一个对任何人都乐于奉献的人。")在果阿,我和这里一位声望很高的人交谈时提到巴伦,他这样赞扬他:"我们葡萄牙人有多么尊重巴伦,阁下可以通过以下事实得知,虽然他是一个外国人,我们还是把第乌城委托给他,第乌城作为印度的钥匙以及此地最早、最重要的堡垒,被托付给一个外国人是前所未有的。"

我急切地期待着我在果阿的最后快乐时光。除此之外,一位来自意大利费拉拉(Ferrara)的神父,尊敬的教区长拉尼·堪诺修提(Rector Raneiro Cognosciuti),在克劳岛(Chroao)上为我们提供了教堂里的所有必需品,感谢上帝,这也是我为什么能与在奥地利一样有如此好的身体。然而,我并没有真正满足,因为只有在那些异教徒中找到哪一个是上帝选择由我来改造的——这才是我真正的愿望。我的愿望可能马上就要实现了,最高的统治者慷慨地赞扬了我从事这项伟大的工作时必备的仁慈美德。希望您祈祷时永远不要忘了为我祈祷。我谦卑地把自己托付给您。写于果阿,给尊敬的阁下。1738 年 1 月 13 日。

仆人和教友,耶稣会传教士刘松龄。

信件编号:587

文献来源:

《新世界报告》,第四本,第三十部分,弗兰兹·凯勒编辑,维也纳,1755,信件编号:587,79—93 页。

来自奥地利耶稣会刘松龄神父给他的弟弟韦查德神父的信。韦查德当时与刘松龄属耶稣会同一教省,是法国洛林卡尔王子的告解神父,尼德兰教省的长官。写于北京,中国。1739 年 11 月 4 日。

主内平安!

借助上帝的帮助,我终于到达了漫长旅行的终点。今年 6 月 13 日,也是葡萄牙的奇迹创造者、帕多瓦的圣安东尼的圣徒纪念日,我抵达了中国的都城北京。从 1736 年 4 月 25 日从里斯本起程开始的这次旅行是十分乏味的。

十分高兴的是,我收到了阁下给我寄来的四封信。我只回了两封,一封于 1738 年在果阿写就,另一封同年年底在澳门完成,不知你是否收到,所以我想简单地对它们作以总结,只是高度概括,不叙述细节,仅仅重复我在长途旅行中发生的事。

12 艘葡萄牙船只与我们一同起航,他们从里斯本去巴西,可以陪同我们一道到马迪拉(Madeira)。因为他们打算在几个月内就返回欧洲,所以我们委托他们捎寄了几封信件。他们直行,我们则调转船头向南,在上帝和守护神的陪伴下,一路安全地到达了好望角。然而这时,天气和海浪开始往糟糕的方向发展,所以,在同一年到达果阿的希望一天一天渺茫起来,在希望全部消失之前,一股神秘的海水力量把我们推到了莫桑比克的索法拉港,看来我们要在那里过冬了。10 月 29 日,经过多次冒险的尝试,我们在那里抛锚。

在那里,教区长神父在我们耶稣会的学院里接待了我们,学院虽然不大,但是很舒适。在路途中,我经常思考耶稣向为了他与他的福音愿意背井离乡的信徒们许诺的回报,在那些教堂中可以找到亚洲的神父和教友,即是恩赐的一部分。特别是在这片土地上,当令人筋疲力尽的考验结束以后,耶稣的许诺在我最需要安慰的时候充满了我的身体。慷慨仁慈的造物主永远至高无上!

还没等我们进入房间,尊敬的教区长神父便委托我照看我们带来的6名葡萄牙实习生,他也给苏必利尔(Superior)神父说了这件事情,但是苏必利尔神父在旅途中生病了,这就意味着必须有人去承担他的工作,当看到这对我温习传教讲义是一个莫大的机会时,我愉快地接受了这个任务。另外,教区长神父认为,我可以用葡萄牙语很好地传教。我在大斋(Lent)期间成功地进行了三次布道,每次布道后都会有明显的改变。虽然有一些人认为我在第二次传道时说话太尖锐,但是长官却在我并没有比第二次缓和多少的第三次布道上赞扬了我,并且向教区长神父保证:如果我们想让信仰更深入身心,这些布道必须在莫桑比克的基督徒里进行。

复活节后不久,我发了一场高烧,差点丢了小命,然而仁慈的上帝再次拯救了我,一个月以后,我恢复了宝贵的健康。虽然直到我们离开我还没有恢复体力,可是我依旧不能用语言形容在我生病期间葡萄牙神父们和6位见习生给我的关怀,特别是我的先贤圣沙勿略也曾在这里发过高烧,我在病中从他的经历里得到了莫大的勇气。

总体来说,所有的外国人在这里都必须付出同样的代价。如果能活着,就可以认为自己非常幸运。我们船上的士兵大概有100人被死神带走了性命,在许多人生命的最后时刻,我站在他们旁边。而水手只有三人死亡,其中两人归因于年岁太高而不是死于疾病,其中一名水手已经从葡萄牙到巴西航行了42次,这是他去印度的第二次旅行。另外一名已经从里斯本到果阿航行了10次。在好望角附近,当我站在他身边时,他脱掉了衬衫,告诉我:"我已经10次航行到印度了,每次都在这个地方换掉衬衫,在旅途的其他地点都不会换。"

请允许我回到我写信的目的,当我在这个岛上消磨时光的时候,我只参加了一次陆地上的弥撒,那个教堂离我只有3000步程,是为了庆祝圣母玛利亚的现身而得名,日常管理者也是我们的教友之一。因为在那里只能看到裸露的沙地和被炎热烤焦的树林,除此之外空无一物,我当天就返回了小岛。教堂里除了我刚提到的传教士以外还有6人,他们承担了照顾黑人的使命,都从莫桑比克来,并且在赞比西河河岸上谋生。赞比西河从南纬 19 度流入大海。

我好像对小岛和莫桑比克城描述很多,关于它们详尽的报告,也包括卡布拉里亚(Cafraria)地区的风土人情,已由我的旅友南怀仁(G.L.)带回欧洲。在此基础上,他们可以改正莫利萨德(Melisantes,即 Johann Gottfried Gregorii,地理学家)之前认为的关于陆地的错误观点,同时也改正霍曼(Homan)欧洲地图上的错误(见《新世界报告》第 555 条,28 页)。

1737 年 8 月 14 日晚,我们再次起航,在一艘来自果阿的船只的陪同下,于 16 日早上离开了海港。那艘船只于第三天迷了路,直至我们看到印度的海港,才又见到了它。34 天以后,我们在非常合适的风向下到达了果阿。

午夜,一名神父带着一名教友来到我这里,并且用小船载我们去一个离城市很远的公园,耶稣会的人等候在那里,他们十分热情,并且用饭菜招待我们。下午,他们带我们去城市里敲钟,我们又去了诺言教堂(House of Promise)——圣方济各·沙勿略的坟墓所在地,接着又拜访了之前招待我们的学院教堂,经过 8 天的停留,我们接着去了图斯库卢姆(Tusculum),一个可以歇脚的地方,以供我们恢复精力。

我们刚待了 3 天,另一艘葡萄牙的船只就抵达了这里,那艘船比我们早 5 个月从里斯本出发,船上有 10 名新的传教士,其中有我的教友纽介堡。他们和我们一样,也休整了 8 天,然后一起出发去萨尔赛德岛,在拉克尔(Rachol)学院停留了几天。之后,我们又拜访了由耶稣会传教士主持的另外一些教堂,8 天以后,我们回到了之前的学院。在那里,他们把我们分到不同的教堂里。

两个德国人和我被分在了克劳岛上的考验教堂(House of Probation),一个十分舒适干净的地方。掌管这个教堂的人当时是兰尼尔·康格修提(Raniero Cognosciuti),他是教区长,掌管修士,同时也是耶稣会士在修戒期的教导。他对这里的传教贡献很大,在他的管理下,我们对这几个月的生活感到非常满意。无论在哪里我都有运用葡萄牙语的机会,并且从中受益。当我按照教区神父大人的吩咐,在圣斯坦斯洛斯(Saint Stanislaus)的祈祷会上主持了一场演讲以后,他就把大斋期间的布道全部委托给我了,而我也很高兴地接受了任务。所以,按照这里的风俗习惯,我用葡萄牙语分别在 4 个周六、圣枝全日(Palm Sunday)以及圣礼拜四进行祷告。我发表了 4 场短演讲代替 7 场布道,劝诫人们赎罪,并以公共鞭笞结束。这时候,为马拉巴尔传教挑选出来的一名意大利耶稣会士奥里根(d'Origni)神父成功地带领众人进行了 8 天的神操。

在 1737 年圣徒纪念日的宴会上,有教堂的主持尊敬的伊曼纽尔·西尔瓦(Emanuel Silva)神父在场的情况下,我在圣方济各·沙勿略的墓前立下四个庄重的誓约。其实如果不是因为介绍这件事的信件在莫桑比克被耽搁了,我可以更早地完成立誓。在克劳岛的前三天,我一直穿着一个白人的斗篷到处乱逛,因为这里的空气十分健康,许多杰出的葡萄牙人住在此地。我的同事是来自捷克的严嘉乐神父,他以前是在匈牙利(Hungary)和特兰西瓦尼亚(Transylvania)强权统治下的一名医生,后来成为耶稣会修士。由于其父母的一个兄弟(我不确定是哪一个)阻止他从事神学,强迫他先学习医药学,后来参军,但是阻碍他的那个人去世以后,他就放弃了。当时我正要离开匈牙利的时候,他要去格但斯克(Gdansk)。他搭乘一艘荷兰的船去阿姆斯特丹(Amsterdam),在去里斯本的路上,他碰到了我们德国的牧师,为表他愿意加入耶稣会的诚心,他和德国人一道去了果阿。作为一名经院哲学家,特别是葡萄牙王后还曾赐予他圣词,他毫无困难地被我们接纳了。

正当我写这封信时,他们给我带来一个消息,一个异教徒首领已经攻占了果阿的全部周边地区,正在向果阿城进发。我们都感到害怕,因为我们依旧待在此地。他们说敌人已经攻占了三个城堡中的两个,分别为丘恩乔利姆(Cuncolim)和莫尔穆(Marmagoa)城堡,目前正在攻打第三个用来保护拉克城的城堡,但没有成功。即使如此,也不能阻止敌人在周围地区进行的破坏。从岛屿一直延伸到北部的巴德兹(Bardez)地区已经完全在他们的控制范围了。我们没有任何可信的报告验证这其中多少是事实。我们知道的仅仅是,虽然处在岛屿末端的城市已经全部被废弃,而且由于士兵的离开,堡垒已经被牧师们接管,但是截至目前,敌人还没有渗透到果阿或者克劳岛地区。在莫尔穆城堡中,大概有 60 名方济各会的神父,而且主教本人已经接管了长官的位置。海岬的女郎堡垒(Our Dear Lady)也被方济各神父接管,他们称自己为"圣方济各会托钵僧"(Capuchins)。耶稣会占领了两个城堡,阿瓜达(Aquada)和德里格斯(des Reges)。所有两年前随两艘船到达的传教士都必须服兵役。

因为小岛和果阿城总是被认为是固若金汤的，所以当他们遇到了这样糟糕的状况，就将恶毒的罪名安到葡萄牙人身上。他们说葡萄牙人到达印度时右手持剑、左手拿十字架，当他们发现了黄金，就放下十字架，用左手搜罗黄金，装满自己的口袋；当有更多的黄金时，他们就变得更加贪婪，于是丢掉剑，用双手搜刮黄金。不管如何，这些都是对勇敢的葡萄牙人荣誉的极大侮辱。

在这里，他们提到了关于圣方济各·沙勿略遗体的突发状况。为了安全起见，督察神父特别委托他的同事把圣人的遗体用船带到莫尔穆，因为在危险时期莫尔穆是所有贵重物品的存放地，但他的同事回来时却双手空空。人们问他为什么没有带圣人的遗体回来，据说他是这样回答的：虽然他去了圣人的坟墓并进行了祈祷，他并没有想到要把遗体带走。葡萄牙人把这个非同寻常的健忘症作为一个好的象征，意味着这个城市不需要害怕敌人，因为圣人都不希望自己被带到别处去，但愿上帝保佑这个愿望是正确的！

在印度海岸离果阿几公里的地方（在果阿南边），有一个叫做安杰第瓦（Anjediva）的小岛，隶属葡萄牙。果阿的北边是第乌、勃生、达曼（Damao）和朱尔港（Chaul）。塔那在我们到达果阿之前，就被异教徒占领了。勃生也被围困了不少天，在海上被海盗安格里拉（Angria）紧紧包围。为此，我们有充足的理由虔诚地向上帝祈祷，因为如果我们失去了这些土地，那么耶稣会在印度的教省也将不复存在。

请允许我回到我们的旅行。在 5 月 8 日，我们乘坐圣安娜号（Santa Anna）出发，来自奥地利的教友们南怀仁（G.L.）与纽介堡神父送给我们亲爱的教省主教一本非常好的航海日记，日记事无巨细地描述了我们在以往航行中经历的各种快乐与不幸，所以我无须再花时间进行描述。因此，在马六甲（我在这里和他们分手）之前发生的事情，我没有做任何汇报。在这之后发生的事情，我叙述如下：

由于马六甲被荷兰所统治，一个秘密居住在这里的牧师拜访了我们，他不仅为我们展示了他不同寻常的个人愉悦感，同时告诉我们，在印度的另一块荷兰统治区内，他拥有几个德国的天主教徒，他请求我们给他们精神的慰藉，能让他们从罪恶中解脱，而不要拒绝他们。因为由于这里缺乏德国牧师，他们已经过了几年被剥夺赎罪圣礼的生活了。

这件事情十分简单,可是因为我们第二天就要返回船只了,由于时间关系,我们并不能作为牧师为他们服务,这让人十分难过。那个牧师重复了他的要求,并且希望我们中的至少一个人可以停留一小段时间。他说,在 15 天以后,最多一个月,会有一艘来自澳门的更加舒适的船停靠在这里,它航行于英国马德拉斯(Madras)城与澳门之间。不久,还会有一艘来自庞第皆瑞的法国船、一艘来自马德拉斯的英国船与一艘来自苏拉特的摩尔船,它们都从广州来,会停靠到这里。因此留下的那个人很可能在今年就会到达澳门,甚至可能与那些先走的人于同一个月到达。他跪在我们的脚下接着讲道,自从菲利普·西宾(Philip Sibin)神父走后,15 年来只来过一个德国牧师,也许再过 15 年也不见得会再来一名神父。如果我们不答应他的要求,他就长跪不起,因为如果让这样一个机会溜走,他不知道如何向最高统治者(Supreme Judge)交差,因为这个机会对他的信徒们十分重要。其他传教士都不懂葡萄牙语,因此无法帮助他们。最后,他认为只要谨慎一点就无须害怕荷兰人,所收获的精神食粮要比其本身的危险多,等等。

当我衡量了影响以后,我觉得自己应该抓住机会去服务那些德国人。然而,我害怕这被认为是我期望获得同事们赞赏的一厢情愿。为此,我单独听取了每个人的意见,他们都理解了我决定留在那里的原因,特别是他们确信,当不愉快的事情发生时,我可以比别人更容易提出解决方案。我们的船长十分同意那名多明我会牧师(即前文所讲的那名牧师,他是一名多明我会修士——译者注)的看法,也同意我的想法,他许诺说他会把允许我留下的证明送到他的上级那里去,他也确实这么做了。然而,当他们询问是谁要做这件事情时,他并没有直接记起我的名字,而是提到了另一个名字"Ignatius Carvalho"。

因此,7 月 2 日晚 9 点,我陪同我的同伴来到海边告别他们,然后回到我刚到达时住的房子,就像有幸住在一个德国的公共旅店一样,我在那里度过了剩下的时光。第一天我待在房间里,一部分原因是我对马六甲不熟悉,另一部分原因是有些人希望清洗自己的罪恶,所以就直接来找我了。我有空时就在市郊散步,大部分基督徒都住在那里,也更加安全。我经常于午夜以后在他们的房子里举行弥撒,早上同那些来忏悔的人交流,其中有两次十分幸运地在一名天主教会成员的花园里传道。我留在那里主要是因为士兵们,他们不能随意离开堡垒,所以与他们交流十分困难。对我来说，虽然出入堡垒没有任何困难，但是时常进出也不是明智的选择。为了使堡垒中的德国天主教徒有更多的机会接受圣礼，我决定花一晚上的时间待在那里。然而，没有任何一个人敢去请求他们的上级同意这件事，因为他们害怕，如果这件事情暴露了，军官便要被免职。因为惩罚措施规定，如果谁参与宗教活动，他就要被降为士兵。最后，一个荷兰的军官，允许他的手下来参加我的天主教活动，并且确保我的安全。

在圣安妮纪念日前夜，我抵达城堡，并且整夜都在聆听他们的忏悔。黎明之前，我诵起弥撒（在荷兰占领这个区域后就开始进行这个环节了），那些忏悔过的人则会接受祭坛上圣体的洗礼。举行完以后，我从前一天进入的门出去。当我去拜访两位居住在同一个教堂中的葡萄牙商人时，其中一人这样告诉我："尊敬的阁下，因为有你的存在，免除了我们太多的恐惧和顾虑。昨天晚上9点一名天主教徒告诉我们说，阁下去了堡垒，在那里朗诵弥撒。此事在士兵中传播，一些非天主教徒已经把此事汇报给了上级长官。他们挑出六名士兵准备逮捕您。"但是这个说法是出于那些心怀善意的人对我的担心。我也借此机会，在天主教会的封印下，让四对夫妻破镜重圆，为一个小孩做了洗礼，还为一个人做了临终涂油礼。

我的主要意愿是帮助那些很久都没有忏悔的人进行合适的悔悟与忏悔。正如你能想象到，这件事的结果是双方都得到了慰藉，因为许多人只有在6年、7年、8年，甚至15年、17年以后才有机会去做忏悔。一些忏悔者对我说：这种对上帝的服从正是上帝仁慈的表现。他们似乎认定我是被上帝从天上派来的。

这是一个我可以在最短时间内和在黑夜中都能采摘的果实。然而，同往常一样，我并不能待太久，因为我的身份早已传开了。如果我个人以及我做过的事情传到了长官耳中，我估计就难免惩罚了。

同时，一艘来自马德拉斯的英国船带来消息，我曾经想搭乘的来自澳门的船今年并未到达马德拉斯，它失去了所有的桅杆，可以想象它是怎样在锡兰附近的大海中漂来漂去，对未来的命运一无所知。接着，我思考是搭乘这艘船还是等待下一艘法国船。因为8天前我与几位英国绅士一起在某个餐馆吃饭，并带他们参加了我们的聚会，他们非常开心。为了延续这种开心，他们邀请我搭乘他们的船，巨大的船只十分舒适坚固。当我们讨论此问题时,一艘来自庞第皆瑞的法国船抛锚了。我十分幸运地在我的住所碰到了船长。当我走近他,听到他叫:"主父!神父!"他已得知我是一名神父,而当得知我是一名耶稣会士及我的意向后,他非常亲切地邀请我搭乘他的船,并认为有此机会表达对耶稣的信仰是一件非常幸运的事。我怀着感恩的心情记录下他的礼遇。

在我离开马六甲之前,我想简单地描述一下我在此地的所见所闻。荷兰从葡萄牙手中得到这片土地已有百年。那时,这里是印度的一个非常著名的商业城市。共有三人主要负责行政工作,分别是军队的统帅、经济和法律部长以及负责商业的长官。他们说葡萄牙统治者在这里花的钱要比赚的钱多,因为虽然这三大巨头只有三年的任期,但利润全都被他们占有。除此以外,他们小心地保护马六甲还因为它不仅拥有附近巽他(Sunda)海峡的所有权,也是他们去往远东的钥匙,这样他们就能够自由地控制过路船只的最方便的航线。我所说的"方便"是指:虽然绕过爪哇岛有许多到中国和日本的航线,但是它们都极为不便,而且十分危险。

这里的堡垒是葡萄牙人修筑的,十分坚固安全,在一些地方仍可以看到葡萄牙人的掩护墙,甚至还有十字架的标志。虽然荷兰人尝试移动或者掩盖这些遗存,但据葡萄牙人所说,想要移动或者掩盖是不可能的。他们还说,因为荷兰人害怕暴风雨,所以不敢把旗帜挂在堡垒上面。这不是虚构,为了了解更多,我针对这件事私下询问了多名士兵,甚至长官的秘书,他们都确认了此事。我问那位秘书,这件事最初是怎么传开的,他耸耸肩,告诉我他不知道。在那些士兵们中间,有一位已经待在马六甲22年的老兵。他说,几年前,荷兰人挂过七次旗帜,有时挂在这座堡垒上,有时挂在别处。然而,每次都会在24小时内发生一场意想不到的暴风雨把旗帜击中。有一次,闪电直接击碎了旗杆,连一点碎屑都不留。闪电把旗帜、漫不经心的士兵以及他们肩上的来复枪,都远远地抛入大海中去了。

一些人认为这个意外是由地球上能导致暴风雨的金属蒸气造成的。然而,有些人可能会问,为什么只有最近地下才多了这么多金属和矿产?我也不知道我应该相信谁的答案。

这座城堡的守卫部队大概有200个人,其中90%是荷兰人,剩下的都是德国人。大多是来自萨克森(Saxony)、勃兰登堡(Brandenbourg)、斯瓦比亚(Swabia)、弗兰肯(Franken)、威斯特伐利亚(Westphalia),还有海塞(Hesse)。如果将这些德国人分为六部分,其中三部分信仰天主教,两部分信仰路德教,一部分信仰加尔文教。城市的居民也信仰各种不同的教派,他们在城堡中或城市里都有自己的礼拜地点。只有天主教的教堂在郊区的一个树林里,教徒在礼拜六和礼拜日来参加仪式,一个来自果阿的印度牧师为他们服务。这个天主教集会的发生并不是因为荷兰人允许,而(更多的)是因为荷兰人换了一个角度对待天主教徒,此前天主教的服务经常被禁止,我到达马六甲之前不久就有一次。

葡萄牙语在这里以及整个印度西部被继续使用是非常引人注意的。不是因为它在短的时间内得到了广泛流传,而是因为葡萄牙语几乎在各地都被禁止时,却能够在这里很好地保存下来。所有商人,如德国人或者荷兰人,当他们绕过好望角时,就必须讲葡萄牙语,只有如此,才能使生意进行顺利。他们也教他们的孩子说葡萄牙语,孩子们学习运用葡萄牙语比他们的父母要快得多。更有趣的是,尽管葡萄牙在爪哇岛上没有殖民地,但葡萄牙语却在巴达维亚(Batavia,位于爪哇岛上)被广泛使用。巴达维亚除了一位荷兰牧师以外,还有另外一个人用葡萄牙语传播荷兰信仰。当有人问:你的信仰是什么?不管他是加尔文教还是路德教,他都会用葡萄牙语回答他是荷兰信仰。如果他信仰天主教(Catholic),别人会说他是一个基督徒(Christian)。这种语言不仅被乡民们使用,而且荷兰人自己也这样说。当他们提到宗教信仰时,都会说"我们的信仰"。当他们用葡萄牙语表述天主教信仰时,常表述为基督教信仰。当他们航行到日本,被问及是否是基督徒时,他们也这样描述自己,说自己是荷兰人。我曾亲眼看到一个荷兰秘书向一个葡萄牙商人承认此事。现在把话题从马六甲拉回到我们的航行。

8月4日,我换上牧师的长袍,登上了圣本尼狄克(Saint Benedict)号。两天之内,我们已经通过了新加坡海峡,并且顺着风把船头转向南方。23日,我已经能看到中国的岛屿了。因为我们把这里错认为上川岛(Island of Sancian),所以把船头转向东,希望能够直接驶到澳门。然而,第二天早上我们意识到,我们已经把澳门抛在后面30英里,所以必须掉转头行驶了30英里。

按照我的记忆,晚上在岛屿之间航行非常危险,因此8月25日晚上我们在离澳门只有两海里的地方抛锚。第二天早上,我们在这些岛屿之中缓慢行驶。28日下午,在圣奥古斯丁(Saint Augustine)纪念日这一天,我们到达了中华帝国的第一个入口——老虎河(Tiger River)河口。首先要感谢上帝,我觉得自己特别幸运,因为我的愿望和憧憬在这一天实现了,而这一天恰好是我的命名日与出生日(因为我是8月27日晚上9点出生的,而船驶过边界时,这里正值28日凌晨3点)。8月29日中午,我们在Bampu(Bampu是一个离广州三英里的地区,下文会出现许多这样的情况。由于刘松龄记录中国地名的时候往往按发音来拼写,加之年代久远,许多较小的地名无法考证,如碰到这种情况,则把原文的英文直接抄录——译者注)抛锚。

当我们在8月25日驶过澳门并抛锚以后,我就给澳门的督察神父写了一封信,汇报了我去往广州的旅程,并让一艘小渔船捎带过去。接下来在船上消磨时间的三天里,我收到了督察神父的回信。船长之前在马六甲许诺会带我去澳门,但是由于对暴风的可笑恐惧,他不得不改变计划,没有去澳门,而到了广州。

9月1日,我最后一次剃完胡须,乘坐一艘小船,身着世俗服装,按照督察神父托来自广州的法国商人带来的信中的要求,在凌晨两点到达了约定地点。早上,一艘法国船的船长与我见面,他是一个爱尔兰人,我们一起到广州郊区。一个法国办事处的高层职员热情地接待了我们。我们称他拉·巴热(la Barre)长官。他给我订了一艘中国小船,我乘小船在同一天晚上动身去澳门,并且在10月4日太阳升起之前抵达,我们的神父和教友们接待了我。

我对上帝仁慈的钦佩难以言表。虽然在如此长的旅途中,我被太多危险包围,但他保佑我的安全,并且保佑我最终躲过了船只失事的厄运。我统计几乎有20艘船只在宽阔的洋面上航行时失事,一些受损严重,另一些被海洋永远地淹没,还有3艘被海盗劫持。这些全部发生在我所航行的航线上,甚至是在我路过的同一地点,或是在我们到达之前,或是在我们离开后不久。

我历尽艰苦终于于9月6日到达了澳门。突然有一阵强烈的旋风席卷了整个海域,并且袭击了澳门,摧毁了许多石质的坚固建筑。我们的住所圣若瑟教堂虽然没有受到任何破坏,但一直在摇摇摆摆,如同地震一样,以至直到风暴消退还没有任何一个人敢读弥撒。在另外一个相对安全的澳门海港,被风暴袭击的船只搁浅在浅滩的沙洲,其中一艘最坚固的船,也已经完全被摧毁了。

在广州,这场风暴没有这么疯狂。然而,接下来的几天,海水一直十分汹涌。之后,有成千溺死的尸体从倾覆的船舱中漂出来,不少中国人都在船里住。其中有一个小孩,发现他时他在一块木板上,已经快要死了。我们将他带到教堂,给他做了洗礼,然后送他到上帝那里去。我刚离开广州13个小时不幸就发生了,如果我没有及时离开,不幸肯定会降临到我头上。然而上帝的仁慈指引着我,使我避开了灾难。

我在澳门多休整了几天。在那里,他们委托我在圣厄休拉日(the Feast of Saint Ursula)作了一场庄重的演讲。葡萄牙神父在一旁十分认真地观看。这也是我用葡萄牙语进行的最后一场演讲。接下来,在总督大人的要求下,我绘制了一幅澳门及周边的地图。地图的第一份草稿被立刻带给了果阿总督,第二份在我离开以后,由纽介堡神父继续完善,以后会送到葡萄牙最伟大最仁慈的国王那里。在剩下的时间里,我投入了全部热情到汉语学习中去,因为传言说我是作为一名数学家被传召进京的,所以我不得不开始学习数学。除了我之前接受的数学训练外,之后就没有机会像这样认真严肃地对待它了。几个月就在这些努力中飞快地度过。之后,尊敬的主教大人召唤我们进京,包括来自捷克教省、作为音乐家的魏继晋神父,以及作为数学家的我与鲍友管神父。纠正一些错误的看法,其实带领我们去北京的官员不是从北京来的,而是广州的官员为我们安排的。

当我们还在澳门的时候,捷克人文森·帕勒斯(Venčeslav Paleček)神父起程出发去了越南。当我们去北京的时候,另一位捷克人白乃心神父与摩拉维亚人约翰·希伯特神父出发去了交趾支那,同时,南怀仁(G.L.)神父去了湖南。时间会告诉我们亲爱的纽介堡神父将会获得什么使命。南怀仁(G.L.)神父满心希望他能去北京,当这个希望破灭以后,他又希望纽介堡神父能够离他自己的传教地更近一些,这样的话纽介堡神父就可以教授他拉丁文以及有利于他传教的自然科学。这样,他就可以帮助其他的神职人员了。可是,在这里即使只有一个人都难以藏身,更何况是两个人呢?为了达到这个目的,他想去日本教省,并且得到了主教大人的同意。

3月1日,我们穿上中国的服装,踏上了去北京的旅行。3月4日,我们到达广州,在那里逗留了一个月。4月4日,我们继续航行,逆流而上，路过了据说有 10 万人居住的商业市镇佛山。我们在船上有时张帆，有时划船，在第七天，离清远只有一个小时的距离了。我们住的地方距离一个寺院不远，于是我们徒步去登门拜访。一位擅长绘画的法国教友与我一起站在供奉了神像的庙门外，同行的还有一位大人，他走进去，在正中间祈祷的地方跪下，用前额碰触地面三次，以示他在为他的菩萨(他们的神的名字)祈祷。之后，他返回加入我们。正在那时，按照这个寺庙的规矩，和尚们眼睛盯着地面，开始带着虔诚的心性唱起歌来。他们把手掌在胸前重叠，并一直保持这个姿势。一些人敲钟，另外一些人则保持不动。他们绕着寺庙转圈，每一次路过神像，便把整个身体匐到地上。然后，一个年轻的小和尚带着难以置信的虔诚在神前把一个装酒的酒杯举向空中，把美酒献给神。之后，他把酒杯拿回，将酒倒在一堆火上。

当地的长官十分亲切地邀请我们进入寺院，他带领我们穿过大厅，来到一个铺着石质地板的地方，树木葱茏，还有一个大约 12 到 15 英寻的瀑布。按照这里的习俗，他们赠予我一管烟叶和一杯茶。当我们回来的时候，大厅里的桌子上放了许多茶点。我们尝了一些，表达谢意，便离开返回我们的住处了。

第二天，我们再次去那里。当站到寺庙的门前时，一些和尚禁不住偷看我们的胡须。寺庙很小，也很阴暗，但是装饰得十分漂亮。它由四根柱子支撑，祭台是个四边形的桌子，上面摆放着四支蜡烛。用木头雕刻并精心镀金的一尊菩萨塑像坐在正中间，两边还有两尊其他塑像。

三天以后，我们在英德过夜。英德是一个以环绕的围墙和一座高塔著称的小镇。在那里，长官的私人医生拜访了我们，他是一个基督徒，我赠他一串念珠和一枚罗马钱币。有一天，我们路过河边的一个悬崖，上面有一个洞穴，两名和尚在洞穴里为他们的神像服务。其中一个人走出来，向我们索要救济品，我们的仆人不屑地拒绝了他。只有船夫祭祀了神像，他把少量物品用镀金的纸包起来，然后丢进水里。

在 4 月 13 日，我们到达了小洲村。第二天，我们见到了正在演习的200 个武装的士兵。他们穿着各式各样的衣服，一些人带着刀剑与狼牙棒，与匈牙利的权杖别无二致，一些人除了刀剑以外还带着步枪，还有一些人装备着弓箭，所有人都拿盾牌作掩护。在后面站着一些骑士，穿戴着甲胄和头盔，站在马匹旁边。在旗子上，画着一个金色或者黄色的中国龙。

在这里我们也去参观了提督的船。提督是广东的军士长官。士兵用以下方式迎接他:从官员到士兵所有的人站成一排,他们一起跪下,依旧在胸前重叠手掌。一个接一个地喊:"叩见大人!"而提督会逐个允许他们站起来。

4月15日,河面开始下降,因为我们已经接近源头了。18日,我们到达了南雄(作者标注 Nanjing,明显逻辑错误,译者查阅地图后认为作者沿英德、南雄州、南康等地一路北上,故此地应为南雄——译者注)。在我们休息的客栈中,一个信仰穆罕默德的军事长官拜访了我们。因为我们没有能力接待如此尊贵的客人,就表达了我们的荣幸与感谢,然后婉拒了他。第二天,我们去拜访他,他十分客气地接待了我们。当地的知府也来拜访我们。南雄位于两条河上,被一圈坚固的城墙围起来,并且有两座石桥同郊区相连。

4月20日,我们离开南雄,准备去南康。我们的每一个小轿子都被4名轿夫抬着,7个小时就走了7德里。下午2点,我们必须要越过一座小山,在山上有一个边境站,把广东省与江西省分开。下山后,4里(这里作者用了中国的长度单位"里")以外,南康在一个阳光灿烂的峡谷里遥遥相望。下午5点,我们进入了山谷。从南雄到南康的这一路上,因为有大片的田野与草地,还有用方形的砖石铺成的小路,让人心情十分愉快。在这里,能看到许多与欧洲完全不一样的村庄。那些帮旅人搬东西或抬轿的脚夫,一个个都十分干练并且充满活力。他们一路上说说笑笑,虽然可以对那些重荷有所抱怨,但他们一句怨言都没有。

到了4月21日晚上,我们登上了一艘租来的船,船很新,也很漂亮舒适。第二天,我们顺着河流继续旅行。直到24日,我们到达了赣州(原文是 Guanzhou,译者认为应该是赣州——译者注),这是一个建在两条河之间并用坚固美观的围墙围起来的大城。我们的督察员雅各布·菲利普·西蒙神父曾来过这里。虽然我们很希望能见他一面,但并没有如愿,因为他已经为了他的传教事业离开了这里。我们只找到了他的两封信,其中一封是南怀仁(G.L.)神父写给他的。南怀仁(G.L.)神父在前段时间刚刚路过这里。

27日早上,我们很早就到达了 Xiahu 村,一个干净的商业小镇。在那里,法国传教士有他们自己的驻地。一个耶稣会士白多禄(Peter Sin)

神父上船拜访我们，告诉我们说：督察神父、修道院院长以及另外一名法国神父路易斯玛丽·杜·格德（Louis-Marie du Gad），都穿着长袍逃走了，一人往东走，两人往西走。因为一些异教徒察觉到一些欧洲人在他们的房子里聚会，并且告知了一名官员。而受差遣调查这件事的差役们并没有发现任何指向欧洲人和神父的证据。所以一切事情都平息下来了。

29 日，我们到达了南昌府。他们以极大的热情接待了我。我舒适安全的水路旅行到此为止，从南昌到北京的陆路旅行充满了艰辛与危险。

我们在 5 月 3 日起程，每个人坐一个由两头骡子拉的轿子，有 6 英尺长，4 英尺高和 3 英尺宽。同一日，到达 Lo-hoe（Luohui）。

4 日，走了 60 里之后，我们到达了 San-cha-tu（Sanchatu）。5 日，我们走了 10 里的水路，其间路过一个防御能力极强的建昌（Jianchang）县，又行了 40 里以后，我们在一个叫 Ye-nan-pu（Yenanpu）的商业市镇过夜。

5 月 6 日，我们在日出前便出发，并且在每个轿子前面都挂了两盏灯笼。我们的队列在凌晨 3 点穿过了德安镇（Te-ngnan）。10 点钟，到达一个商业城镇 Yima（由后文可知，此处小镇名应为"易马"，但是未考证出准确地名——译者注），因马集而得名的。至此我们已经走了 60 里。11 点，我们继续赶路，走了 20 里以后，与我们同乘轿子的魏继晋神父掉进了水中。上帝保佑，除了轿子损坏以及轿子中我的一些书被浸湿以外，没有更糟糕的事情发生。

因为这件事，我把我的轿子让给了魏继晋神父。我在大雨中乘骑，大雨把我浑身都浇透了。在通远邑（Tum-yvan-y），我们休整了一天，晒干所有的衣服和书籍，并且把轿子修好。同时，因为意外发生时，蠢笨的男仆离骡子太远，所以他必须为他的过失承受中国式的鞭打处罚。

8 日早上 5 点，我们在 Tum-lin-sie（Dunlinxie）吃过简单的早饭后出发，路程十分顺利，到下午已经到了防御很好的九江府（Jiujiang）。在那里，我们必须要跨过一条大概 4 里宽的河流。当我们上船时，附近的一座寺院里跑来一个和尚，送给我们一个小桌子，桌子上摆放几盘水果和蜜饯。这是托钵僧的一种礼仪。

9 日早上，我们来到了湖广的孔垅（Konglong），大概离九江 30 里，再往北 30 里是黄梅县(Huangmeixian)。

10 日,我们 6 点上路。在 8 点的时候,到达江南省(原文为 Province of Nanking),在那里我们必须跨过一座小桥。鲍友管神父的一只骡子被桥的缝隙弄伤了一条腿,掉进了沟渠中。轿子完好无损地在桥上停着,而我们需要另外一只骡子。11 日晚上,我们到达了枫香驿(Pum-xam-y)。

12 日,我们路过太湖村(Taihu),在小池驿(Siao-ky-yju)吃午饭,并在潜山(Tsien-chan)吃了晚饭。

14 日,我们在 Xialukao(Sia-lu-kao)吃午饭,在桐城(Tong-ching)吃晚饭。接下来的 5 天没有任何特殊的事情发生。

20 日,我们在庐州府吃中饭,知州送来了他的问候。他有一个儿子在北京,是一名画家的学徒,与郎世宁在一起工作。他指派给我们两名士兵,护送我们到江南省界。无论走到哪里,他们都打前阵,去告诉守卫我们的到来。所以,每到一处,那些守卫都会跪下来,把头一直弯到地上来欢迎我们。

在 5 月 23 日,我们到达定远(Dingyuan),并且见到了江南总督与他的大批随从人员。因为他们占用了 10 个客栈,所以勉强留下了几间房给我们。按照中国的风俗,我给总督写了一封致敬的信。他热情地欢迎我们,并通过翻译,详细询问我们关于旅途的事情,并希望我们转达他对北京传教士的敬意。半个小时以后,当他表达完所有该有的尊敬之后,谈话就结束了。我们的大人继续陪伴我们。他穿着他庄重的朝服,在前胸和后背都有鹤的图案。当总督注意到我们的住宿条件很差时,他命令腾出一个客栈给我们来住。

24 日,我们来到了一个坐落于一条小河上、防御很好的小城临淮(Linhuai)。第二天我们过河,他们让我们免费通过。

26 日,我们领头的那头骡子开始变得害怕,它丢掉轿子逃走了。轿子也受到损坏,而当时我又在教堂附近受了伤,手和头上的伤都很严重。如果事故发生在一座不坚固的桥上,我可能就再也出不来了。

27 日,我们到达了南泗州(Nam-sim-cheu)。28 日,到了北泗州(Pe-sim-cheu)。听说第一个地方近段时间守卫森严,我们在第二个地方过夜。因为在此地住了一些迷信的人,他们靠吃草本植物与豆类蔬菜为生,所以提供给我们的食物也很清淡。

29 日,我们顺着番红花(Saffron),更确切地说顺着黄河,越过小丘和峭壁,110 里以后,我们走到了所谓的京杭运河。我们在运河上恰逢皇帝的船队路过,大概有 40 艘,相当庞大华丽。因为要征收各省份的岁贡,前朝一位皇帝修建了这条运河,这样装着岁贡的船从南昌到北京就会更加便利,而不用担心走海路遇到危险了。

第二天晚上,我们来到了离京杭大运河山东段不远的黄墩湖(Huangdunhu)。从那里路过了守卫森严的滕州(Tengzhou)和邹县(Zouxian),然后穿过一座高大的坚固石桥,也路过了兖州府(Yanzhou)。下午,我们路过王庄村(Wangzhuang)。第二天穿过也有一座同样可爱石桥的东平(Dongping)。接着,我们又穿过 Qiuxian、Tang-go(Dangguo),清平(Gim-pin)、高唐州(Chao-tang-cheu),还有恩县(Yen-tschan)。在 6 月 6 日晚,我们到达了京杭大运河上的德州(Dezhou)。当晚,20 里后,我们到达了北京的地界,并于第二天早上进入北京,在景州(Kim-cheu)与阜城(Fong-ching)分别用午餐与晚餐。

6 月 8 日,我们跨过几条河,河上建造有美观的石桥,路过交河(Jiaohe)与献县(Xianxian),到了晚上,到达了 Daijialin。第二天中午,在我们到达河间府之前,我们看到了两队士兵,他们穿着不同的衣服,并且全副武装,正在等候军事首领。他们挥舞的旗帜吓到了拉着魏继晋神父轿子的骡子,它上蹿下跳,愚蠢地掀翻了神父的轿子。不过幸运的是,魏继晋神父虽然摔了严重的一跤,但并没有受伤。所以,从河间到任丘(Gin-kieo)花费了更多时间。晚上,我们就待在了任丘。

10 日,我们连续通过了 9 座桥,中午到达雄县(Xiongxian)。我们拿出教省长官的介绍信,两位官员接待了我们。我们在 Pe-ken-ho(Beigen-he)吃中饭。信使当晚从那里离开,去告知教省神父我们的到来,并且帮我们送了信。

11 日中午,我们路过了新城(Sin-chim),晚上在涿州(Zhuozhou)歇脚。

12 日,我们在 Tam-cheu(Dangzhou)与良乡(Liangxiang)吃午饭,并且在长辛店(Changxindian)过夜。现在我们离北京已经只有 35 里了。在那里,我们又遇到了早时先去北京送信的信使,他带来了教区神父的回信、酒以及点心。

6 月 13 日,主教大人在沙如玉神父的陪同下从离北京有 1 德里的法国传教士寓所赶来与我们见面。相互问候以后,我们便跟随他们,于早上 10 点到达北京。通过周边的小镇，我们进入了北京城，并且直接到达了我们的书院教堂。欢迎过后，教友们带领我们去教堂，这样我们就可以把我们在旅途中受到的磨难呈贡给仁慈的上帝，并且表达对上帝的感谢，因为他让我们安全地通过了海上与陆地上的各种危险。

当我们从风尘仆仆的旅行中恢复过来，14 天后，我们到达了皇帝的夏宫——圆明园，意为"永恒的春天"。按照风俗，礼物早已送到，当我们正在等待皇帝召见我们的时候，他给我们提供了各种各样的食物，但没有传话，这可能代表着他对欧洲人不满的态度。几天以后，皇帝传召我们觐见，他向我们展示了非常漂亮名贵的皮毛，我们每个人还得到了一块用来做衣服的丝绸。为了表示感谢，我们按照中国的礼节，朝向西方，跪下磕了九个头。

不久，有另外两位官员进来，一位是钦天监监正戴进贤神父，另一位是他的同事，很明显他是北京教区主教徐懋德的继承人——我们的新主教。他们呈给陛下最新的月食记录，陛下询问他们新来的欧洲数学家们是不是也了解这些东西，他们的答案是确定的。于是陛下表示很欣慰，然后让他们退下了。

阁下会很高兴地读到我们耶稣会在中国的状况，我们在北京这里有三处教堂，书院教堂、圣约瑟教堂以及法国寓所。

以下几位耶稣会士在书院教堂里：同是教区主教、书院负责人以及朝廷五品官员的尊敬的徐懋德神父，他是我的大恩人；来自上德国教省的戴进贤神父，因为他主攻数学科学，所以是一个很精细的人，他的博学可以同每一个来到这里的人媲美，同时，他也是钦天监的监正，朝廷二品大员；另外还有来自威尼斯教省的摩德纳人任重道神父，来自里斯本的葡萄牙人傅作霖神父，来自上德国教省的鲍友管神父；还有葡萄牙人索智能，在科英布拉大学（University of Conimbriga）教了几年的修辞学以后来到了这里，并且被葡萄牙国王任命为北京教区主教；高嘉乐神父在礼拜六与礼拜日进行葡萄牙语传道；程儒良，一名中国人，是北京教省的传教士；另一名中国人樊守义在辽东教省已经传教两年了。

罗怀忠神父是那不勒斯人，对药剂学与外科手术有研究。还有来自瑞士楚格，已经 82 岁高龄的林济各神父，他 33 年前带着他所擅长的钟表制造的草图从捷克教省来到中国，在宫廷做得非常好，同时也出色地进行了传教工作。他的特点是，如果谁要听得懂他说话，必须要同时懂得德语、葡萄牙语以及汉语三种语言,因为他几乎全部忘掉了德语,并且也没有完整地学习葡萄牙语以及汉语,所以他把三种语言全部搞混淆了。这位友好的老先生是一个健谈的人,虽然他忘记了自己的母语,但并没有忘记德国人的饶舌。我问他何以能如此高寿,他告诉我,如果在德国的话他大概早死掉了,因为在那里他们会喝很多酒,但在这里酒很缺乏。我们书院教堂只有这么多人,加上我一共 12 个。

圣约瑟教堂的主管人是陈善策(Domenico Pinheiro)神父。费隐神父是教堂院长,并且是礼拜日的汉语布道者,他也是一位年事已高的老人,但身体健康,依旧为中国的传教事业与宫廷做着贡献。他在绘制中华帝国地图时,克服了重重困难,进行过一次从最南方的云南省到长城以北鞑靼地区的全国旅行。在教堂里住的还有另外一位来自西里西亚省(Silesia)教省的神父魏继晋,他对风琴与音乐十分在行。沈东行(Sarayua)神父是一位刚在澳门做了神父的中国人。郎世宁,一位出色的画师,在百忙中我们用绘画装饰了另外的一个小教堂。他最近才从罗马来,绘画技巧十分高超,并且呼吁即使在罗马,这个教堂也应该得到所有人的关注。最后,还有来自佛罗伦萨的博利明神父,他是一名声望很高的雕塑家。然而,自从康熙皇帝驾崩以后,人们对他艺术的热情就逐渐消失了。

法国寓所的负责人是沙如玉神父,他是一个钟表匠,跟他在一起的还有巴多明神父、宋君荣神父、冯秉正神父、孙璋神父、快乐的老人殷弘绪神父、赵加彼神父、吴君神父以及两名中国牧师。之后,还有画家王致诚神父,医生安泰神父与杨自新神父,杨神父是与负责人一起工作的钟表匠。

在城外,还有另外两名牧师从事信仰的宣传与集会,据说他们为他们的组织建立了一个修道院。

德里格神父是一位十分有名的传教士,他在城市里面也拥有一个小教堂,我还曾经去过一次。

把这些全部加起来,在北京共有 31 名欧洲人居住。莫斯科人不算在内,因为他们居住在这里主要进行贸易,对传教毫无兴趣。有一个为莫斯科人做家务的仆人,也排除在外,因为我们给他的传教资料只有一本被神父们翻译成中文的教义手册。

雍正皇帝颁布了一道禁止天主教传教、在公共场合取消宗教活动的法令,这个法令在各省份都被严格执行,所以我们做任何事情都要特别小心。但是,我们的教堂还是整天开门,天主教徒可以去拜访,可是很少人来做洗礼。在各个省份,我们的传教士也在秘密地工作,受洗的人要多一些。

近期,从一位方济各会教徒那里,我们体验到了小心谨慎有多么重要。他昨天被锁起来,从北京押送到广州去了,然后从广州被遣送去菲律宾群岛。他和另外几名基督教徒在山东省被逮捕,被双链锁着送至刑部。虽然我们的两位大人极力挽救,但也只减去了一条锁链,并且不再追问在各省有无更多欧洲人。驱逐令如下:广东巡抚:一个山东的欧洲教师被送到你那里,他目无法令,偷偷逗留,命令你把他送回自己的国家去。

一种恐惧的说法在我们中间蔓延,说朝廷对基督教徒马上会有一个大范围的审讯,这是无法令人信服的。因为雍正皇帝建立的军机处建议当朝皇帝不要像前朝皇帝那样对待下级,所以如果这件事是在雍正年间的话,肯定不可能这么平缓地结束。

我刚才所说的这种禁令使亲王们也受到了牵连,他们是皇室的后代,并分成许多支脉。他们大多是基督徒,为此,雍正皇帝没收了他们的财产,把他们送到贫穷困顿的鞑靼地区。虽然当朝皇帝召回了他们,但并不能恢复他们的健康。而且,每个人只给相当于七个半基尔德的俸禄,差不多相当于一个中国士兵每月所得,仅仅能够勉强维持他们生存。作为虔诚的基督徒,他们经常来拜访教堂,尽管穿着破烂,但他们的举止,依旧能够反映出高贵的皇家血统——除此之外,还有基督的美德。

一年之前我写到了巴伦·伽伦弗的名声,现在已经在各地被证明了。作为对他这么多年来为葡萄牙王室服务的回报,他被任命为第乌岛、第乌城及城堡的长官。他带着对葡萄牙王室的忠诚,在任上服务了三年,每一个在葡萄牙领土上的人都评价他尽职尽责。我们从他被委托成为第乌长官就能清楚地了解葡萄牙人对他的态度,他们委托一个外国人来掌管东亚的钥匙第乌,这完全能说明问题。第乌每年要上供许多印度牛奶,这些牛奶被出口到莫桑比克,以高价出售,往往要用金币来交易。这样高的利润用来维持葡萄牙在印度领土的首府果阿。

最后,我记起来,我曾向阁下讨要过几本书,或许对传教有益。由于我被派到北京去,这些书在北京并不那么流行,同时,我恭敬地希望阁下能够送过来新的天文学算表。我听说,哈雷(Halley)先生、彼得堡的利斯勒(l'Isle)先生、维也纳的马里诺尼(Marinoni)先生正打算出版这些算表,请转达我对他们的问候。我亲爱的弟弟,我会一直记着您的仁爱,并且谦卑地把自己托付给您。

给阁下,我亲爱的弟弟。于北京,1739 年 11 月 4 日。

信件编号:588

文献来源:

《新世界报告》,第四本,第三十部分,弗兰兹·凯勒编辑,维也纳,1755,信件编号:588,93—97 页。

第五封信。奥地利耶稣会刘松龄神父给他的弟弟韦查德神父的信。韦查德当时也属于耶稣会同一个教省,是法国洛林卡尔王子的告解神父,尼德兰教省的长官。写于北京,中国。1740 年 11 月 6 日。

主内平安!

自从上次我们接到一封来自欧洲或印度的信到现在已经两年了,好像我们这段时间内寄往这两地的信一直在传递过程中。通信长期中断的一个原因可能是那些航行在果阿以及其他葡属印度领土周围一些居心不良的异教徒长期的阻挠。另一原因是葡萄牙邮局的过失,他们寄送别人委托的信件又慢又不可靠。这是我们尊敬的费隐神父近段时间以来发现的,他在今年收到了一封 13 年前从欧洲寄来的信。

愿一切如他们所愿。为了我们的快乐与我们最亲近的人的幸福,没有其他路线比法国的邮路更快了。

最近,尊敬的吴君神父将要从中国返回法国,他很热情地愿意帮我,把我的信件带到欧洲,并把他们给我的回信及其他消息安全迅速地从欧洲传达回来。吴君神父六年前抱着改变全中国的强烈愿望来到中国,掌握了熟练的汉语与鞑靼语,但是现在却决定返回他的祖国。一方面是由于在这种糟糕的情况下,无论在宫廷还是在地方他都没有用武之地;另一方面是由于他的身体在继续恶化。他想在中国建立神学院或教育机构,希望能够教导一些中国青年成为我们的信徒。他把这个希望寄托在其他传教士身上,希望通过他们热情的努力,可以弥补一些外界环境与他的身体不允许他做的事情。

一些年轻的中国人陪伴他去了法国。年轻人把希望寄托在他身上，认为当他们能够达到他们共同的精神目标时，更多的人会马上追随。我希望阁下能够给予我的好友像他对我那样的热情，同时，您可以从他那里得到我的消息。从他的信中你可以很容易了解到他的纯粹、理性与雄辩，这也是我们这里的所有人十分推崇他的原因。

我刚刚告知你的消息又有许多是令人沮丧的。可是除了短时间对我们来说是威胁以外，没有长时间的消极因素，所以我不打算再提这些沮丧的事了。

在北京，我们为书院重建了一所教堂，之前的教堂被一场地震摧毁了。现在的建筑变得更高，可能中国人看起来会不高兴。一个中国的教师给皇帝上书要停止继续修建。在奏折中，他警告皇帝，如果他不下令让我们停止修建，到农历十月十三，即相当于阳历的 12 月 18 日，可能会有一场地震发生。他把这个预言建立在一个十分古怪的原因上，他说，这个原因由构成彼时黄道吉日的汉字显示出来，中国皇帝那年的龙脉刚好处在欧洲人的教堂地下，如果有一个如此大的建筑压在它身上妨碍它，它可能会报复。而皇帝，更多是出于担心惹怒民众而不是得罪土地神明，秘密地命令我们至少停工一段时间，在来年 2 月，如果我们愿意，可以继续建造。

中国钦天监的官员，即所谓的天文学家们看到我们在皇宫算学机构身居高位如鲠在喉。他们写了诽谤我们的奏折上奏给皇帝，皇帝看到奏折，即使不会给我们免职，也会对我们有成见。奏折的内容是：欧洲人正试图尽其所能地破坏和根除中国自古发达的天文学。为了证明这一点，中国官员提到：南怀仁（F.V.）废弃了中国沿用好多年的观测仪器，把他们扔进天象台的角落，而根据欧洲传统制造新设备取而代之；还有纪里安神父，他在天象台上公开烧熔一些中国传统的观测仪器，并把熔水倒入别的范模中，这样嘲讽国人的举动无疑宣布了欧洲科学的成功；还有研究数学的戴进贤和徐懋德，他们整天所做的就是运用新技巧来破坏中国古代科学发达的声誉，如果不及时加以制止，中国古代的传统文化可能就会被他们破坏殆尽了。

这份奏折，被印制出来散布到了整个国家，也立即传到了前面提到的钦天监传教士手中，他们毫不犹豫地谴责了这种说法。他们上奏乾隆皇帝,说道:南怀仁(F.V.)所做的一切事情都是按照康熙皇帝的旨意,他因遵从皇帝的旨意而受到指责,而如果抗旨不遵,在别人眼里又是一条罪状了。他们接着写道:虽然纪里安确实制造了新的象限仪,但也是在皇帝的命令下做的,而且,制造象限仪的金属材料不是熔化的旧仪器,而是皇帝命令其他官员带给他的,这个可以在账目清单上找到记录。而戴进贤和徐懋德更是没有丝毫破坏中国古代文明的行为,更不用说发明一些新东西了,没有任何人能够证明他们曾经企图或者已经表现出了对中国古代占星术的轻视、抛弃甚至破坏。结果,这些控告都没有充足的事实依据,只是那些诽谤者的恶意造谣。

皇帝仁慈地接受了这封辩护的奏折。从此以后,这次指控便彻底被人遗忘。这些卑劣的诽谤者是否会受到惩罚,我们不得而知。但是,如果他们真的向乾隆皇帝上奏这样一本满是谎言的奏折,他们一定会为他们的鲁莽付出代价,即使不被砍头也是非常严厉的惩罚。

第三件悲伤的事情同时也是精神的抚慰,是我们的两位教友去世了,今年他们平静地去了上帝的地方。

第一位教友是任重道神父。如果他美好的德行不能让他在天堂有一个更好的生活,那他应该活得更久一些。他在我之前一年到达中国,猝不及防地,他充满荣耀的旅行就结束了。他来自耶稣会的威尼斯教省,出生于乌迪内(Udine)。

第二位是我们亲爱的林济各教友。我为他写的悼词与戴进贤的记录几乎一模一样,戴进贤也被他的美好德行感染了20多年。

在1740年春末,我们把亲爱的林济各教友的尸体放进了墓穴。这位82岁的老人用值得称颂的一生获得了上帝赠予的不朽花环。

1658年6月18日,他来到这个世界上,生于瑞士楚格。他虔诚的父母亲在他小时候就开始十分尽责地教他学习基督教艺术以及钟表制作。我们的林济各神父在这两方面都十分出色,不久就成为这两个领域的专家。他精湛的钟表制作技术在许多地区很受人尊重,如在德国、乌尔姆、维也纳、布拉格、格但斯克、孔茨伯格(Königsberg)、德累斯顿(Dresden)以及柏林等。甚至他在早期生命中花费更多时间陪伴的异教徒,也必须承认他的优秀。

在私人的谈话中,他讲到了他旅行中的许多经历,这是让人高兴的一件事情。他长时间与持异端者生活在一起,但他的宗教热情不仅没有像想象的那样消退殆尽,反而更强烈了,直到最后,这些反而刺激了他把基督的美德与精神的完整性组合在一起。

为了达到这个目标,林济各把耶稣会当作首选,要求进入我们的组织。1687年,捷克教省接受了他,安排他进入试用阶段。两年以后,作为他美德的回报,他被任命主持牧师的公共宣誓。18年来,他谨慎顺从地完成他力所能及的使命和任务。在那时,尊敬的庞嘉宾(Kasper Castner)神父为了保护来中国的新成员,已经从中国返回了欧洲,他为林济各赢得了去皇宫参见中国皇帝的机会。所以,经历了漫长而艰难的旅行之后,他于1707年抵达北京。

林济各工作十分勤奋。他制作并且修理了各式各样的钟表,他高超的技艺使他在短时间内就能认清不熟悉的钟表的机械特征,他先进的设备使他成功修理在他手中的各种机械。这些技能保证了他在宫廷得到相当多的喜爱,特别是康熙皇帝的赏识,而他利用这种赏识,仅仅是为了上帝的荣耀以及传教的需要。这个目的,促使他在陌生的中国勇敢地战胜所有的苦难,克服他在辛勤的工作中遇到的各种困难。

比起锻炼他的技艺,他有更加明确、更加虔诚的目的,就是对教义的尊重。他在任职期间充满热情地履行着祈祷、觉悟检验、诵读圣经等一系列规定。晚上,他会十分细致地安排第二天的工作,并且很早起床。白天,他会去几次教堂,唱圣诗 *Most Holy One* 祈祷。他虔诚地赞颂上帝的圣徒,特别是圣母玛利亚,每天都要赞颂几个小时,他称此为每日祈祷书,并且每个周六会斋戒。在斋戒期间,特别是在八天的"依纳爵神操"当中,他会重复赎罪的活动,这样,前一年所犯下的罪过便会通过忏悔全部得到宽恕。

无论在哪里都离不开耐心的美德,在这里显得尤为重要,他坚持一贯的耐心。每当由于洪水累积的苦难造成的人类的脆弱让他有一刻的焦躁不安,他也会很快回过神来,然后会脸红,谦逊地说是自己体内钟表的链子断掉了,他会马上把它换掉。

他有时会靠技艺获得一些赏赐,而他并没有用来自己享乐或让自己的生活更加舒适,相反,根据修道院院长的意愿,这些财富被用来装饰教堂或者帮助一些穷人。他经常拿一个锉子、一个斧头或一个铁撬棍在手中防止懒惰,也在好心情下完成他的义务,同时他喜欢在工作时用母语唱一首难以理解的歌。他用宗教的放松方式,来增加他对困境与苦难的容忍度,比如逐渐年迈、越来越难开展的工作,以及在他生命的最后二十年里由于中风导致的身体孱弱等。虽然这些都十分难以忍受,他还是平静地从上帝手中把这些苦难接过来。因为他把这些看作死亡的先兆,特别是在他生命的最后三年里,他积极地做好了死亡的准备。

在他生命中的最后几个月,他以更加饱满的热情做了一些他认为有助于帮他愉快地进入下个轮回的事情。4月13日是林济各生命的最后一日,在今年刚好是复活节那周的礼拜三,是耶稣基督开始进行圣礼的前夜。做圣礼是林济各生前每个早上都要做的事情。在他生命结束的那天晚上,他在教堂待了很久之后,十分虔诚地进行了忏悔。一本讲到这个神秘节日的书被翻开,放在他的祈祷矮台上;铁制的苦修带已经准备停当,准备第二天使用,他如果不带苦修带的话是不会接近神的祈祷台的。带着对崭新一天美好的希望,他上床休息。

午夜,住在隔壁的仆人被吵醒,他听到林济各呼吸困难,但是依旧用破碎的声音一声接一声叫着圣主耶稣的名字。仆人冲进去,意识到林济各已经在生命的最后时刻,便立刻通知了其他牧师。因为环境不允许我们做其他任何事情,我们宽恕了他的罪责,并且呼喊上帝的名字。大约3点钟,我们把他清白的灵魂送到了天堂。在那里,他会快乐地出现在上帝的宴会上,当他敲门时,上帝会让自己束腰掌灯的仆人们直接打开门迎接他。

我们按照这里的规矩为他举行了十分隆重的葬礼。许多人陪伴他,有耶稣会士,还有一些在官廷里跟着他学习钟表制作技艺的宦官学徒,希望陪伴他们杰出的老师最后一程。皇帝也缅怀了林济各的忠诚、坚持以及他出色的工作,送给他200两白银以及10匹丝绸,作为葬礼费用的一部分。

以上是我告诉你的事情。信中还附有我对今年发生的日食、月食的一些观测记录,如果欧洲的天文学家也能够提供给我们这些或者类似的学术新闻,那就太好了!以神的名义,我把自己托付给您!

给阁下,我亲爱的弟弟,写于北京,1740年11月6日。

信件编号:675

文献来源:
《新世界报告》,第四本,第三十四部分,弗兰兹·凯勒编辑,维也纳,

1758,信件编号:675,39—42 页。

第一封信。奥地利耶稣会刘松龄神父给同是耶稣会成员的弟弟韦查德神父的信。韦查德当时与刘松龄神父同属一个教省。写于北京,中国。1741年10月10日。

主内平安!

中国的传教环境依旧前景暗淡。皇帝继续采取压制欧洲人及他们信仰的政策,对天主教徒的迫害已经开始有几年了,可现在依旧没有停止。时不时会从各个省份传来由于有人背信弃义而导致我们的秘密教员被追捕的消息,同时还有当地人对我们神圣信仰的苛刻对待。一名去年春天还能不被打扰地进行传教工作的中国牧师,现在被异教徒吐了口水,并且被告发到巡抚那里。他好不容易才逃脱。而巡抚贴出一张告示,声明基督教徒一旦出现,就会立即被逮捕;如果他们不放弃信仰,就会遭到严厉的处罚。

在北京的我们相对比较平静,但是会常常害怕这场风暴最终会降临到我们以及耶稣会头上。上个月,我们在报纸上看到,新巴达维亚荷兰政权制造了恐怖流血事件,15000 名在那里居住的中国人(最近的报告甚至是 50000 名)受害,这让我们更为恐惧。因为中国的统治者可能会对制造这场大屠杀的欧洲人进行报复,最直接的就是居住在他的王国中的我们。

关于这件事也有相反的报道,一些人说去年有一位中国皇帝的私生子(birth son)秘密潜入荷兰的殖民地爪哇岛,并鼓动那里的中国奴隶反抗他们的主人。荷兰人为了镇压这些反叛者才拿起了武器,只是因为这些造反的奴隶十分顽固,所以杀死了一大批人。这个故事是很难让人信服的,因为按照这里的风俗,中国皇帝的儿子都是由合法的妃嫔所生,因此他不可能有私生子。同时,皇子们没有他父亲的允许是不得离开北京城的,更不用说去新巴达维亚这么远的国家了。

另外一些人关于这件事的说法更有根据。他们说,1740 年荷兰人带了几千中国人从爪哇岛运往锡兰服兵役。中国有一些谣言传播,说荷兰人会把劫持来的人投到水中淹死,这样可以保证在新巴达维亚的中国人不会增长太快。在这样混乱的情势下,当荷兰人再次强征几千名中国人去服役的时候,中国人就造反了。他们秘密安排不让任何一名中国人被带走,并且计划为他们死去的同伴报仇。他们决定在某一日反叛,要将荷兰人,尤其女人、孩子全部杀光。然而,荷兰人的应急方案十分有效,他们在敌人行动之前关闭了城门,攻击了造反者,杀害了一大批中国人。更多中国人住在城外与偏远的郊区,他们听闻,便仓促杀死了一小部分他们的荷兰邻居,烧毁了许多房子与果园,然后跑进大山。从此,他们在带着不满情绪的当地人的帮助下,继续打击荷兰人,给他们制造了许多麻烦。

另一些人说,中国人在计划行动的当天,杀了一些人,并且逼迫其余荷兰人逃进城堡。在那里,中国人包围了荷兰人,中国人为了让荷兰人尽快投降,切断了城堡所有的供给,连水井也不放过。除此之外,中国人甚至说只要荷兰人交出他们的首领以及掌管财政与军事的两个官员,就放他们自由。这样的鲁莽条件让荷兰人很不耐烦,所以他们冒险发动了一次突击,与城中的荷兰士兵一起平定了叛乱,参与的中国人不论年龄、性别都被杀死了。

我们从两个月前澳门寄来的信中了解到这场灾难,而现在,我们听说福建巡抚把此事上奏给了皇帝。特别仁慈的是,福建巡抚没有称荷兰人为西洋人(欧洲人),并且在他的奏折中也没有表现出不满。可能是出于对欧洲人的喜爱或是荷兰商人的劝解,或者他仅仅是怕自己被牵扯进去,怕皇帝认为自己在厦门港口玩忽职守(厦门邻近巴达维亚),巡抚在汇报这件事的奏折中遗漏了许多让朝廷十分难堪的信息。他希望尽量不把事情扩大化,平和地解决这个问题。他上奏说:这些荷兰人的家乡都在锡兰;他并没有统计被杀害的中国人的精确数字,只说有许多,另外还有1100人跑进大山;他声称巴达维亚的中国人根本不是中国人,而是已经住在那里几百年的外国人,他们服从当地法律,并且给荷兰统治者而不是中国的皇帝纳税。他在上奏中原谅了荷兰人,声称如果不是他们的奴隶用暴力反抗,荷兰人绝对不会拿起武器用武力镇压这些奴隶。同时,他还谴责了那些反叛者,声称他们的反抗没有正当理由,并且是藐视法律权威的表现。

他用一种轻松的语气告知皇帝,说荷兰有一个传统,就是每年把一些违反者从巴达维亚带到锡兰,让他们去做各种武力任务,特别是对付在那里造成破坏的野蛮人。他们许诺后来去的中国人,如果谁在战斗中表现出色,就可以给谁自由,并且可以重新返回巴达维亚。但是有一个条件,他们在其他的同伴到达这里之前不许走,这样才能保证那些野蛮人不再来侵犯,甚至废弃小岛,这样小岛就不需人防御了。为了实现他们的许诺,他们告知中国在巴达维亚的代表,他们需要另一批人替代先前的人员,可是因当时监狱里没有足够的犯人,所以他们挑选一些无辜的人去服兵役。那些人不仅没有服从,反而鼓动其他中国人去反对他们的主人。除了严厉的惩罚以及洒出的鲜血,任何事物都不能阻止他们的叛乱。

福建巡抚就是这样阐述这件事的,也许广东巡抚也要给宫廷上奏一封类似的奏折。我希望经过调查,特别是我们听说巴达维亚商会向中国皇帝报告了他们的行动并向皇帝道歉以后,皇帝能够理解荷兰人的所作所为。如果事情没有解决,就会给我们欧洲人带来很大麻烦。

所以阁下能够了解我们在这个国家的计划有什么危险,而且还有许多能让皇帝讨厌我们而我们无能为力的意外情况。如果上帝不保佑这个城市,守卫的看守是徒劳的。我们把所有的希望与信任都转移到上帝的帮助。

阁下可能会对欧洲数学在宫廷中的接纳程度感兴趣。说实话,据我看来,中国人对西方科学的喜爱程度正在逐步下降。他们的高级官员也以皇帝马首是瞻,皇帝除了绘画艺术以外几乎对什么都毫无兴趣,这使得我们的画家郎世宁神父在皇帝面前很受欢迎,而且皇帝还会屈尊使用神父的毛笔。

在雍正皇帝的命令下,郎世宁在前几年画了一幅《百骏图》,作品长6英寻(fathom),宽2英寻,描述了100匹马和骑手们,形态各异。当朝皇帝(指乾隆皇帝——译者注),特别喜欢这幅杰作。他希望有一幅尺寸较小的同样的作品,可以随时摆在手边,同时也可以画到他的华盖上。郎世宁在短时间内把任务一丝不苟地完成得十分完美,皇帝十分满意。不管是第一幅大的作品还是第二幅小的作品,都不得不让所有的欧洲鉴赏家交口称赞。

这些努力并没有让皇帝满足,他命令郎世宁给他自己画像,画不同大小、摆各种姿势、穿各种衣服的肖像。他甚至把这位牧师画家传唤到他的内室,并带领他去之前任何欧洲人都没有见过的皇后的私人房间。他命令郎世宁用毛笔画下皇后的画像,这在之前的中国是前所未有的。郎世宁就这样抓住机会,让皇帝与皇后都十分满意。

我们希望这位谦逊的画家在皇帝面前的出色表现能够对天主教在中国的地位有好的影响,更简洁地说,这个愿望可以鼓舞欧洲的画家,特别是耶稣会的画家去服务上帝,并且帮助已经筋疲力尽的郎世宁。因为这是中国宫廷中唯一流行的东西。画家们无须把所有的绘画种类都掌握,即使是郎世宁,当他在 26 年前到达这里时,他也没有像现在一样出色。如果在欧洲掌握了透视法,画家们来到这里就没有任何困难,因为透视法是所有绘画的基础,通过勤奋的努力以及郎世宁的指导,他们会在各种类型的绘画上取得很大进步。上帝无疑会仁慈地保佑他们的努力,因为目的都是为了上帝的荣耀。

中国的传教事业因为失去了一位有名望的传教士而处在巨大的危险之中。来自罗马传信部的杰出传教士德里格神父在年初得了很重的病。而且因为他当时已经接近 70 岁,所有的人都认为他凶多吉少了。当他自己意识到自己病情的严重性,他诚恳地与戴进贤进行谈话,并且希望副主教能够在他生病期间提供一些精神帮助。由于他的身体状况需要,魏继晋神父与我十分荣幸地被挑中,有三个礼拜可以日夜陪在这位杰出教士的旁边为他服务,而且如若他需要,会一直如此。幸运的是,上帝决定还是让这位值得尊敬的老人活下去。现在,他到哪都不会忘记提起我们恭顺的服务对他是多么欣慰的事情,并且把他的康复归功于我们热忱的帮助与照料,寻找一切机会表达他对我们的感谢。

我们在上帝田地里收获的果实在这里就不多讲了。另一名神父已在我之前把一封更为详实的信寄往欧洲与奥地利教省。希望阁下能够跟我一起,感谢上帝允许我们在荆棘杂草中收获饱满的小麦。我把我和我们的事业以圣主的名义托付给您。给阁下,1741 年 10 月 10 日写于北京。

基督的仆人,耶稣会士刘松龄。

信件编号:681

文献来源:

《新世界报告》,第四本,第三十四部分,弗兰兹·凯勒编辑,维也纳,1758,信件编号:681,74—78 页。

第二封信。奥地利耶稣会刘松龄神父给同是耶稣会成员的约瑟夫·里德神父的信。里德当时与刘松龄神父同属一个教省,同时是葡萄牙王后的告解神父。写于中国北京。1743 年 11 月 1 日。

主内平安!

  从葡萄牙人那里我们得到了一个很好的消息,里斯本皇室正在等候您的到达。自从尊敬的卡尔·伽伦弗神父去世以后,里斯本王后的告解神父便一直空缺,他们希望您能早日去充当她告解神父的角色。借此机会,我十分高兴地祝福你能在这个受人尊重的职位上受到上帝的保佑,而且丝毫不会怀疑您已经接任了这个位置。同时,我希望您能够在百忙之中跟我们这些被遗忘在中国的传教士通信,可能对您不会造成任何影响,但是对于我们来说却意味着许多。当然,我们也不会忘记报告有关我们的信仰以及神父们的情况。

  今天,我从生活在宫廷和北京城内的耶稣会士说起。对于那些被分散在全国各地的传教士,特别是有他们的好消息到达我们这里的时候,我会找机会介绍他们。

  在这里,我们有三座教堂,其中还包括了围绕在它们周围的一些房子。这些建筑都是在皇帝的要求下建造的,在正门上雕刻汉字的牌匾就是证明。另外还有若瑟教堂,虽然不是皇帝命令的,但是没有违背他的意愿。即使是在教难期间,作为基督教的教堂,它也十分受人尊重。当他们在宫廷中称呼这些基督教教堂时,他们经常把这三座教堂合称为"三堂"。

  建成时间最长也最受尊重的教堂是书院教堂,因为它建在宫廷南侧,因此也经常被称为南堂。前朝皇帝将教堂前面小广场的土地赐予利玛窦,现今皇帝又在另一道圣旨中确认了这些财产归汤若望所有。利玛窦在土地上建起一座小教堂,而汤若望则建造了一所漂亮舒适的中国式教堂。徐日昇(Thomas Pereira)神父与阁明升(Grimaldi)神父之后把这个教堂增添了欧洲风格,但是 1720 年与 1730 年的地震把教堂整个摧毁了,变成了一堆大石头。今年教堂又在废墟上进行重建,带着它全部的荣耀矗立在我们面前,足以让基督徒兴奋,让异教徒惊叹。在这座教堂附近的书院里,目前住着我们的七位同事。他们分别是教区主教徐懋德教父、布道者高嘉乐以及教堂的首席教父傅作霖,他们三人来自葡萄牙;还有两位来自上德国教省,他们分别是钦天监监正戴进贤与教会官员鲍友管;另外还有捷克音乐家鲁仲贤神父与擅长医学的那不勒斯人罗怀忠神父。

在圣教会(Holy Order of Christ)教堂(即东堂——译者注),仅住了五名欧洲人,他们是葡萄牙副主教兼修道院院长闵明我(Domingos Pinheiro)神父,来自捷克的魏继晋神父与来自奥地利教省的我,米兰的画家郎世宁以及一位严谨的建筑师、来自佛罗伦萨的利博明。

这座房子与其附属教堂的来历非同寻常。当鞑靼人打算征服全中国时,他们把领土一块一块攻破,并且不断地改进武器。两位在四川地区工作的牧师落入他们手里,分别是西西里岛的利类思(Ludovico Buglio)神父与葡萄牙的安文思(Gabriel de Magalhaes)神父。鞑靼人把他们当奴隶使唤,在还没有弄清他们是谁的情况下,把他们带到北京。

当两名被俘的牧师向北京的基督徒们说明身份,那些基督徒们便争先恐后地向这两名外国奴隶表示最大的尊敬。基督徒们拜访他们,尊敬他们,并且在各方面帮助他们。所以,监视他们的鞑靼人把这件事报告给了皇帝。他们告诉皇帝,在他们看来,这两个人一点都不像地位低下的人,他们讲流利的中文,而且与他们接触的中国人把他们作为博学高尚的人来看待,对他们非常恭敬。有人说,他们跟当时在北京备受尊重的南怀仁(F.V.)是相同的身份,等等。听到这个消息,陛下立即下达命令释放该二人。

在商量为这些新的客人安排一个舒服合适的住所的时候,一个大臣提出可以提供给他们一所闲置的房子,如果他们喜欢的话,也可以把整个房子送给他们。他们搬了进去,并逐渐得到周围的小房子,把它们推倒,并且在朝廷没有承认的情况下建造了一座新的建筑与一座教堂。这座完全欧洲风格的教堂由利博明神父建造,花了几年的时间才完工。郎世宁又用画笔把它变得更加美观。

救世主堂(The Church of the Holy Redeemer,即北堂——译者注)是康熙赐予那些法国传教士的。在教堂旁边的法国寓所中,住着五位教父与四位和尚,后者精于钟表制造与绘画,他们为皇帝服务,并且必须每天去宫廷中工作。

众所周知,皇帝的都城周围有三道很高、很坚固的砖砌围墙。最外层的城墙把城市与边远的郊区隔开。中间的一道墙被砌成黄色,抑或是一种偏红的颜色,把城与中间的宫殿隔开,它被叫作皇城,但是里面不是皇家的范围,而是被拿来作为各位皇子、官员以及大臣的府邸。真正皇家的范围包括朝廷、宫殿等都在第三道墙内,皇帝以及他的仆人们住在那里。

在城外的圆明园(圆明园是一个绝佳的皇家避暑胜地,离宫廷有两小时的距离,皇帝经常在那里逗留)中,我们和法国的神父们都有住所和教堂,其存在是为那些终身供职宫廷的人或者经常在那里工作的人服务的。我们每个人在圆明园外都有一片特别的墓地,一个接着一个(按照中国的风俗,死去的人都被埋在城市以及商业市镇的外面)。这里离书院以及住所一共只有1000步远,到救世主堂也只需两小时的路程。墓地包括相当长的一块土地,被围墙完全隔起来。在围墙上,能看到在房子与花园旁边,是我们掩埋死者尸体的教堂。每年春、秋两次,墓地中就会响起为死者而唱的安魂曲。在祭奠死者的仪式上,会有许多基督教徒出席,他们虔诚地陪伴死者,并且为他们祈祷。

阁下可能会问,在耶稣信仰被如此严格地禁止之后,现在教堂活动是什么样的。对于这个问题,我认为在北京,我们的教堂活动几乎跟禁止前一模一样,区别仅仅是现在不开大门,也不会把活动一直延伸到街道上,但我们会让虔诚的人们首先通过书院住所的大门,先进入我们的住所,然后再进入教堂。礼拜日以及假期,我们会有严肃的弥撒和布道。南堂由80岁的高嘉乐神父主持,若瑟教堂由我或魏继晋神父主持,救世主堂由宋君荣神父以及孙璋神父轮流布道。然而,妇女直到现在依旧不能参加这些活动。但在教难过程中,我们找到了另外的方法能够把女人们集合起来参与弥撒或者布道。

在离教堂很近的地方,我们有另一所房子,与教堂是完全分开的。里面有一所圣玛利亚小教堂,一些虔诚的女性教徒秘密地集会参加宗教仪式。我们也会去拜访她们的家,并且为她们做弥撒。然而,这样的机会很少,而且只能覆盖到一小部分妇女。女人们对半年一次的拜访频率比较满意。为了帮她们赦免罪过,为她们发放圣餐,我们在3月和9月去拜访城内外所有的基督徒家庭妇女。

相反,男人们可以在北京自由地信仰宗教,当然这必须也要考虑到乾隆皇帝不仅没有撤销雍正皇帝关于信仰的严厉的禁令反而更加明确地加以重申的事实。因为他们不必要害怕背叛者以及告密者,不仅如此,为了让告密者们醒悟,改过自己的错误,他们带领各个阶层的异教徒们来到我们这里。每年会有200人加入教会。这200人不包括孩子,而每年大约3000基督教婴儿的出生与洗礼让三个教堂都充满了活力。

在这里，身为异教徒的百姓和官员经常询问我们关于宫廷以及宫廷以外的事情，他们想弄清楚我们从远方来到这里的目的。正如我们的前辈所回答的那样，我们直率简洁地告诉他们，我们的目的是把宗教的真理以及对神圣上帝的信仰传播给中国人。

所以，众所周知，我们在这个帝国的存在并不是仅仅为了皇帝，为了宫廷，为了这个帝国，而是为了那些普通人。他们认识我们，称呼我们为上帝派来的老师、外国信仰的布道者，等等，而不会加上关于艺术与科学的任何东西。同时，他们允许我们按自己最初的愿望公开进行各种传教工作。所以，我们跟别地的传教士没有任何两样，也必须十分小心谨慎地进行各种传教活动。

这种不可靠性并不能归因于皇帝不喜欢我们与我们的信仰。他虽然不是特别喜欢我们，但也没有特别讨厌。我们遇到的麻烦归结于中国的行政部门，尤其是礼部，他们掌管着整个国家的信仰，并对我们的信仰极其轻视。然而，皇帝本人却在批阅礼部官员的奏折时答道，穆罕默德教派、基督教、预言以及星占等从来没有在中国禁止过。因此，一个人传播这些没有来由的谣言是没有太大作用的，同时，他们也不能代表礼部一些友好的前任。中国人十分狡猾奸诈，如果不愿意把自己置身于被欺骗的危险中，就不要相信他们的话。

在中国，从辖区到城市到乡镇，有许多各个级别的官员。他们对我们或冷或热，取决于他们对我们的教义、风俗以及我们的使命了解多少，取决于我们被宣传的形象是负面还是正面的。然而，往往一个人认为我们很好，若是有人在他身边鼓动让他加入敌方，这样就可以得到他梦寐以求的升官发财的机会，让他改变主意也是非常容易的。

所以，阁下可以理解我们在中国的传教处在什么样的地位。我们生活在宫廷与北京城眼皮底下，必须时刻警惕不要做出让那些爱猜疑的中国人抓住把柄的事情，同时，我们必须寻找新的途径来保证他们对我们的喜爱及尊重。

在这件事上，在我们被准备传召到北京时，当时的督察员西蒙神父给我和我的同事们写信，并向我们叮嘱："对于阁下以及您的一些同事，我对你们的第一个要求就是请全力以赴勤奋地学习汉语以及汉语经典。而且你的目的不仅仅是能说熟练的汉语，同时也能读和写。是的，最初级的目标是能够大致地了解最基本的教义大意。当下没有比这更重要的，而对一个在中国的传教士来说，没有比这更有用了；因为只有这样你才能拥有威信和敬重，否则中国人会认为你是个匹夫，不会听你讲话，或者即便他们听了，也不会相信。"

按照这个中肯的建议，在做完神操、履行我的职责以后，我开始把所有时间都用来努力地学习汉语。感谢上帝，在这段时间里，我过得非常快乐。因为我能说中文，就能不需要太多准备去帮助其他神职人员，对他们所说的基督教真理进行解释。我能阅读中文，而且能理解大部分最早来中国的传教士、中国传教事业的创始者们所写的范围广泛的中文著作。他们把我们的信仰描述得如此生动，而且表达方式十分地道，让当地的神父们十分惊奇。在上帝的帮助下，从去年开始，我已经开始阅读、理解并翻译那些难以理解（或者有人指导才能明白）的中国经典文献了。现在，我已经可以独立地用汉语指出异教徒的错误并说服他们。要想完全理解这些中文，我还有很长的路要走。现在，我已经学习了书法，可以写出比拉丁文更好懂的中文。作为练习，我临摹托马斯·厄·肯培（Thomas de Kempis）著作的旧中文译本。虽然我的老师鼓励我，认为我一定会打破书写这块坚冰。但是书写根本不同于口头表达，如果按照中国人的习惯把自己的想法写下来，目前对我来说还是一件超出我能力范围的事情。而我所有努力的目的是，弘扬可以让孩子们自由说话的上帝的荣耀。为了让这些任务变成增加上帝荣耀的有利工具，请阁下在弥撒时不要忘记为我祈祷。写于北京，1743 年 11 月 1 日。

给阁下，您最谦逊的仆人，耶稣会士刘松龄。

信件编号:696

文献来源:

《新世界报告》，第四本，第三十四部分，弗兰兹·凯勒编辑，维也纳，1758，信件编号:696,125—128 页。

奥地利耶稣会刘松龄神父给同是耶稣会成员来自那不勒斯教省的倪天爵神父的信。写于北京。1749 年 11 月 28 日。

主内平安！

在上一封 1748 年 1 月 13 日的信中，您屈尊责怪我好长时间都不给您写信,同时要求我更频繁地回信以弥补过失,所以我想我只能告诉您一些在中国发生的新闻了。

几天前,可怕的黑色乌云聚集在中国上空,演变成为一场可怕的暴风雨。在福建,他们用刀和绳索杀死了属于多明我会的一个主教和他的四个助手;在南京,我们耶稣会的两位神父也被杀了;还有在江西,一名方济各会的教徒被以莫须有的罪名杀害,称其利用谬论来欺骗老百姓。

这个地区的基督教住户也不幸被牵连,并受到了较严重的攻击。一些人被折磨致死,另一些人流离失所,还有一些人被处以鞭刑。

即使是我们,在统治者的保护之下也没有被饶恕。傅作霖与我站在一个异教徒法官的面前,因为我们已经承认我们发放了关于基督教信仰、祷词、经文的小册子,如果不是皇帝宽恕我们,免除我们所有的罪责,惩罚肯定是避免不了的。

现在这场风暴已经逐渐消退了。然而,我们不能确定它们会不会更猛烈地卷土重来或者在其他地方发生。因为威胁的消退并不是由于那些最初做坏事的人以及他们的帮凶已经被神灵报复、被打败或者被摧毁了,而是由于中国皇帝,这个基督徒与欧洲人最大的敌人依旧活着并且身体很好。他依旧执行他父亲所持的政策,认为欧洲人对宫廷十分有用,但在外省的欧洲人却没有任何作用。为此,如果他不得不忍受在北京的欧洲人,那么至少他决定要扫除各个省份的外国神父以及他们的教义。而那些人的力量十分有限,他们不能通过辩护或者请愿上奏为他们的教友辩护,来捍卫他们的权益。我们今年也经历了这样的事情,有人别有用心地阻断了我们与皇帝的联系,我们所有与皇帝联系的通道都被那些奸诈狡猾的人切断了。恳求皇帝保护我们受苦的传教士的口头或者书面上书都无法让他知晓。

阁下一定从其他信件里听说过上帝对这些基督教的敌人是如何报复的!

在皇帝亲自签署的一份不光彩的公文中,大臣遭到了一系列不道德的谴责。他是一名满人,是宫廷中杰出的首席大臣,因镇压四川的起义作战不力,被判处死刑,首级被挂在军营中的杆子上示众。

福建巡抚是汉人,因为违反了满人的风俗而丢了性命。其头颅被砍下来祭祀皇后。住在鞑靼地区的江南总督,是一个满人,虽然他很穷,其财产还是全数充公,而他自己也被安排在一个官殿中做打扫院子的低下工作,每月只有一两白银的报酬。

皇帝的妃子们为他生了许多孩子,所以当他的嫡子(即皇后所生的儿子——译者注)夭折的时候他的悲伤本会减轻很多,可是这件事情发生的环境让这个孩子的死令人悲伤。因为他死在除夕的晚上,而且是午夜之后,即新年第一天。在中国,这是一个很不好的先兆,因为他们相信,在那天失去孩子的父母一定是罪恶、堕落的人。

为了挽回这个令皇帝与皇后感到耻辱的事情,皇帝在大力宣传了他与皇后的荣誉和美德以后,向全国颁发了一道诏令,公开地接受了他由于得意受到的惩罚。因为所有登上皇位的先辈包括他自己都不是正官所生,他还是私心要把皇位让给嫡子,所以出现了这样的不幸。("先朝未有以元后正嫡绍承大统者,朕乃欲行先人所未行之事,邀先人不能获之福,此乃朕过耶!"此为原文。——译者注)

上帝给这位天子的第二个残酷的惩罚,也是尽丢皇家颜面并十分痛苦的。当皇帝与皇后去一个非常著名的寺庙中祈福时,皇帝失去了他的皇后。他们当时在回来的路上,皇后突然患了重病,并且在一天之内就驾鹤西去了。此事的发生使皇帝威信扫地,因为这样看来似乎神灵拒绝了他的诚意。这样大的耻辱引发了他的一场暴怒。

皇帝踢了他的长子,这个儿子是他与他的妃嫔所生,只是因为皇帝认为他的儿子没有对皇后的死表示出足够的伤心,就下令对他进行严厉拷打。同时倒霉的还有两名高级官员,皇帝不分青红皂白下令对他们进行长时间的残酷拷打,其中一人当天就丢了性命,另一人不久以后也命丧黄泉。此外,他判决了另一位被认为是官里最博学的满洲高官死刑,几个月后才得到赦免。另一位地位与此人相当的人也被判了死刑,虽经太后求情,还是免不了在皇帝面前几乎被打死,然后从官中被拉了出去。

正当皇帝在官廷中暴怒的时候,沉寂很久的四川省又爆发了起义,这可能也是上帝对统治者的报复。虽然他派了十万满洲军队去四川叛军的山中据点镇压,那些叛军还是英勇地把清朝军队打败了。清军损失十分惨重,更可耻的是平日里文弱的汉人竟能打败鞑靼的军队。事态发展至此,皇帝对可能的胜利十分绝望,于是他决定班师回朝。而这样耻辱的事情并没有停止发生,几个长官秘密地与敌方达成了协议,如果他们在表面上服从皇帝,恳求和平,就许诺给他们钱、释放人质以及无限制地自由通商等。自由通商正是以往的一块绊脚石,也是这次冲突发生的根本原因。冲突就这样被调解了,和平被重新建立,对造反的人来说是十分体面和有利可图的,然而皇帝却没有获得尊重和利益。虽然他十分希望在这次反叛中能够成为一个胜利者,被他的子民所赞扬,可是他现在被整个国家鄙视为胆小和优柔寡断的皇帝。

阁下您可以看出,我们处在怎样危险的情况下在怎样的宫廷为怎样的君主服务。我们只希望我们在这个国家的存在以及为皇帝的服务,可以体现上帝最尊贵的荣耀,同时保护我们这个为好几千中国教徒谋求利益的残破的传教地点,这个职业目的支持着我们忍受这些苦难。我和我的同伴忙碌地进行天文观测,我希望,如果上帝让我长寿,并赐予我更多的力量,我能够尽快完成一部比较厚的书。除了日食、月食,我们也观察木星的卫星,看它怎么从木星的影子中出来和进去;也通过与那些恒星的比较,观察其他卫星的位置。这样才能不忽视星星的任何变化。

我们在工作中用了一个相当精确的测微计与一座相当好的摆钟,能够利用太阳的移动校正时间。而对于太阳的移动,我们每天用直径两英尺且带有五英尺放大镜的四分仪测量两次。

如果我们有一个新的四分仪,即那种法国或英国制造,直径至少三英尺,带有五英尺放大镜的四分仪,再加上配套的测微计,我们就可以承担更重要的事情。但是谁会做我们的资助人呢?今年我们从法国新订购了一个摆钟,从英国订购一个测微计,但是收入不够再增加一个新的四分仪了。

几年前,按照圣彼得堡、伦敦和巴黎的学术机构的要求,我们十分荣幸能够把我们最重要的学术成果展示给他们,同时,他们也十分慷慨地兑现寄给我们书信、优秀论文以及珍贵的图书。

1745 年,之前圣彼得堡科学院的院长、现在瑞典宫廷的大使科夫男爵,代表全体圣彼得堡科学学会会员邀请我们与他们通信。同时他很高兴地赠给我们三箱圣彼得堡科学院出版的珍贵书籍,每个教堂都得到了一部分。对于这些意料以外的邀请和礼物,我们靠北京三个教堂的经费,为他们寄送了一箱中国的书。这些书是我的前任们写的,有的关于数学,有的是其他内容,还有手边少量十分精确的观测记录。圣彼得堡科学学会收到包裹之后非常高兴。我们今年得知,他们决定利用俄罗斯商人或者商队,为我们带来一批欧洲的新书和新西伯利亚的地图,来填充我们的图书馆。我们正在热切地盼望这批礼物能够于明年到达。

伦敦皇家学会秘书莫蒂默先生也做了努力。他写给我一封热情的信,希望我们给他及其同伴提供科学成果,并以他们的名义,请我们经常通报天文研究的成果。因为他热情的态度,我们今年收到了一卷《哲学汇刊》。可是我手边没有什么研究成果作为回报,于是我把我的前辈戴进贤神父翻译成中文的牛顿表以及关于对数、正切、正割等类似的中文书籍寄回伦敦。

出于同样的目的,利斯勒先生给宋君荣神父写了一封长信。里面描述了当代欧洲天文学的状况,也写了巴黎、伦敦和博洛尼亚科学院(Bologna Academies)为进一步发展天文学所做的努力。同时他希望我们尽快为天文学这门美丽的科学的发展做出贡献。

当然,我们来这个国家不是为了天文学。不过我不会耽误任何机会,如果有时间,我们就研究科学,一部分原因是为了继续与欧洲的朋友们互相联系,另一部分原因是为了劝说中国人,让他们明白他们离完全掌握这门科学还有多大差距,所以他们依旧需要我们。现在有一些在官廷自称是最了不起的天文学者(指钦天监的那些反对传教士的官员——译者注),如果他们得到了认可,将成为对基督徒和欧洲人的最后一次打击,这对我们是非常不利的。

在交趾支那和越南的朝廷,我们也有两名欧洲传教士,交趾支那的纽介堡神父和越南的文森·帕勒斯神父。他们比我们更安全、顺利,因为没有人阻碍他们的工作。帕勒斯神父对他们的国王说明了从西方来到东方的目的。那个国王非常好奇地叫起来:"我们怎么能打击有这么好的教师的宗教呢?"同时,他命令释放所有以前为这个宗教被关起来的人,而且保证以后不再打扰他们。在蒙古国,国王和低层统治者对我们与我们的宗教也持友好的态度。我希望在上帝的帮助下,中国的皇帝的眼睛也会张开,并尊敬我们的宗教。阁下一定可以在圣坛上祈祷上帝能做到这些,我把自己托付给您。北京,1749 年 11 月 28 日。

最谦逊的仆人,耶稣会在中国的传教士刘松龄。

第一封信

文献来源：

Pray，G. *Imposturae* 218 *in Dissertatione R. P. Benedicti Cetto*，Clerici Regu-laris e Scholis Piis de Sinesium Imposturis Detectae et Convulsae，Budae 1781. 第一封信，1—16 页，1743 年 10 月 6 日刘松龄从北京寄给弟弟韦查德的信件。

今年我从阁下那里收到了两封信，第一封是 1739 年 12 月 2 日从匈牙利帕趴（Papa）寄出的，第二封来自同年 12 月 28 日的维也纳。对于蒂米什瓦拉（Timisoara）主教弗兰肯斯坦（Falkenstein）的去世我深表痛心。因为无论是从他的工作还是我跟他的交情来看，他都应当活得更久一些。今年我也在等待另一封信，是吴君神父写给彼得神父的。他写信说那封信他已经寄出了，所以我希望我能在接下来的几天里收到这封信。两艘法国船只都已经到达了广州，可是我们还没有收到他们捎带的任何一封信。

现在，我们能够保持联系的第二条航线已经在里斯本开通了。他们在那里重新设立了一个商会，并且拥有皇家特权。每年这个商会都会派一艘船直达澳门，几个月以后再返回欧洲。约瑟夫·里德神父及他的同事卡尔斯·祖阿（Carlos Zuia）神父正在陪伴尊敬的葡萄牙国王，因此我猜想他们与你的通信不会十分困难，并且我们能够十分容易、安全、应急、有效地跟他们联系。因此，在我的信中，我没有特意提到阁下委托他们的事情。我对经过果阿的那条葡萄牙邮路十分不满意，速度很慢并且不安全。正在我写这封信的时候，外面一阵喧哗，是信件到了。而我十分期待的从吴君神父那里寄来的信就在其中，还有一封是阁下从捷克的诺伊豪斯（Neuhaus）①寄给我的。

我记得，之前我给你的信中提到一个去年抵达这里、待了 6 个月后返回的俄罗斯商队。在乾隆皇帝的许可下，俄罗斯与中国达成协议，每三年他们可以来中国进行一次交易，交易品多是不同动物的毛皮。中国人竟然认为欧洲的服饰十分滑稽，那些俄罗斯人的穿戴（其实）跟德国人差不多。统治者赐予他们一间房屋，每次他们来做生意都住在那

---

① 今天的英吉夫（Jindrichov Hradec）。

里,三位牧师和神职人员长期驻扎。其中也有一些学习汉语和鞑靼语的年轻人,他们日后也许会成为俄罗斯皇宫或中俄边界的翻译人员。

他们迫切期待能从俄罗斯再来三名不超过 20 岁、懂拉丁语的年轻人。而那几个准备回去的人已经在这里待了 10 年或者 12 年,精通两国语言。今年还有一名俄罗斯信使花了 3 个月的时间从圣彼得堡来到这里,宣布新沙皇登基的消息。他返回时,我们的统治者想委托他给新沙皇带些礼物,包括 20 匹达马西恩缎、20 件小瓷罐与 20 件大瓷罐,可是使者十分谨慎,没有接受礼物,拒绝的理由是:自己没有带什么礼物来,没有沙皇的命令,不敢私自收礼。虽然皇帝命令他带走礼物,他依旧拒绝带任何东西。因此这件事情引起了双方的矛盾。我们也不敢去拜访该使者,因为怕他的坚决和顽固会拖累我们,要知道,清朝对这种不信任的行为已经十分不满了。

还有一件事需在这里提出,中国有一个专门负责外国事务的机构,称作理藩院,主要负责管理外国来访人员、处理对外事务等。除了那些直接对皇帝负责的欧洲人,所有的在华外国人都归理藩院管理。这些外国人一般是指早期从北方来的外国人,有蒙古人、喀尔喀人(Khalthas)、厄鲁特人(Eleuts)、西番人、俄罗斯人以及鞑靼的其他部落。最初,俄罗斯统治者给我们的统治者·写信,而我们的统治者没有写私人信件的习惯,所以到后来,圣彼得堡的长官给理藩院写信,理藩院负责回复。

阁下您同时问了我这样的问题:教皇本尼狄克十四世颁布的关于中国礼仪的新教宗训谕对我们的影响。我的回答是:事情确实是按照他所期望的结果发生的。我们接受、保证并且受其约束。但是事实上,问题不在这里,因为在中国的传教对象仅限于穷人,他们不能吃饱穿暖,更别提为祖先提供祭品、修建祠堂了。但是这种训谕越少越好,因为我们有北京教区主教耶稣会士索智能。我相信阁下已经通过其他渠道了解到这些影响给我们造成的困难了。

今年,也就是1743年,我们在北京书院的教堂重新修葺,并且规模比以前更加宏大。之前的教堂在 1720 年与 1730 年的地震中被完全摧毁了。可是它并不如之前建造的那样结实,这意味着我们必须更加担心,如果以后碰到了类似的地震,它比之前的建筑更容易被摧毁。这个教堂的历史说来话长。我只大概地提一下,万历皇帝把现在的书院教堂赏赐给利玛窦神父,利玛窦神父修了一个适合当时环境的小教堂。顺治皇帝时期,南怀仁(F.V.)神父新建了一座装置有塔和钟表的教堂,十分坚固、漂亮并且舒适。当法国与葡萄牙的分歧出现以后,法国开始修建新的教堂。同时,当时的葡萄牙人,特别是徐日昇,在离开了南怀仁(F.V.)的教堂以后,也建造了一个更大的欧洲建筑风格的教堂。在里面除了一个主要的圣坛以外,还有三个分散在礼拜堂的小圣坛。然而,因为地基不坚固,在一次地震中受到了很大的破坏。本来在修葺的时候,他们应该花更多的时间在加固地基上,可是他们把全部精力都投放在教堂的装饰上了。所以我们就有了一个十分漂亮但不太坚固的教堂。这儿不缺在装修过程中向皇帝汇报的人:但上帝才是至高无上的。

　　今年,作为出色传教工作的回报,上帝把70岁的费隐神父召回天堂去了。他来自奥地利林茨,在中国进行传教工作已经有37个年头了。从他来到中国的那年,康熙皇帝命令他与其他人一道完成一幅整个中华帝国的地图。他在这项巨大的任务上花费了大量的时间,也花费了比别人更多的努力。经过9年的艰苦努力,他走完了中国的边境线,从最南端云南省的边境到最北方在中国统治之下的鞑靼地区。他变成了一个地理学家兼传教士,因为在他的旅途中不会错过任何一个可以祈祷的机会。在回来的途中,他被任命为北京圣约瑟夫教堂的主教,共任职6年时间。任职期间,他修建了圣约瑟夫教堂,从地基到房顶都很牢固,虽然大小一般,但在坚固性与美观上都要出色很多。当1730年整个北京都遭受地震,许多建筑都被破坏的时候,此教堂毫发无损。佛罗伦萨人利博明神父与米兰人朗世宁等两名耶稣会教友协助装饰了教堂。一些人认为这些建筑与艺术风格需要迎合中国人的口味,而事实是,虽然这些建筑丝毫没有偏离欧洲当代的建筑与艺术风格,但汉人与鞑靼人对它们相当欣赏。直至现在,每年都会有许多参观者来参观,特别是在中国的新年朝廷休假的时候。在教堂中,他们最感兴趣的是主圣坛,与罗马圣阿洛伊休斯(Saint Aloysius)圣坛的风格十分类似。在教堂的中央是圆圆的屋顶,按照透视法在上面作画。世界各地的人们来到这里,都会非常欣喜竟然可以在这里找到做礼拜的地方。几年前从罗马来到这里的两位奥古斯丁会的神父曾说过,这个教堂值得立在罗马的正中央。

　　6年任期期满后,费隐神父离开了他负责很久的书院教堂。他来到了圣约瑟夫教堂,然后把余生都献给了使徒的使命,同时他也是圣约瑟夫教堂无法忽略的负责人。6 月 4 日,在经历了 9 个小时的祷告以后,费隐神父升入了天堂。第二天,他被放入棺材中,10 天后下葬。当有人告知皇帝神父的死讯,皇帝为他的葬礼拨了 200 两白银,比同等数目的金币价值还要多一些。

关于葬礼的仪式,我不得不简单地提一下。按照这里的葬礼规矩,我目睹了 5 个步骤。死者刚刚去世的时候,会在他日常的衣服外面套上一件祭司的外衣,跟欧洲一样,把他从他死去的床上移动到灵柩台上,不一样的是他们会在遗体上从头到脚盖上一块白色的亚麻布或羊毛布。我们教堂所有的人都立刻穿上白色的羊毛编织的丧服,同时去掉红色的头饰。他们还会在另外的房间或者院子中摆放一口棺材,把死者的遗体在棺材中放置一天。然后一名穿法衣、身披披肩的牧师,以及 6 名同样穿法衣的仆人对围着蜡烛的遗体做祷告,之后至少停留 9 天时间。每一天基督教徒到那里去祈祷,并按照他们的方法焚香点蜡。许多死者的非基督教朋友也用他们自己的方式前来吊唁。对于他们带来的礼物,我们接受那些不是明显迷信的东西,那些明显迷信的就要求他们放到门口,并安排守门人。同时,基督教朋友们会带来丝绸的条带,上面书写对死者的溢美之词,并把它们放到坟墓的四周。所有来参加仪式的人都会把带来的东西放到棺材旁边,然后四肢触地,头碰到地面上。法国人称这种风俗为“Bâter la téte”,葡萄牙人称为“bater cabeça”。当他俯下身脸面朝地面的时候,他开始对死者表示哀悼。这时我们耶稣会的一个人走近他,他直起身子,对死者表示尊重之礼,然后再用头叩拜一次,退下去。之后当地的居民邀请客人们喝茶。在进行葬礼的那天,所有的欧洲人穿着丧服,聚在房间中,开始葬礼仪式。在丧礼应答圣咏之后,他们抬起棺材,点起蜡烛,两两一排把棺材抬到大门口。身穿法衣身披披肩的牧师带领着“不幸的”祈祷者,我们也加入进去。在大门前,我们把棺材放到灵台上,在那里所有的欧洲人被排成两排或三排,我们最后一次向死者叩拜 4 次。之后,他们抬起灵台,我们再次举起蜡烛,陪伴他在马路上走几百步。最后,按照当地风俗,也由于路线太长,我们骑马跟随送葬的队伍到达墓地。在整个过程中,队列是这样的:首先是高大狭长的马车,上面挂着红色的长方形绸带,上面用金字写上死者的名字、年龄以及任职情况,接着是一个比较小的马车,上面挂着黄色的绸带,绸带上用黑字写了皇帝授予死者的荣誉,这个马车全部被黄色的绸带所装饰。在车前面有人举着乳香,在整个路程中都不能熄灭。4名受邀参加葬礼的大人,穿着丧服,走在马车旁边。陪伴他们的还有中国的音乐。这辆马车还有一个特权,每个人经过这辆马车时都必须下马,站立静等车队走过,连亲王和皇子也不例外。后面跟着三四辆马车,马车上有十字架,有我们救世主的肖像、圣母玛利亚的肖像,以及守护天使或圣弥歇尔(Saint Michael)的画像。再后面是其他样式的马车,基督教徒们跟在马车后面,他们举着香、不同的徽章与各种小旗。接下来就是在灵台上的棺材,被64个人抬着,所有人都穿着白色的外衣,头上缠着白色的头巾。我们与仆人骑在马背上,走在队伍的最后。我们要去的墓地被一面墙包围着,一部分是万历皇帝亲赐,另一部分是康熙皇帝赐给我们的。当死者到达墓地时,其棺材被安放在十分宽敞漂亮的圣母玛利亚小教堂的最中间。他们开始为死者的整个身体做弥撒。弥撒结束后,我们举着蜡烛,唱着丧礼应答圣咏,把棺材送到坟墓中。当他们把棺材放到坟堆上时,就完全按照规定礼仪的书中的仪式来进行。棺材被放进墓穴里,我们向死者告别。当送葬的队伍走到墓园的门口时,会停下来,我们同样叩首4次向死者拜别。

最后,墓穴描述如下:他们挖了一个长和深都有6英尺、宽有4英尺的大洞,延展成一个圆形的小室,周围围绕土墙。棺材被安放在两个长方形的砖基座上,坟头也被长方形的石块覆盖。在墓的前面,他们竖起一个长方形、上部拱起的墙。墙的前部是3英尺高的墓碑。在上面用中英文分别写着死者的名字、国籍、年龄、加入教会的时间、到中国的时间等等。

由于我们的信仰目前在中国地位低下,今年没有任何有趣的事情发生,除了有一件事情:山西省绛州的官员发布了一道抵制基督教信仰的命令,他在命令中谴责基督教的信仰对祖先表示了极大的不尊重,在他看来我们的信仰是邪恶和残忍的。他把基督教徒们单独传召到公堂上去,要他们发誓退出基督教信仰,上交基督教的徽章与书籍。如果他们不服从,就施以严厉的惩罚手段。这件事情如何结束我们不得而知,似乎后来这条命令被废除了,这件事情也就不再提起。

在河南省,另一个非基督徒的官员也因为一些罪状惩罚了一个基督教徒。他对他的指控理由是:"我知道你是一个基督教徒,但是我不是因为你是基督教徒这件事惩罚你，因为基督教本身是好的，可是你没有遵照基督教的教义并且做了被禁止的事情，这才是我惩罚你的真正原因。"最初反对我们基督教的理由是因为我们没有非常尊重死者或祖先，因为我们不去缅怀他们。用他们十分刺耳难听的话是：我们有毛病。郎世宁神父告诉我，几天前当他在宫廷中画画时，听到两个太监经过大厅时因为某些事吵架，其中一个人对另一个人说："如果我不尊重我们的祖先，那不就变成一个基督徒了吗？"

你在 1739 年 12 月 2 日写给我的信中询问了我在这里的日常生活，我们吃什么、穿什么，我们是否得到中国皇帝或者葡萄牙的支持，传教在这里是否自由等等。阁下要把这封信与之前我写给您的信区分开来。这里，我会加上一些细节，如此一来答案就完整了。对于食物，我们从来都不缺，而且可口的食物让人十分愉快。在中国，特别是在清廷皇宫中，虽然食物不如欧洲那般充足可口，然而吃穿用度都不用发愁。除了日常的米、馒头和肉类，也有十分清淡的酒。可是中国的酒有些问题，所有的欧洲人喝完后都会觉得不舒服。我们自己会用教堂里的葡萄自己做一些酒，但并不成功，而且也不健康。大多数情况下，我们都喝通过广州从欧洲运来的酒。另外，我的味觉完全不能忍受中国人做食物的方式，真不敢想象我竟然要尝试和忍受这么多种类的食物！

我们这里的穿戴包括靴子、外套、袜子、鞋子或者短靴，但是跟欧洲的完全不同。虽然我觉得我已经能够适应它们了，但是还是觉得很不舒服。除了上述我提到的，还有另一种衣服，它的袖子一直拖到膝盖，在夏天通常是编织物或者白色的丝绸，而在冬天，通常是夹着羊毛的深色丝绸，夏天叫作 bunanqiu（未查证到准确名称——译者注），冬天叫作棉袄。在这件衣服以外，我们还要穿另外一件衣服，一直拖到脚踝，也带有袖子，衣服十分简单，用羊毛或者兽皮制成，以适应不同的季节。除了这件衣服以外还有一件，延伸到膝盖以下，也用羊毛或者兽皮制成，因此因季节需要我们有 4 类衣服，分别称作 dantie、jiatie、pitie、miantie（应为单、夹、皮、棉，是当时的 4 种衣物，但未考证出准确名称——译者注）。每个人每类衣服需要 3 件。第一件是最普通的日常衣服，通常用粗糙的丝绸制成；第二件稍好，通常用一种大马士革丝绸制作，在工作或相互拜访时穿；第三件是最好的，在新年、进宫或者皇帝生日按照惯例为皇帝的健康祈福时穿。冬天在家里穿的衣服是用绵羊毛做成的,进宫时穿的衣服是狐狸皮或者貂皮做的,这些衣服大部分来自皇帝的赏赐。短靴用黑色的皮革制成,有坚固的白色鞋底。在家里穿的鞋子类似拖鞋,出门散步、去教堂以及做弥撒的时候就穿短靴。因为如果朗诵弥撒不穿鞋的话,就如同光着脑袋一样,是一件极不庄重的事情。

这里的夏天比欧洲要热,冬天又比欧洲冷。因为我身体十分虚弱,会感觉十分明显,而且可能因为食物匮乏,质量又差,加之海上的旅行让我的胃、血液和整个身体的状态都削弱了不少,我时常感到胃疼。愿上帝保佑我!当我们第一年来到这里时,按照风俗,我们去宫廷里庆祝中国的新年,需要在那里从黎明一直待到中午。虽然大家都穿了两件衣服,也有人像我一样穿了 3 件,可是天气还是冷得要命。皇帝对我们以及所有的大臣都十分抱歉。另外,按照这里的风俗,我们的衣服颜色十分丰富,但没有绿色和红色,因为这两种颜色是戏子衣服的颜色。

阁下问是谁提供给我们食物,是中国的皇帝还是葡萄牙皇帝,两者都不是,那我是怎么生存的呢?幸亏有来自不同国家的慈善家们建立了不同的基金会,特别是来自德国的。在这些基金会中,有一个是费迪南三世资助两名传教士,还有一个是明斯特主教费迪南资助给几个传教士的。巴伐利亚的杜克家族也捐了一些,但我不知道有多少,而且我觉得这个基金会目前已经停掉了。通过这些资助,我们过得十分舒适。基金会需要通过负责的机构寄送给我们 6 份各种各样的食物。然而因为我们还要养活仆人,因此这种资助远远不够。当初宫廷中只有 6 名欧洲人时,是康熙给我们提供的资助,后来人数增加了,资助却没有随之增加。对于衣服,特别是比较好的衣服,我们用皇帝不时赏赐给我们的丝绸来做。

皇上还有一个习惯,在新年的时候,他会赏给人两件毛皮大衣,同时还有一个红包,里面有相当于 10 个基尔德的白银。对于贫穷的基督教徒也有一些救济品。特别是有从墨西哥朋地(Puente)地区来的贫穷的一家人,打算跟皇亲国戚攀亲带故,就能获得更多。可是因为他们是基督教徒,后来就被雍正皇帝剥夺了他们巨额的财富,并且被驱逐出境。这个家庭包含了 70 位家庭成员,虽然现在的皇帝再次让他们回来,然而他们并没有回来继续享受救济,并且正如我已经写过的,他们已经不想回来了。

除此之外,还有一些人有他们自己的慈善基金。这些基金会会给贫穷的基督教徒或者受洗的小孩一些救济。比如来自奥格斯堡的一位高贵女士近来建立的基金,其目的是在整个国家印刷和传播宗教书籍、教授语言、救助宗教老师或者在一些小村庄建立教堂等等,以此来帮助更多的教会成员支持他们的基督教信仰,扩大基督教徒数量。

很奇怪的是,中国人对于外国人致力于汉语学习心存疑虑,虽然他们不愿意与外国人合作,但最终合作的时候他们很容易听从并且乐于接受外国人的意见。我在中国有一位来自福建省的基督教老师,他的名字是刘 Johannes(未考证出此人的中文名字——译者注),在欧洲相当于取得了学士学位(指科举考试中的举人——译者注),他教我学中文是免费的,因为如果在这里找其他老师的话,费用非常昂贵。

阁下问我在这里是否可以自由传道,我记得我已经在以前的信中写到了相当多的内容。但在这里作以重复,雍正皇帝禁止传教,到了乾隆皇帝,他在执政初期又重申了一次,直至目前依然没有撤销。除此以外,传教就没有其他阻碍了,没有间谍或者诽谤者,也没有新的禁令。当然,我指在北京以及国家性的禁令。因为大约每年都会在各个省份发生地方政府颁布禁令的情况。为此,我们需要十分小心谨慎。不管在哪里,只要我们碰到非基督徒,都会简单地指出他们的错误,并向他们宣传我们的教义。

许多人经常来拜访我们的教堂。在这种情况下,我们应他们的要求根据教堂里的挂图为他们讲解我们教会的秘密。一般很少人反对,但同样也没有许多人坚持。在我们的 3 个教堂中,平均每个教堂每年都要为 60 名成人和千名儿童洗礼。

在这里也有一些方济各会的神父,他们也十分热心传教,因为一些耶稣会士要求他们去照顾在北直隶(与山东省毗邻)的一些基督教组织,他们几年前就开始做这件事了。而且一些基督教的教友,特别是方全纪(Girolamo Franchi)也向他们宣传过一些基督教教义,后来由于传教士的缺乏,他们转而去做其他事情了。

写于北京,1743 年 10 月 6 日。

第二封信

文献来源:

Pray, G. *Imposturae* 218 *in Dissertatione R. P. Benedicti Cetto*, Clerici Regularis e Scholis Piis de Sinesium Imposturis Detectae et Convulsae,Budae 1781.第二封信,17—29 页,1749 年 11 月 28 日刘松龄从北京寄给弟弟韦查德的信件。

　　在 1748 年 1 月 13 日你的信中,你提出我保持了长时间的沉默。为了弥补过失,首先要对你一直惦记我表示感谢,但愿这封信能够告诉你一些快乐的事。但是很不幸,我有最糟糕的事情要告诉你。这个粗暴的继承者几年前开始禁教并且打压教徒,特别是欧洲人。虽然现在看起来已经减轻了不少,但依旧没有停止。在福建省,尊敬的多明我会主教白多禄被斩首,同样在那里,四名多明我会传教士又在一年后被勒死。在江南省,一个月前的夜晚,两名来自耶稣会的传教士被用同样的方法谋杀,第一位是葡萄牙人黄安多(Antonio Henriques),另一位是我们中的佼佼者维也纳人谈方济(Tristan of Attemis)。虽然当地政府与监狱负责人都认为谈方济十分忠诚,并认为他无罪,然而他还是付出了无辜的生命。在江西,西里西亚(Silesia)的一名来自多明我会家庭的德国人也以同样的方式被谋杀。他们的死因全都相同,并且显而易见,因为他们被诬陷用错误的教义让人堕落。

　　帝国的继承者(指乾隆皇帝——译者注)对于本国的基督徒不是那么严厉,他们大部分受到的惩罚是鞭打,偶尔有个别人被拷问和被放逐。虽然许多人(包括女人)缺乏不屈不挠的勇气,但他们都显示了对耶稣会的极大尊重。因为耶稣会由被允许到被禁止期间发生了如此大的变化,他们才遭到了迫害。

　　在北京,我们同样遭到了他们的反对。葡萄牙神父傅作霖和我还因为散发印有关于基督教信仰、祷词、经文的小册子而被传唤至公堂。然而,皇帝在听取此案汇报时接受了我们的解释。尽管如此,在北京的传教士再也无法在社会事务上帮助各省份的传教士了。他们别有用心地阻断了我们和皇帝联系的渠道,本来我们与皇帝的见面就十分困难,如此一来,所有的计划和尝试都失败了。在北京,甚至能够有资格写信已经算对我们格外开恩了。

　　除此以外,湖广省的三名欧洲耶稣会传教士以及一两名中国人,还有江南省的两名欧洲人与一名中国人幸运地留了下来,江南省还有一名方济各会的主教与他的同事,河南省有一名欧洲耶稣会士,在山东和山西也有一些方济各会的神父,还有两名中国的神父在长城以外的辽东等地区为那里的基督徒提供服务,而我们在北京为周围的中国人与欧洲人服务。法国的神父们在他们的教堂教化了五名见习传教士,所以他们有时能帮得上忙。

这场教难的发动者,按照普遍的说法是满人讷亲。他是乾隆时期的一等公爵,并且是皇帝的好朋友。和他站在同样立场、对我们的信仰表示激烈反对的是江南总督和福建巡抚,他们都受到了上帝严重的惩罚。因为讷亲对苗族反叛者征伐失败,他是皇帝诏令中被斩首的第一个人,之后皇帝又在另一道诏令中为他安了许多罪名,并把他的首级挂在军营示众。第二个人还活着,但他的财产全部被充了公,本人也被放逐到鞑靼地区的一个宫殿里,每月领到一两白银勉强为生。他的罪状是对自己省份的民众太残酷。

第三个人是福建巡抚。他将自己的头发剃光,以表达对死去皇后的哀悼。作为一个中国人,这违反了满洲的风俗,所以他被施以绞刑。

经过这些事件,对于基督教的禁止似乎有了缓解的希望,但依旧不安全。因为镇压圣教的最大凶手正是皇帝自己,虽然他不算坏,但他是一个不公正的统治者。皇帝企图清除掉所有的基督徒,或者至少把各省份的欧洲人都消灭掉。这也许是皇帝自己的想法,也许受到了别人的劝谏。但是同时,他也努力地尝试让别人看来他是在保护我们,而且他和他的父亲以及祖先的认识是一样的:在地方上的基督教徒毫无用处,只有让他们留在北京才有助于统治。

即使皇帝本人也因他的残酷受到了惩罚。一年前,整个中国还兴高采烈地庆祝了他与他的皇后所生儿子的生日,而从他开始禁教半年以后,这位嫡子就夭折了。即使这个儿子是正官皇后为皇帝生的唯一一个儿子,可是因为他有妃嫔们为他生的其他孩子,悲伤本会减轻许多,可不巧的是,孩子死在了除夕的午夜之后,也就是新年的第一天。这个噩耗不仅仅打破了中国新年里宫廷中的喜庆气氛,同时因为中国有一个非常古老的预言,认为在新年第一天死了孩子的父母一定是罪大恶极的人。因为这个预言,皇帝被迫颁布了一道法令,大力宣传了他与皇后的荣誉与美德,并且承认自己儿子的死归因于自己十分草率地希望自己与皇后的儿子即位,而清朝以前的继位人包括他自己都是妃嫔而不是正官所生,因为他的得意,出现了这样的不幸。

　　一年以后，他和他的皇后以及母亲去山东，表面上是去拜访孔子的故居，实则是去朝拜那里的一位著名的圣人，他更感兴趣的仅仅是一个圣人，而不是孔夫子本身。这又是一次不幸的旅行。当皇帝离开孔庙两天后，他在回来的路上失去了他的皇后，皇后突然患了重病，并且在一天之内就驾鹤西去了。这件事的发生令皇帝充满了耻辱、悲伤与愤怒，当时大家都以为他发疯了。甚至皇帝认为他的皇长子没有对皇后的死表示出足够的伤心，就对其已为人父的长子拳打脚踢，还下令对其进行严厉的拷打。皇帝回到朝廷以后，因为一些琐碎的小事让两位高级官员受到了残酷的拷打，其中一人当天就丢掉了性命，另一个不久也命丧黄泉。另外，他判决了一位被认为是宫里最博学的满洲高官死刑，几个月后才得以赦免。另一名十分杰出的官员，在几乎被鞭打得奄奄一息之后，被皇帝命令送上绞刑架砍头，正准备行刑的时候，太后的求情救了他一命。

　　正当这些事在北京发生的时候，四川省苗人爆发了潜伏了很久的起义。皇帝派十万人的满洲军队到四川镇压叛军，并且下令，如果他们没有占领那里并且消灭叛军，就不要回朝了。清朝军队尝试多次深入大山，可是每次都被驱逐回来，并且损失了许多士兵。清军觉得十分耻辱，很明显，军队已经完全丧失了灵活性和勇气。皇帝已经命令他们停止进攻并且班师回朝，而带领军队的长官用供品和人质成功地使叛军向皇帝请求宽恕。叛军告诉皇帝，他们从此以后不再叛乱。作为交换，皇帝要允许他们与周围的国家进行自由通商。通商的受阻正是这次冲突发生的根本原因。虽然满人在整个帝国面前丢了面子，皇帝还是比法国人占领比利时时更加热烈地庆祝了他的成功，可是即使这样的粉饰太平也没能阻止他在整个帝国都受到了嘲笑。

　　一切事情都平息下来了，但我不知道这种和平能够持续多久。满人出于恐惧或者对我们的喜欢可以时刻控制权力。而且自从中国人开始被灌输憎恨所有外国人的观念以后，他们对我们喜欢的成分就没有了。我同样不知道满人是怎样通过暴政控制权力统治汉人的，因为汉人本身就十分文弱，这样的性格可以从其他地方得知，在这次征伐中表现得尤为明显。一般的看法是如果当时江南省或者浙江省有人揭竿而起，那么满人只能通过长时间的战争来维持他们的统治，否则就会很容易被赶出关外。但是让我们把这份敬重留给无所不能的上帝，他的裁决虽然深不可测，但是十分公平。现在我要转向其他事情。

关于我们的学术工作，在我们的教堂里，我必须迫切地扩展我的天文观测工作。如果上帝能够给我足够的精力以及必不可少的时间，我将来可能会出版一本书。除了日食、月食，我们也观察木星的卫星怎样消失和重新出现，恒星和行星怎样不见的。也通过跟恒星的比较，观测其他行星的位置。这样才能不忽视星星的任何变化。我们用了一个相当精确的测微计与一个摆钟，在合适的高度，我们能够利用太阳中心的移动校正时间。我们有直径两英尺、配备望远镜的四分仪，这些对于观测已经足够了。我听说法国或英国制造了新的四分仪，如果我们可以拥有，就可以做一些更重要的事情。但是谁会给我们资助呢？今年我们争取到从法国新订购一个摆钟，从英国订购一个测微计，但是收入不够再增加一个新的四分仪了。

1745 年，圣彼得堡的科夫男爵，现在作为大使去了瑞典宫廷，他以全体圣彼得堡科学学会会员的名义邀请我们与他们交换书籍。他赠给我们三箱圣彼得堡科学院之前出版的书籍，在北京的三所教堂都得到了一部分。当然，我们必须答谢这个友好的邀请。作为回报，我们三个教堂给他们合寄了一大箱中国的书。有数学方面的，还有其他内容，都是我们这里的牧师出版的。虽然他们（俄国人）看不懂中文，可他们还是大大夸赞了一番。此外，我们还送给他们一些我们自己观测的、零星发生但是十分可靠的天文观测记录。我们今年得知，所有的书和资料都安全到达，并且在那里大受欢迎。对于给我们的新礼物，他们准备了书籍以及最近绘制的西伯利亚地图集，准备由第一个俄罗斯商人或商队带来，大概明年可以到达。

两年前，我收到了伦敦皇家学会秘书莫蒂默先生写来的一封热情的信。他在信中以皇家学会的名义，邀请我们经常交换天文观测成果，并许诺会给我们寄来他们的会刊《哲学汇刊》。今年，我们已经收到了一本，地址清楚地写明是要寄给这里的耶稣会学院的。我们也回寄了一本笔记，内容包括对数、正弦、正切、正割函数、自然数等，还有我的前任、永远怀念的戴进贤神父之前创制的牛顿表。

今年，法国的利斯勒给宋君荣神父写了一封长信，信中描写了当代欧洲天文学的情况，也向他叙述了巴黎、伦敦和博洛尼亚科学院为进一步增强行星运动数据的准确性所做的努力。同时他委托我们，如果我们在观测中发生了什么有趣的事情，可以写信告诉他。

然而，我们并非整天忙于这些事务，因为我们的目的不是为了进一步提高天文学。不过，如果有多余的时间和精力，我们也会去研究天文，因为这是保持我们工作岗位的需要。也是为了与可能会帮助我们的人扩大联系，这样，一些中国人才能看到他们自己与现有的天文学还有多大差距。对于这些，一些无知的人或许敢于说出来，但是大部分中国人都不相信，尤其是清廷和政府更不相信。一旦他们中国人了解这些实情后，实际上我也不知道届时外在困境中的我们是否可以保持在北京的岗位。

阁下从别处已经得知，葡萄牙宫廷准备派遣一个使团出使中国宫廷。我们本以为今年他们可以到达，但并非如此。昨天，10 月 8 日，还在鞑靼逗留的皇帝命人问我，雍正时期是谁作为使者来到中国的，并且问他是不是为了来进贡或者其他原因。按照一般的想法，我答道，他不是为了进贡而来的，而是为了其他目的。看到这些问题，我们得出一个结论，使者已经到了澳门，并且广东长官将他们的到来告知了皇帝。似乎他们是应我们在这里的某位传教士的私下要求来出使的。这样他们可以为葡萄牙王室完成荣耀的使命！没有人期待这次出访会带来什么好处。好处是什么呢？他们会允许各省的传教士自由传教吗？这个目的是无论如何都不可能达到的。他们还会让我们留在北京吗？当然，这个目的是中国宫廷真正想要的，因为他们需要我们。

在交趾支那的传教十分平静。那里的基督教徒十分自由地进行着他们的传教工作。他们的国王已经传话澳门的参议院，用他的话说，是保证像送到中国皇帝那里的有才能的人都要送到交趾支那去，主要是一些数学家和医生。确实，此时我正准备离开澳门回北京，从捷克教省来的约翰·希伯特神父刚好旅行到此，他对交趾支那的国王十分满意，部分是由于国王在数学和医学上的广博知识，更多则是看到了他在推动基督教事业发展中所做的努力和美好品行。希伯特神父年纪轻轻就去世了，另外一个捷克人，出色的外科医生严嘉乐神父也同他一道，十分意外地离开了人世，他们怀疑他是中毒身亡的。还有从奥地利教省来的约瑟夫·诺伊格鲍尔神父可能是在宫廷中很有地位的人。

在越南，许多年以前，教堂会被揭发并遭受残酷的惩罚，而现在，却有令人高兴的事情。国王刚好从他的兵工厂里发现了一批有欧洲标志的兵器,兵器旁边有一些欧洲的书籍。国王询问周围的人能否在他的领土内找到可以解释这些标志和书籍的欧洲人。一些人说没有,另一些人表示怀疑,于是国王下令寻找这些人。一个基督教徒听说了这件事情,就告诉他们的教区主教,来自捷克的文森·帕勒斯神父,并建议神父去宫廷。神父之前与我一起去过澳门,他听从了那个基督教徒的建议,准备返回越南。如果国王再问起,他们就能够回答,在他的土地上确实有一位欧洲人可以翻译他们想要了解的东西。后来国王又问此问题,他们也的确如此回答。

所以他们派遣了一些使者与许多随从,带领帕勒斯神父与来自巴伐利亚教省的凯歇尔(Kayser)神父前往王宫。国王很热情地接待了两位神父,要神父们翻译他想要的信息,然后又询问神父们一些关于数学方面的问题,但神父们回答说他们不是真正的数学家。要找到这样的人必须要去澳门,但他们无法确定现在去澳门能不能刚好找到。在国王的命令下,这些人立刻起程去了澳门,同行的还有受到教区主教的命令给他们做助手的一位越南神父。当这个消息和使团到达了澳门,有一名年近七旬但十分健壮的老人西蒙神父主动要求跟他们同去,同行的还有上莱茵河教省的戈布(Gumb)神父。因为他们属于中国的副教省,副教省的主教觉得他们此行甚好。如今我们正在等待此事的最新消息。

然而我必须总结一下关于越南的故事。在随后的几天,他们询问帕勒斯与凯歇尔神父应该怎么称呼、来自哪里以及来此目的,神父们答道,他们是基督的传递者与福音的教授者,从遥远的西方来传播上帝的真理,实现灵魂的救赎,同时让更多的人得到永恒的保佑。国王非常好奇地叫起来:我们怎么能打击有这么好的教师的宗教呢? 然后,他立即释放了所有以前为此宗教被关起来的人,同时下令,以后无论是朝廷还是地方的官员,都不能给基督教徒或者基督教的老师们带来任何麻烦。

写了这么多,我想我已经能为这么长时间的安静赎罪了。我今年在皇帝经常打猎的鞑靼地区旅行,目的是为了完成皇帝要求的绘制一幅地形图的使命。我在路上的伙伴和同事是一位葡萄牙人傅作霖神父。中国的国土面积在南北和东西方向上差不多。在那里,我们遇到了 Har-zin 和 Oguiot(可能为蒙古族的两个部落,无法查证——译者注)部落的王子,还有许多野兽,其中一些野兽的形貌会画在地图下面。如果你需要完整的地图,我可以寄予你一幅,长宽皆为四英尺左右,或者画一幅较小的。但是图上只有迷宫一样的高山与山谷,打猎的地方被标注了出来。

　　同时,在皇帝的另一处宫殿正在修建一座欧洲风格的建筑,中央还有一个喷泉,葡萄牙人叫它"de repuno",郎世宁神父负责建造宫殿。另一位法国人蒋友仁,最近才到达北京,他是专门负责喷泉建造的。工作进程顺利,皇帝十分满意。所有的事情都呈现在无尚荣耀的上帝面前了。虽然希望渺茫,但我们还是期待传教事业能够平静地进行下去。因为今天已经是今年能往欧洲寄信的最后一天了,没有时间再写其他的了。北京,1749 年 11 月 28 日。

第三封信

文献来源:

Pray, G. *Imposturae* 218 *in Dissertatione R. P. Benedicti Cetto*, Clerici Regularis e Scholis Piis de Sinesium Imposturis Detectae et Convulsae, Budae 1781. 第三封信,29—32 页,1753 年 10 月 21 日刘松龄从广州寄给弟弟韦查德的信件。

　　阁下已经从别处知道,葡萄牙人派了一支使团来到中国。因为海上天气情况适宜,所以他们在去年,也就是 1752 年 8 月抵达澳门。10 月 2 日,我收到了使团的一封信,信中他们向我解释了这次出使的目的,并希望我能够亲自去澳门迎接他们,带领他们来京。我将尊敬的葡萄牙王后的信件附在后面,这个任务是她屈尊托付给我的。从其他同事的信中,我意识到这应该是伟大圣明的葡萄牙国王的旨意。

　　皇帝现在去了鞑靼,按他的习惯,他必然会去狩猎。我已经将使臣来访这件事用口头和书面两种形式汇报给了负责外交事务的官员。我告诉官员:使者希望我单独去澳门和他会面并带他们来京。官员也认为,我以私人的身份去见使臣十分合适。他给皇帝上奏折,附带我的信件,汇报了这件事。而皇帝本就十分重视这次来访,我的建议又彰显了中国的热情,所以他十分高兴。甚至没有等到广州地方官员的上书(这让他们对我非常不满意),也没有参考相关部门的意见,就命我即刻去澳门,带领使臣与所有随行人员来京。所以,1752 年 10 月 25 日,我在一名鞑靼官员的陪同下离京。我们乘官用的车马和船只，水陆兼程，经过 50 天仓促的行程，于 12 月 13 日安全到达了澳门。这也是我去年为什么应当给你写信但一直耽搁的原因。除了给葡萄牙王后的回信，我就没时间再给别人写信了。12 月 20 日，使团一切准备妥当，我们从澳门起航进京，进行这次双方都很期待的会面。经过 134 天的行程，我们在 5 月 1 日到达了庄严的北京城。为了欢迎使团的到来，北京举行了我前所未见的盛大欢迎仪式。按照习惯，我们在北京逗留了 39 天。6 月 8 日，我陪同使团离开北京，10 月 6 日返回到澳门。因为陆路颠簸、花费巨大，并且更易感染疾病，因此我们放弃陆路而选择路程远但较舒适的水路，路上共花费 121 天时间。

我一到广州，就收到您 1752 年 11 月 2 日在布鲁塞尔（Brussels）写给我的信件。这封信对于我，对于葡萄牙使者，还有他的整个使团，都是一件快乐的事情。经过两天的逗留，等将事情做完，他们已不再需要我，我就于 10 月 9 日从澳门返回，有一名广东人陪同，我只要一给他们写信，他就要汇报给皇帝，即使他们的船还没起航时也不例外。

如果加上我回到北京的时间，我在路上共花费了一年多。经过对中国的两次往返，我意识到是上帝的仁慈才能让我在努力、困难和担忧中依旧活着。使者带领的团队中有 63 人，有 8 名贵族、20 名士兵、10 名男仆以及 15 名黑人，还有厨师、随从，以及 5 名号手。

皇帝十分高兴地接见了使团，他甚至两次亲自宴请并 3 次接见使团，这是不符合宫廷和整个王国规矩的。第一次的接见他赞赏了我 3 次往返北京与澳门的辛苦努力，并且赏赐 2000 两白银，相当于 500 达克特（ducat，曾在欧洲许多国家通用的金币），作为我们在旅途中的所有花费以及传教费用。

此次旅行的结果是，皇帝对欧洲人和基督教友的态度转变了很多，而我们已经开始感觉到这一点了。

使者给皇帝带来了最贵重的贡品，皇帝给葡萄牙国王带回去的礼物也十分奢侈贵重。我想把这次出使完整地记录下来，但是要完整地描述需要太多精力。因此，我把最重要的部分在给葡萄牙王后的信中做以描述。但这封信没在我手边，因为我已经将信件交给使者让他亲自带回去了。而且即使信在旁边，我也没有时间再去转述了。

在圣沙勿略的带领下和圣婴的祝福中，我马上要回北京了。这是一段花费了我半年多时间并让我筋疲力尽的旅程。但让我感到欣慰的是,无论是在澳门、北京还是在他们的旅途中,整个使团通过他们的行为与他们真挚的态度,都代表了他们本国人以及所有欧洲人的形象,而且也维护了我们神圣的信仰在中国的声望。

没有其他可写的事情了。

我在广东省英德和韶州(Shaozhou)中间给你写这封信,地理纬度是北纬 24.5 度。1753 年 10 月 21 日。

第四封信

文献来源:

Pray, G.*Imposturae* 218 *in Dissertatione R. P. Benedicti Cetto*, Clerici Regularis e Scholis Piis de Sinesium Imposturis Detectae et Convulsae, Budae 1781.第四封信,33—37 页,1757 年 10 月 6 日刘松龄从北京寄给弟弟韦查德的信件。

我收到了你的两封信,分别是 1755 年 9 月 13 日与 1757 年 9 月 28 日在布鲁塞尔写的。哦,您可能不久以后就能收到我去年的信件了。我是通过西伯利亚和俄国的邮路收到信的。将信件交予我的人是被俄罗斯派到中国官廷的,为了商讨两国边界以及商量 6 名俄罗斯年轻人可能会住在这里学习中国语言特别是鞑靼语的事情。当他到达以后,我托他转交一封写给圣彼得堡科学院院长拉祖莫夫斯基(Count Kyril Razumovsky)的信件。他在之前给我的信中说,我可以通过俄罗斯寄信。关于此事,他写道:"我希望你能毫不犹豫地请求我们帮助,这也是我们所希望的。"他的友好是十分可贵的,因为当时没有从广州开出能够安全送信的船只。因为战争的关系法国和英国已经绝交,不可能再有船只到达这里了。俄罗斯大使布拉提斯科(Bratischev)也说,目前俄罗斯人正在进军普鲁士。

我会十分简明地回答您提出的问题,因为送信的人三四天以后就要出发了。

中国朝廷的信仰或者立场是什么? 它的基本原则是什么? 我认为这种信仰是对天或者最高统治者的崇拜,主要原则是:弃恶向善;己所不欲,勿施于人;善恶天自知;不要妄自尊大,因为头顶上乃最高之主宰。这样一来,向他们讲授上帝(此处"上帝"指的是基督教的上帝——

译者注),就会很难有人相信,因为最高之主宰与天为同一,即物质的天。不过,这只是注经者所做的解释,并不是经文本身。当我们否认它而提出相反的解释,他们也常常会赞同。

这就是朝廷、帝国和皇帝的信仰,而皇帝,不论作为个人,还是代表官方,都要尊敬上天。这种信仰下,死后的状况是未知的。孔子的学生问孔子:死是什么? 孔子答道:未知生,焉知死? 同样,按照帝国的惯例,皇帝向公众发布公告来陈述其统治时,常常会用到如下程式化言辞:如果朕不这么做,有何颜面去见列祖列宗在天之灵?

朝廷以外的人也这么想吗? 我想所有人都这么认为。

朝廷之外的人也是这种信仰吗? 是的。

是谁把这个信仰奉为神圣的? 他们有怎样的职责? 皇帝是这个信仰的唯一牧师,他的任务就是在每年特定的日子里祭天。在祭天之前,有 3 天的隔离和斋戒,通常用"禁食"(fasting),而我宁愿用"节欲"(abstinence)一词,因为不是戒除食物,而是要戒除性。皇帝专门有一个官殿("斋宫"),他要单独在这里生活 3 天,至少晚上要留宿于此。朝廷中负责协助皇帝祭天的官员都在他们的工作地休息。夜晚来临,皇帝挑选两名官员去视察他们是否缺席。请允许我在这里打断一下,一名监督者向乾隆皇帝启奏,说算学馆里的欧洲官员没有遵守斋戒。皇帝反驳说,他自己在家里遵守斋戒比那些大臣们要认真多了。

祭祀中有一天是在冬至日,皇帝去天坛祭天。天坛在北京城南,有大约 1 里格(法国长度单位,相当于 1 公里——译者注)的围墙环绕;春分去日坛祭日,日坛在北京城东;夏至去地坛祭地,地坛在北京城北;最后,秋分去月坛祭月,月坛在北京城西。其他祭祀发生在初春,在天坛举行,是为了祈求丰收。如果春雨迟迟不下,皇帝会在天坛祈雨。等到要春耕的时候祭祀也是一样,要在一个叫先农坛的地方祭祀先农神,皇帝还要亲自播种耕作。他的儿子们与官员们协助,同时还要演奏赞扬农耕的音乐,在祭祀的最后,皇帝还要祭天。先农坛也在北京城南,在天坛的西侧。所有祭祀都要从黎明开始,持续 1 个小时,到太阳升起前结束。我对仪式不熟悉,只见他们用淡红色和黑色的公牛祭祀,下跪并且祈祷。皇帝几乎要自己完成所有的祭祀,如果他不能坚持做,就会挑选一个皇子来代替他完成祭祀,但名义上还是皇帝本人。

他们有任何假期吗? (除了那些提到的)他们没有任何假期。

　　阁下也询问我是否有关于日本基督教的消息。这边没有任何消息。虽然日本离我们很近,但从这里来看,他们的统治安静得似乎不存在。这里有从暹罗(Siam,泰国的旧称——译者注)、交趾支那、越南和琉球(菲律宾和日本中间的岛屿)来的使者,朝鲜的使者更是每年都来,然而从未见过从日本来的使者。虽然朝鲜人不了解日本,但如果天气晴朗,他们可以看到日本的群山。这些天底下最狡猾的人,是不愿意透露任何事情的。虽然他们会花1个多小时时间请教问题,但从来不回答问题。他们一来北京就首先拜访我们的教堂,来到教堂的第一件事情就是索要墨水和笔。因为他们中没有人能说中文,所以只好用书面的形式交流。我们通过仆人的翻译回答他们的问题。他们经常会询问一些精心准备的天文学问题,如果告诉他们,让他们将问题留下,我通过信使回答他们的问题,他们不愿意留下一个字,而更愿意随时回来。朝鲜人都十分强壮,有强大的军队,并且按中国古代的习惯着装,有时候穿和平时期的礼服,有时候穿战服。要征服他们是不可能的事情,然而他们却愿意每年纳贡。如果我写更多的话,可能就影响送信人来帮我送信了。

　　写于北京,1757 年 10 月 6 日午夜。

第五封信

文献来源:

Pray, G. *Imposturae* 218 *in Dissertatione R. P. Benedicti Cetto*, Clerici Regularis e Scholis Piis de Sinesium Imposturis Detectae et Convulsae, Budae 1781. 第五封信,37—40 页,1761 年 10 月 29 日刘松龄从北京寄给弟弟韦查德的信件。

　　我向上帝祈祷,收到这封信的人会身体健康、精力充沛,因为我也因为上帝的仁慈而十分健康地活着,并且收到了阁下在 1759 年 12 月 23 日写给我的信。同时收到的还有巴伦·安格秀芬先生的信件与馈赠。法国教会在北京的代理人钱德明(Joseph Amiot)神父慷慨地从 50 个金币中给我分出 73 两纯白银。在如此困窘的情况下,没有什么东西比这个更合适了。

　　阁下在信中给我介绍了关于战争(指七年战争——译者注)的消

息,作为交换,我也给您叙述一下我这里的战争。我们的统治者将东到中国,南到西藏和蒙古,西到布哈拉(乌兹别克斯坦),北到俄罗斯西伯利亚的大片领土全部划归到了中国的版图。这片领土的南部是鞑靼人居住区,被俄罗斯人称为卡尔梅克人(Kalmyks),我们在这里称为 Elistas (厄拉特人)或者 Zunghars(准噶尔人),有人也称他们为游牧的鞑靼人,因为他们住在帐篷里。他们南边的邻居,原本是布哈拉人(Bukharis)的伊斯兰教徒,向他们纳贡。卡尔梅克的首领被俄罗斯人称作可汗,20 年前就去世了。他的两个儿子在相互战争时都丢掉了性命。剩下的王子们也各执己见,达成不了一致意见,其中还有两个觊觎王位的人。我们的统治者认为这种分裂是一次很有利用价值的时机,因为这个民族的人都十分狂暴,无论对于他们自己还是对于他们的邻居都是一种危险。

正在此时,两个觊觎王位的人,阿穆尔萨纳和达瓦齐(Dawaci)发生了战争。阿穆尔萨纳向皇帝请求救援,皇帝派了一支五六千到 1 万人的小军队,帮助他打败了达瓦齐。达瓦齐被俘并被带到北京。因为阿穆尔萨纳认为他自己可以称王,便要求皇帝撤回军队。皇帝的军队刚逗留了一段时间,阿穆尔萨纳就袭击了他的军队,并且残杀了部分士兵,其中还包括两名军官,因此皇帝决定继续追击。阿穆尔萨纳走走停停来到西伯利亚,并在托博尔(Tobol)死于天花。皇帝派了 100 多人的使团出使布哈拉,要求他们从此由向卡尔梅克人纳贡改为向中国皇帝纳贡。在第一个城镇里(他们住在城镇里,在田里工作),使者和他的随从遭到了杀戮。因此,皇帝调来军队,在进行了军事部署以后,向他们发动了攻击,攻陷了他们所有的城镇,征服了整个地区。

皇帝想要一份此地区的新地图,因为在康熙朝我们绘过一幅相当精彩的地图,可是不包括此地区。他说,我可能必须要到这个地区去,绘制一张草图出来。虽然从其他地方来的一些朋友建议我不要去,可是另一些人却鼓励我去做好这件事情,我自己则十分平静。随后,皇帝考虑到我的年龄和精力不济,便指派了另一个人。此人几年前为了绘制长城以北木兰地区的地图陪我一起去详细调查,而且他可以任意挑选同伴。

此人是傅作霖,他挑选了他的葡萄牙同胞高慎思神父作为同伴。他们先去了卡尔梅克,然后到穆罕默德。工作完成以后,他们带着地图返回朝廷,皇帝十分满意。由于只要绘制了地图,我们的邻居俄罗斯人就不会不断干涉了,否则这片土地和部落根本不值得占领或者绘制。

由于卡尔梅克的统治者一部分逃亡到西伯利亚,我们的朝廷坚决要俄罗斯交出这些逃犯,而俄罗斯坚持不交。除了确实发生几场冲突以外,事情看起来不会朝恶化的方向发展。我们害怕与俄国人发生战争,而俄罗斯一方更期待贸易,因而也不希望有战争。

上面所说的战争持续了5年,从1753年到1758年。这次战争是在皇子们和大臣们都反对的情况下,皇帝任意妄为挑起的,最后以胜利告终。上帝保佑,也让我们的皇后(这里指葡萄牙王后——译者注)赶快结束掉战争吧。

我非常愿意在信中写一些其他东西,可以聊一聊我的资助者巴伦·安格秀芬先生。可是我必须去见皇帝了,皇帝刚从鞑靼回来,来传旨的人在等待着我跟他同去。大约有一年的时间,各种各样的流言让我们无法用公共的邮寄服务,因此我希望您能帮我向巴伦先生转达谢意,同时我会在另一封信中向他表示感谢。就此搁笔。写于北京,1761年10月29日。

第六封信

文献来源:

Pray, G. *Imposturae* 218 *in Dissertatione R. P. Benedicti Cetto*, Clerici Regularis e Scholis Piis de Sinesium Imposturis Detectae et Convulsae, Budae 1781. 第六封信,40—44页,1764年9月12日刘松龄从北京寄给弟弟韦查德的信件。

你在1760年和1761年写给我的两封信都及时并且安全地到达了我手中。感谢上帝,也感谢你在葡萄牙和法国航路关闭的情况下找到了通过尼德兰(Netherland)的新通信路线。我们听说德国已经实现了和平,虽然从现实看来没什么可信的。

我不记得之前是否跟您提到过,这里在1753年至1757年(上封信称是1758年——编者注)也爆发了一场战争。中国西部的大片领土,西到布哈拉,北到西伯利亚,南到印度,都在游牧民族厄拉特人的统治之下,俄罗斯人称他们为卡尔梅克人,而我们称他们准噶尔人,其首领(猛将策零顿)称自己为可汗。策零顿死后,准噶尔内乱,他的两个儿子都战死了,后来是他的孙子达瓦齐与女婿阿穆尔萨纳开始争夺土地。

达瓦齐取得了胜利,并将阿穆尔萨纳驱逐出境。阿穆尔萨纳投靠清廷,并且请求康熙皇帝至少能够帮助他收回部分领土。为了避免暴露自己的企图,皇帝仅仅援助 4000 人的军队给阿穆尔萨纳,然后就让他回去了。这支军队在阿穆尔萨纳的指挥下,打败了达瓦齐,达瓦齐被俘并被押送北京。一起被俘的还有他 12 岁大的儿子,当他父亲在监狱里的时候,他还杀死过两个人。达瓦齐向皇帝表达了他的想法,并归罪于阿穆尔萨纳,因此达瓦齐得到了皇帝的宽大处理。而阿穆尔萨纳则因为清朝军队任务已完成,要求皇帝撤军。皇帝撤走一部分,留下两名军官和500 个士兵。阿穆尔萨纳攻打了他们,并在一次战役中将他们全部杀死。从此,皇帝决定继续追击。阿穆尔萨纳不敌,一路逃亡到西伯利亚的俄罗斯,在托博尔河死于天花。

皇帝占领了整个卡尔梅克地区,并且加强了那里的守卫,这也是其祖父与父亲的夙愿。他消灭了大部分卡尔梅克人,有一些部落迁移到此,而另一些则离开去往波斯、布哈拉或者西伯利亚。皇帝需要两名欧洲人到那里去绘制一幅当地地图。葡萄牙神父傅作霖和高慎思是仅有的两名能够经受住旅途困难的传教士,于是他们两人就去了。一年以后,他们带回一张地图,虽然没有运用地理学方法并且没有任何天文观测,但是皇帝对他们的工作十分满意。

其间,我们的军队将领提醒皇帝,在卡尔梅克的南部住着一些穆罕默德人,他们之前向卡尔梅克人纳贡,现在他们应该向中国纳贡了。皇帝同意了这个提议。为此,将领指派地方行政长官带领 100 个人去交涉纳贡事宜。穆罕默德人将地方行政长官及其率领的 100 人全都杀死。因此,将领开始准备攻打他们,并占领了他们所有的城镇,其中还包括叶尔羌(Yarkant)与喀什格尔(Kashgar)。绘图的两名神父也绘制了这片土地的地图。战争结束了,因为他们经常给邻邦带来麻烦,皇帝消灭了这里所有的人,一共吞并了北京以西大约 45 个经度的领土。

同时,皇帝继续要求俄国人交出逃往西伯利亚的部落首领,他们很干脆地拒绝了。皇帝从宫廷中给俄罗斯寄去一些态度强硬的信件,俄罗斯人也用同等的语气回信,但双方都没有表示威胁。

除此之外,俄罗斯在中国和里海之间的边境上筑了一道用木头做的坚固围墙,同时还有一些木头做的小堡垒,用来划清与中国的界限,同时抵御那些掠夺他们的鞑靼军队。这让中国朝廷十分不满,因为俄罗斯人在三四个地点都侵占了中国的领土,我们警告他们并要求将建在有争议地点的所有堡垒都拆掉,但他们拒绝了,于是皇帝就命令将其中的 3 个堡垒烧掉。现在我们正在等待着俄罗斯皇室得知此消息后的表现。

我希望我去年通过西伯利亚和俄国寄往维也纳的天文观测书籍已经安全到达目的地了。请代我一一感谢那些还能记得我的人。写于北京。1764 年 9 月 12 日。

信中忘记写的内容补充如下:皇帝希望从欧洲订制印刷 60 幅图画(按史料记载是 16 幅,可能是作者笔误或者英文翻译有误——译者注),来描述他在过去几年中战胜卡尔梅克人、战胜他的邻国以及短时间内征服默罕默德人的战绩。我们总结了一下这些战斗,一共有 16 幅作品,用来装饰他的宫廷。之后,德国奥格斯堡的雕刻师拉根达(Rugendas)给他送来几幅描绘类似场景的图片,皇帝对它们十分满意,于是他命令几位画师将这几幅画用小的规格画下来。画师分别是在北京已经生活了 40 年依旧在为皇帝服务的 80 岁老画师、米兰人郎世宁,捷克人艾启蒙,法国神父王致诚,以及来自罗马传信部的奥古斯丁教团校士的罗马神父安德义。4 个月以后,他们完成了前 4 幅,作品被带给广东总督,从那里装船带到欧洲。下一年会有另外 4 幅画用同样的方式运过去。

在意大利印刷这些画是郎世宁神父的愿望,可是这不在我的能力范围之内,我无法干涉。皇帝希望每一幅图只复印 100 张,并且如数带回。广东的总督会付给他们费用。

我相信阁下一定会非常希望知道这些,所以您也可以将您那里发生的事情告诉我们。如果您能找到画的生产地以及有关艺术家的消息,那就更好了。另,带去的几幅画画工大不相同,水平最高的无疑是郎世宁神父的作品。接下来是艾启蒙与王致诚的作品,可是他们两人的绘画水平跟郎世宁不是一个等级。而罗马画师则被远远抛在后面,他仍然是一个初学者。

第七封信

文献来源:

Pray, G. *Imposturae* 218 *in Dissertatione R. P. Benedicti Cetto*, Clerici Regularis e Scholis Piis de Sinesium Imposturis Detectae et Convulsae, Budae 1781. 第七封信, 45—48 页, 1765 年 10 月 27 日刘松龄从北京寄给弟弟韦查德的信件。

1765 年 2 月, 我收到了阁下在 1763 年 6 月 21 日在布鲁塞尔写给我的信, 同时还收到了附在里面的一大笔钱。因为直接回复不太可能, 所以直到现在才开始给您回信, 并向您的慷慨和照顾表示感谢。同时, 我也向上帝祈祷, 祝愿您身体健康, 因为您是我经历的这些艰难困苦中的唯一依靠。

对于欧洲重返和平, 我太高兴了。不管是哪种类型的和平, 都希望上帝让它持续下去。因为您告诉我一定要将希望放在约瑟夫大公(Archduke Joseph)身上, 我急切盼望看到这样的消息:约瑟夫, 神圣的罗马国王。

如果现在数数我走过的年月和花白的头发, 就知道, 我已经老了。不过至于提到健康问题, 我可以说我是我们这里二十三个人中最健康的一个。在这封信中, 我会回答你提出的三个问题。

第一个问题:来自中国的报告中提到每个月官员们会有两次向人们说教, 除了这个说教的地点, 他们这个神圣的信仰以及老师们还有其他神圣场所吗? 我的回答是, 这个神圣的信仰或者他的老师们, 除了孔子的祠堂, 就没有其他场所了。里面没有其他东西, 只有一张桌子, 桌子上面摆放一个一英尺高、半英尺宽的小牌子, 牌子上写着"至圣先师"四个字, 意为最神圣的老师。在这个地方, 他们一年都聚集不了两次, 更不要说一个月两次了。

另外, 是有一些人有时聚众说教, 但是很少见并且不规律, 而且在何时何地都能进行, 在一个神圣的地方或者在他们的办公场所都可以。听众一般不多。实际上在这里, 特别是现在, 聚众是一件十分不受欢迎并且让人怀疑的事情。

第二个问题:人们的良心会强迫他们来参加这种聚会吗? 他们的法律规定了吗? 他们至少会有一些政治任务吗? 我的答案是, 以上都不是。

第三个问题:如果他们不同意灵魂不朽并且写下来, 会免遭处罚吗? 我的答复是, 他们几乎很少将此写下来。关于灵魂以及死后的事情,不同的人有各种不同的判断和理解,这些信仰没有任何根据,只是根据他们对祖先的信仰以及一些朦胧的传统。恰恰是如果我们教导他们灵魂以及灵魂不朽的话,他们会更容易信仰基督。

阁下在上一封信中表示了对《新世界报告》接下来工作的期望,我也迫不及待地希望能够早日见它。然而,我更迫切地等待来自博洛尼亚的或者来自巴黎的由凯勒先生编辑的《观察杂志》(Observation Journal),我们每天因此受益良多。

如果可以通过荷兰的船只运送一些货物到广州,我希望可以拜托你用安格秀芬伯爵留给我的钱买一些欧洲的小礼物,礼物的清单我已经附在后面,并且通过他们的船将礼物送到这里。相信我,这些礼物虽然现在欧洲,但是它们能在世界的另一个角落——中国,在建立和保持友谊方面发挥巨大作用。这种友谊对保持和平以及壮大教会事业至关重要。在目前情况下,没有任何人比我更能容易保持和培养这种友谊。

几年前,当我刚刚被指派为戴进贤神父的助手的时候,我十分感激带我去见皇帝的官员。在他回来的路上,我直接邀请他屈尊拜访我们的书院和教堂。他应允,并且果真来了。我送给他一些钱,还带给他一瓶巴西的烟叶,他高兴地收下了礼物。在上任山西巡抚不久以后,他就被下狱了。其原因是在他上任初期,有一名欧洲传教士被捕,他本应该向皇帝和朝廷汇报这件事情,可是他只简单地询问几句,然后把那个传教士交给了耶稣会士,并且让耶稣会士带他到澳门去,还送给他们路上的盘缠和畜力,这引起了皇帝的极大不满。在各个省份,我们有许多的熟人和朋友,可是谁知道该怎么做才能让他们不仅仅对基督教徒友好,同时也对我们的传教事业友好呢?

对我来说,最难对付的是各个省份的官员们会时不时拜访我,甚至一些不认识的人,仅仅来观看一些东西,他们都会携带礼物,而我却没有任何礼物回礼。因为如果你不收礼物的话,会被看作是一种轻蔑或傲慢,可如果你没有东西回礼,就会被认为你缺乏文化素养或者十分贫穷。但在如此境况下,阁下肯定能够理解,我经常不得不内心挣扎着面对这些事情。我该怎么做呢?因为是上帝让我来过这种生活的,还是听从他的安排吧。如果不是他的号召,可能不会有任何人追随我。

虽然邮寄路线不便,我们这里的教省副主教还是希望我能将他的信也一并捎给您。因此,希望你能把他的信送到收信人手中,多想想你亲爱的哥哥我。写于北京,1765 年 10 月 27 日。

现在的天主教南堂(王慧琴 摄)。

第八封信

文献来源

Pray, G. *Imposturae* 218 *in Dissertatione R. P. Benedicti Cetto*, Clerici Regularis e Scholis Piis de Sinesium Imposturis Detectae et Convulsae, Budae 1781.第八封信,49—55 页,1766 年 9 月 24 日刘松龄从北京寄给弟弟韦查德的信件。

直至 1776 年 8 月 11 日,我才收到你在 1764 年从布鲁塞尔给我写的信。在信的开头你告诉我,你从 1761 年收到我的信以后就再没有收到过任何东西了。我也不知道我 1762 年以后的信件都寄到哪里去了。因为我以为在随后的 1763 年、1764 年、1765 年你都收到了我的信件。因为这几年从广东来的同一个人把这些信带走了,同时也带来了你 1763 年给我的信件。此人是亨瑞克斯(Heureux)先生,他今年初从广东回来,现在到尼德兰去了。

阁下竟然没有在你的信中提到任何关于你身体状况的内容,这让我十分惊讶,因为这个才是我最关心的。为了示范,我告诉你我的身体情况。我现在已经63周岁了,和以前一样健康,因为我从来没有停止过向上帝祈祷。半白的胡须出卖了我的年龄,不过还没有完全变白。

去年两名中国牧师 Etienne Yang 和 Aloys Guo(未查证出两人的中文名字——译者注)从法国回来了。他们两人曾经是我带领入会的。1751年,他们按照规定的程序被送到法国。经过人文主义、哲学和神学的学习,他们进入了耶稣教徒的见习期。由于当时耶稣会在法国是禁止的,因此照顾他们的任务被遣使会的成员承担,我们称这些成员为"lazarists"。巴黎的主教把两名中国牧师奉为祭司,所以他们不用向教会起誓。方济各会的成员希望他们在还没有起誓的情况下回到这里来。当他们在法国期间,两名学者带领他们参加了各种各样的研讨会,他们还收到了皇家的礼物,有许多物理和光学仪器、书籍以及整整一年的薪水。在他们离开之前,皇后与公主都希望能够见到他们并同他们交谈。

从法国代表蒋友仁神父那里,我得到一份礼物,是马米兰·赫尔的一篇关于1761年金星凌日的论文,这对我不仅仅是一种安慰,同时也是巨大的光荣。通过论文的小册子,我得知在维也纳有两个天文台,一个属于大学,另一个属于学院。

阁下写信告诉我了一些新闻,我很难写一些东西作以回报。中国的统治十分平静有序,而且这种状态至少到目前已经持续好多年了。欧洲人热爱战争,而中国人热爱和平。所以我能不能这样说,是不是欧洲王国是建立在战争上,而中国的王国是建立在和平之上并且自发成长的? 或者说,出现这种情况最基本的原因,是不是因为中国都臣服于一个皇帝,而欧洲有很多的统治者? 很确定的是,当中国皇帝最弱的时候,诸侯纷争。有人问哲学家孟子,什么时间和平可以重新建立起来? 孟子答道,当天下统一的时候和平就可以重新建立了(原文:孟子见梁惠王:"卒然问曰:'天下恶乎定?'吾对曰:'定于一。'"——译者注)。

我在前几年的信中已经写到皇帝征服卡尔梅克人的战争状况。因为卡尔梅克在中国的西部,皇帝在征服他们的同时将自己的领土一直扩张到布哈拉的边境线上,所谓从北部俄罗斯的边境到南部蒙古帝国的边境。关于俄罗斯的边境线可能会有战争,但目前还是和平的。皇帝已经禁止了与恰克图(Kyakhta)的贸易,这是对俄罗斯不想交出逃到那里的卡尔梅克首领的报复。不管怎样,贸易还是秘密地进行着。皇帝发现以后,就把管理此地的亲王治罪押回北京,削了他的爵位。先是将他入狱,后来虽然还之自由,可还是把他留在北京。然而,贸易还在继续,不过更加隐秘了。

今年 7 月 16 日,耶稣会的神父郎世宁去世。他是一位出色的画家,更是一位好牧师。他一共活了 79 周岁零几天,其中 50 年的时间留在北京,为上帝的神圣信仰奉献自己。上帝在三位亲王面前称颂了他的仁慈。如果可能的话,他可以用这种仁慈以及他谦逊、智慧、耐心的美好品质去改变这个宫廷。

提到地震,我忘记提及罗马传信部在北京也有两个教堂。一个在北京城里面,另一个在城外,离我们的住所很近,他们经常用演讲为那些在宫廷里供职的人以及待在那里的人传道。在我们的三个教堂上都题着五个鎏金字“赐建天主堂”,意为在(皇帝)命令下为天主建立的圣堂,而另外的两座由传信部建造的却没有题字,而且几乎被隐藏在他们的房子里面。这中间的不同在于,教堂是不是在皇帝的命令下建造的,或者简单地说有没有被皇帝允许。

奥古斯丁会(Order of the Augustinian Recollects)的两名传教士已经到达了这里,他们分别是来自托伦蒂诺(Tolentino)圣尼古拉教堂(Saint Nicholas)的土耳其钟表匠席澄元(Sigismondo)神父,以及出生地不详的罗马画家安德义神父。还有来自特里西亚教堂(Saint Theresia)的施蒂里亚州音乐家钱德明神父,他是加尔默多修会的修道士,当我在格拉茨(Graz)读神学的时候,他正在费迪南德(Ferdinandeum,奥地利的地名)。最后是来自米兰的钟表匠阿常格勒(Archangelo)神父。就目前来看,音乐家在这里没有什么用处。

当给你写信的时候,我正在断断续续地看一本你也曾看过的书。我在想,如果中国中央或者地方的官员用书中的方式处理事务的话,皇帝会怎么做。皇帝经常进行公开的严厉训话,更不要说错误、疏忽甚至小小的冒犯了。如果谁有一些违过的迹象或嫌疑,他就会罚去他们多年的俸禄,甚至免职、下狱、抄家,至判死刑。

无论在国内还是国外,无论是在打猎还是巡察,皇帝在处理事务时都体现着坚定、警觉和智慧,他的这些优点说都说不尽。他统治的成功和有序要归因于他的子民们对服从的渴望。中国人知道如何命令,如何服从。信写到现在,必须要打断了。写于北京,1766 年 9 月 24 日。

给葡萄牙王后的信件

文献来源:

A D.Maria Ana de Austria.1751.(Arquivo Curiae Lusitanae S.J.Lisbon)

优雅、尊敬的王后陛下:

我们在这里悲惨的处境不仅不会使那些关心我们传教的人受挫,对于那些不求回报,甘愿牺牲自己的精力和生命给人提供医疗救助的高尚的人们,困苦也不会给他们造成任何影响。我用悲伤的眼睛审视着我们的传教事业,它在近段时间几乎要被完全破坏掉了,我们在中国的处境可以用"流放"来形容。然而,王后陛下在 1750 年 3 月 26 日写给我的信,鼓舞了我们的精神,擦干了我们的泪水,为不堪重负的我们增加了新的力量。为了让我们得到更大的抚慰,我把您的这封亲笔信分享给了其他神父阅读。

王后陛下一直十分鼓励传教,看到您这样伟大的保护者来支持我们的宗教,可以达到用我们的力量无论如何都达不到的我们期待已久的和平,还有您将要派一个对传教非常有利的使团出访中国,我们怎能不感到欢欣鼓舞呢?这次出访会对我们目前的状况,以及北京和周边地区(对于其他地区我今年无法得到任何消息)产生什么作用,我将不会在信中给您详细汇报,因为按照陛下的旨意,我将会在年度报告中详细描述。

虽然这么多年的努力与教徒的数目不成比例,但是我们的传教事业还没有到不值一提的地步,而且可能会越来越好。仁慈宽厚的王后陛下,真诚谦逊地请您为我以及整个传教事业祈祷。

中国北京,1751 年 11 月 22 日。

给优雅的王后陛下。

1751 年耶稣会中国代理教省的年度报告

经过传教士们辛勤的工作,我们这几年的传教工作硕果累累,因此报告内容十分丰富,同时还有一些新闻可以增于其中。因为不负责任的信使和屡受阻碍的信件传送,今年几乎没有任何其他地区的工作成果和新消息按时传递到我们这里。因此,这是一封只包括传教的日常事务,并且有明确指向只关注北京教区的报告。今年,感谢英明的上帝,严重的教难已经平息下来。自从我们认识到周围的环境开始逐渐和平,我们的传教便开始逐渐复苏。我用"和平"这个词并不是指我们的资助人所期待的那种和平,他们期待皇帝能够停止对我们神圣信仰的制裁,更加喜欢我们且允许传教事业的发展(按目前的情况来看,很难有实现这些希望的可能性),我所指的和平是针对传教士的压迫,虽然传教士们还是要十分小心,并且不能公开传教,但是现在已经没有之前那么严格了。我只希望他们能够平静地照顾他们的新教徒,而不是被每天的审讯所烦扰。毫无疑问,各个省的行政长官都认为所有欧洲传教士已被禁止到了他们省界以外,如此一来,像以前一样的严厉检查就没有必要了。有一些人知道一部分欧洲传教士藏在什么地方,但是惯常的宽厚品格让他们假装不知道这件事情。他们对待我们跟对待自己人的方式是一样的。如果他们惩罚了一些传教士,那么他也必须以同样的方式对待许多信仰宗教的自己人(中国人)。所以他们饶恕了中国人,也不会伤害我们外国人。只有福建省的官员对我们的憎恨根深蒂固,官员们今天还命令人们每个月只能去一次教堂,对于皈依者来说,这对他们的精神非常不利。中国教徒和前几年一直把心血花在这个教堂的人,回到教堂十分困难。在他们中有一名中国教徒,他有 4 年的时间不敢去教堂,因为所有的人,包括非基督教徒和皈依者,都知道他是谁。

在一些省份,教徒在受着长期的疾病折磨,有些因为危险而转移到了更安全的澳门。他们用忍耐缓解因为缺乏信仰造成的痛苦,而我们还没有抽出时间来把新的精力放在这些信仰荒芜的地方。上帝听从了人们虔诚的祈祷,于是今年又派了两名耶稣会传教士安全到达那里,一名是葡萄牙人,在南部传教,一名是德国人,在湖广传教。还有另外一

北京保存下来的南堂(王慧琴　摄)。

名来自法国的耶稣会士要来帮助他们,在我写这封信的时候,他正在澳门等候一位向导。对于从其他教会来的牧师,我也不清楚他们是不是有人已经抵达中国了,目前只找到了一名圣方济各会的牧师陪伴他们的主教来到了中国南部。去年,那名主教平静地去世了,而那个牧师在离开了那里之后来到了澳门,可能有回欧洲的打算,至于去哪个地区就不得而知了。还有一名耶稣会人员乌尔班·沙姆伯格(Urbano Schamberger),他是在山西传教的一名优秀牧师。5年前,我在报告中报告江西省传教士时提到了他的名字(与其他传教士一起提到),现在他已经返回澳门,所有在中国的传教士都为他感到遗憾。同时,有3位专业的人才乘船来到我们这里,他们除了有学术上的造诣,在其他领域也都取得了成绩。第一位是博学的天文学家,第二位是音乐家,第三位擅长医学(medical art)。为此,我们上书给皇帝,请求他答应接受他们3人。

在上奏之前,我们向上帝祈祷,希望能够成功。果然,我们的努力没有白费,当我们在期盼成功和些许恐惧的心情中递上这封奏折,当天就收到了3名同事的接受许可。向我们传话的那位高官,竟然还恭喜了我们,所以我们知道,这是我们的宗教能够在这里生存的一个良好信号。因为这些事情确实暗示着皇帝对我们态度的转变,这甚至也是对那些自以为是的异教徒的暗示,因为他们是处处关注皇帝态度的。

刘松龄给妹妹玛利亚·安(Maria Ana)的信件

文献来源:斯洛文尼亚档案馆,AS 730,Dol Manor,fasc.194。

神圣高尚的女子,我深爱的妹妹:

即使可能你这几年会经常听到我去世的消息,也千万不要相信。上帝保佑,我不仅活着,并且很自豪地说十分健康。虽然我来到这么遥远的地方,还面临各种不利的环境,我在这里十分满意。两年多已经过去了,我一直没有给我亲爱的妹妹写过任何信件,这并不代表我没有把亲爱的妹妹放在心上,而是因为在这困顿的几年中,信件交流十分不确定,在这之前就更不可能寄信了。

西班牙和法国属同一立场,英国和荷兰属同一立场,他们一相遇就会相互攻击与掠夺。甚至在离广东不远的中国海域内,一艘英国船攻击了一艘西班牙船只,经过了一场激烈的战斗,西班牙船屈服。这些和中国的不确定性事件非常类似,特别是欧洲的传教士不得不经历可怕的大教难。亲爱的妹妹可能已经听说了这次教难的一些事,但是关于这次教难的开始与结束,还有发生原因,你需要知道更多的细节,我可以告诉你更多更详细的内容。因为我相信,欧洲一定有特别多的文字提到此事,但是它们有的十分愚昧,有的十分负面。自从我们基督教的一些牧师打开天堂的大门,开始在这个巨大的帝国里宣扬真理,到目前已有170年了,他们却一直在怀疑我们的传教士是欧洲宫廷和国王的间谍。为此,我们的传教士遭到了严重迫害,出于这种怀疑,传教士经常被驱逐出中国。而上帝在这里有自己的人选,被选中的人可以获得永恒的快乐。在上帝的帮助下,有改革精神的传教士们总是能够知道采用什么样的手段来帮助被威胁和迫害的基督教,欧洲的艺术和科学就是手段之一。在顺治和康熙年间,传教十分容易,因为皇帝不仅喜欢传教士们带来的艺术和科技,也喜欢教义本身,并且对他们的正直秉性与博学十分赞赏。雍正皇帝对天文学十分赞赏,然而他只留下了从他统治之初就在官廷中的欧洲人,而禁止地方传教。因为他对外国人十分不信任,并且对于我们的信仰十分排斥。在那时活动积极的传教士,现在要秘密活动,如果被统治者们发现了,相关的传教士就要被逮捕,而后驱逐出境。

当朝皇帝对外国人更加苛刻,他对科学没有任何敬仰,留下我们只是因为我们十分有用。因为他意识到,如果没有我们欧洲人,中国就不会有正规的天文学,也不会有可信的计时。为此,他仅仅是可以忍受我们,而不会对我们有所器重。同时,虽然皇帝时不时会显示出他对我们的满意与喜爱,但他依旧不给我们完全的信任。因此我们一次又一次遭到拒绝。

我亲爱的妹妹,从下面的故事里你会更清楚地认识到我刚刚说过的话。1746年在福建省,他们发现并且逮捕了五名多明我会的葡萄牙牧师。福建省长官上奏给皇上,把他们描写得十恶不赦,皇帝以妖言惑众和外国统治者间谍的罪名将他们判处死刑。统治者认为,传教士用所谓的真理作伪装,实则企图通过错误的教导,吸引人们信仰他们的真理,然后达到征服整个王国的目的。五名牧师中的一名葡萄牙主教被公开斩首,另外四人在监狱中被绞死。同时,他命令所有省份的官员寻找各省的所有传教士。在江南省,我们耶稣会的两名牧师被逮捕并被处以绞刑。他们分别是葡萄牙人白多禄与意大利人谈方济。谈方济来自艾登斯的教堂,之前在帕尔玛(Parma)教授了三年哲学,来中国仅有五六年时间。在江西省,一名方济各会的神父也被逮捕,到现在我们也没有打听到他是否还活着的消息。同样,我们在北京的传教也开始变得不稳定并且困难重重。一些基督徒谴责了葡萄牙神父傅作霖,据说他把基督教书籍、玫瑰经念珠以及宗教绘画都分发给异教徒们,因此他被带到了朝廷。因为我认识他,于是和他一起站在了朝堂上。审讯官问我们是否散发了这些东西,我答道,不仅仅是他,还包括我及所有神父在内,我们都散发了这些东西。他问我们是否意识到这件事有违法律。我答道,我们曾经听到如此传闻。他说,如果情况属实,他必须上奏给皇上,我回答,他履行自己的职责就可以了。第二天,官员把奏折呈给皇上并请示应如何判罪。而皇帝不仅原谅了我们,在我们第二天去面见他表达我们的感激时,他甚至还把桌上的两盘甜点赏给我们。从此,宫廷中的传教士再也不会受到打扰了。然而,我们却不能保证居住在地方上的同事们同样安全,因为没有任何人能将我们的要求传达给皇帝,即使有这样的机会,他们也听不进去任何言辞,因为他们喜欢的是欧洲的艺术与科学,而对欧洲的信仰毫无兴趣,他们需要为他们服务而不是向他们传道的欧洲人。尽管如此,我们还是按照督察神父在其信中建议的那样,至少在这个上帝赐予我们的葡萄园中不放弃任何一个工作的机会。在附信中,你可以看到我们这几年都做了什么。毫无疑问,这和土地的广袤没有关系,可是俗话说,他们会到达他们该去的地方,对于他们不能去的地方,他们不会涉足。我亲爱的妹妹,当我到达这片土地时,我最初看到的是基督徒们在北京与其他省份平静地生活着,除了偶尔传教受到禁止以外,传教士们不受打扰地自由传教并且照顾他们的基督教徒。我经常思考,可能我们对付精神敌人的方式并不能对他们造成很大伤害,而且敌人们也并不在意我们通过改变几个异教徒能够造成什么破坏,因为他们正冷静地看着我们在做什么。通过教难,他们可能想让我们知道教难造成的伤害是超乎人们想象的。你一定想知道我们是怎么应对教难、帮助朋友并且支持被攻击的基督教的。起初,我们呈给皇帝一封热情的奏折,请求他转给对我们负责的官员。我们得到的答案是:我们完全没有希望做任何事,皇帝不会反对我们,但他绝不会允许任何外国人秘密地居住在他的帝国里,而且他也不会改变或收回成命。他说,我知道你们的信仰是无害的(他是一个异教徒,但是他没有不接纳我们,而且他很诚实。他确实是一个好皇帝,但是严格地说自这件事开始他便不再受欢迎了。如果不是他的母亲一直支持他,他甚至可能会丢掉皇位),但是在中国也会接纳其他信仰,君无戏言,我是绝不会收回成命的。他还告诉我们,马上我们会听到新的消息,一定要保持忍耐。大概四天以后,他告诉我们,他不会再处理我们的要求,而把这件事转移给首席官员或所谓的第一大臣来处理。这位大臣是一位口才甚好但十分冷酷的年轻人,他十分受皇帝的喜爱,但是对我们与我们的信仰来说却是绝对的敌人。这对我们来说是一个十分糟糕的消息,我们的书信再也没有任何希望能够到达皇帝手中了。那位大臣亲自告知了我们皇帝让他处理我们书信的旨意,因此我们把之前呈给皇帝的奏折做了修改,将收信人改为那位大臣。信中我们希望他能将我们的要求与抱怨转达给皇帝,但是他认为我们心怀不轨,并且让我们知道他并没有将我们的奏折传给皇上。很快,那位大臣就在上帝公平的裁判下受到了应有的惩罚。因为就在这时,皇帝派遣他去前线镇压四川省的起义,而他完全没有军事方面的经验,战争没有取得任何胜利,反而损失了许多士兵和军饷。皇上为此大怒,虽然这位大臣给皇帝上了一封措辞小心的奏折,但是并不奏效。皇帝先对他严厉斥责,几天后下令将他在军营中斩首示众。之前皇帝因为这位大臣的忠诚和能力赌上一切,我们都以为这位大臣会继承爵位,不想却以这样的方式宣告结束,而且他必须偿还他本不应得而已经得到的东西。同样的事情也发生在福建巡抚的身上,他是在谴责五位神父时第一个火上浇油的。由于他是汉人,在为已故皇后哀悼时削了头发,这被认为与满人习俗不合。皇帝命令他在监狱里上吊自尽,因为他自己无法下手,后来就被执行人的手下杀死了。他所有的财产都被没收,而且我们听说,他的妻子在他死后不得已去挨家挨户乞讨。他的官位继承者是个满人,也在教难中插了手,于是脖子上被浇上沸水,脖子和头部都化脓了。还有逮捕了我们两名牧师的江南总督,由于他对他的百姓过于残酷,他和他兄弟、父亲全部被抄了家,并且放逐到鞑靼地区。有一个流传很广的说法,他庞大的财产救了他一命,因为这个吝啬的皇帝十分喜欢这些财产。总之一句话,几乎所有涉及到教案的人皆按照他们犯罪程度的轻重而受到了相应的惩罚。这几天,他们将之前审问福建五名牧师的官员斩首,理由是他们违反了皇帝在广州的规定。因此,我们不能不说这是上帝在为无辜的人报仇。

感谢上帝!现在虽然任何事情都还没有确定,但事态已经平息了不少。葡萄牙王室计划派遣一个使团来拜访中国朝廷,但是从目前看来,没人会来了。因为根据目前情况,也不期待一个使团能够取得什么成效,这样的平静就足够了。在教难初期,我并不期待有任何好事发生(从个人的观点来看),只有上帝自己才知道他为我们准备了什么。现在,对这个排斥基督教的糟糕国度,我并无抱怨。虽然在我的前任戴进贤去世以后,我要花很大的精力在天文学上为朝廷服务,可是我活得很好,并且感到十分满足。忍耐是上帝无上的荣耀,灵魂的救赎!天文学是我们力所能及的事情,也是我们留在这里的保护伞,如果不是这个原因,整个北京甚至整个中国可能再没有任何一名耶稣会士或其他传教士了。我亲爱的妹妹,请告诉我其他兄弟姐妹的情况,希望你能告诉他们这封信中的内容,并且致以我良好的祝愿。另外,请在回信中特别告诉我,我的两个牧师兄弟都过得好不好,他们现在在做什么。我们已故父亲在克拉斯卡戈拉(Kranjska Gora)的牧师兄弟是不是还活着,他过得怎么样。请把我的祝福带给明格斯的主教以及其他教友,还有在梅肯(Mekinje)的姐妹,特别是我们亲爱的姐妹弗兰西斯卡(Franziska)。亲爱的妹妹,请在神的面前为我祈祷。

你谦逊的哥哥刘松龄,寄于北京,1750 年 10 月 31 日。

文献来源:
斯洛文尼亚档案馆,AS 730,Dol Manor,fasc.194。

神圣高尚的女子,我深爱的妹妹:

如果你这么长时间还没有收到我的信件,会做如何感想呢?是因为我们奥古斯丁家的人太忙,太坏,太懒? 或者他已经忘记我们了? 再或者已经死了? 感谢上帝,以上都不是,我现在还活着,十分健康并且经常想起我的妹妹和其他亲人们。我十分高兴地在 1752 年也就是第二年的 9 月收到了你 1751 年 9 月 6 日寄来的珍贵信件。那时我正在带领葡萄牙使团去北京的路上。可能你已经从韦查德那里听说了,葡萄牙王室希望通过这样的出访,来缓和中国君主对传教士的迫害力度。他们派遣了一个非常出色的使团,于 1752 年 2 月 23 日从里斯本出发,同年 8 月到达澳门。10 月 2 日,我收到了使团寄来的一个包裹,里面是女王陛下的一封信。陛下优雅地嘱咐我,或者如她在信中所说这是国王的命令,如果条件允许的话,我去澳门并且陪同使团进京。和我预想的一样,这件事成功了。因为当时皇帝在他每年都要去的鞑靼,我把这件事汇报到合适的部门,他们很快就告知了皇帝。几天之内,皇帝的旨意就下来了,我可以在几名满族贵族的陪同下马上出发前往澳门,去迎接使团和其他随行人员来京,使团将会受到特殊的款待。我们 9 月 25 日从这里出发,12 月 13 日抵达澳门,其中有 15 天时间走陆路,25 天走水路。走陆路的时候,因为我们都无法忍受太久的骑乘,于是时而骑马时而坐轿。而坐轿子跟骑马的速度差不多,那些脚夫们经常保持一定的步伐,几乎跟走在他们后面的马速度一样快。到了澳门,我们发现使者已经准备妥当可以起程了。12 月 21 日,我陪同他以及其他随从离开澳门。经过长时间的水上航行,只有三天走陆路,我们于 1753 年 4 月 30 日到达北京,皇帝已经因等待使团而失去耐心了。仅仅四天以后,使团就被皇帝正式召见,在召见中,使者呈上了葡萄牙国王的一封秘密信件,并且表达了国王对皇帝的赞赏。皇帝问了几个关于使者与他的国王的一些问题,这些都是由我来翻译的。除此之外,皇帝又四次召见葡萄牙使者,并且两次宴请他,每次都有中国的戏剧表演。总之,皇帝对使团表示了极大的欢迎,并且赏给使者许多精美的礼物,其中一些是以皇帝个人名义赏的。

皇帝对整个使团以及他们的表现都十分满意,正如大家都说,之前没有任何一个使团如他们一样受到如此大的恩典。通过这种恩典,皇帝希望鼓励其他君主更加频繁地派遣使团来到中国。因为中国的统治者认为,他们在自己的宫廷中看到如此多的外国使团是一件荣耀的事情。我十分愿意为你描述这次使团出访的全部细节,可是说来话长,简直能写一本书,而且你可能也不会理解,因为这是一个完全不同的世界。除了在欧洲有一些描述中国的书以外,他们还是不明白中国到底是怎样的。

使者带来许多礼物,装在 29 个箱子里,是葡萄牙国王带给中国皇帝的。箱子用红绸系挂,用白银做装饰,连箱子的搭扣和钥匙都是银制的。作为回报,皇帝送给葡萄牙国王 50 箱珍宝,不能与欧洲(所赠)的(珍宝)相比。使团一共有 60 个人:尊敬的使者巴哲哥,还有他的秘书、宫廷的官员、一个士兵长官、一个医生、一个理发师、一个厨师、一个管家和一些黑人奴仆,这些人中间还有一个小号乐队。

6 月 8 日,我们再次从北京出发,我必须要遵照皇帝的旨意再次陪同他们回到澳门,10 月 9 日我们才抵达。在皇帝的旨意下,与来时一样,整个使团在广东又被宴请了一次。10 月 12 日,我送别了使团,乘船再次回到北京。当我们到达广东时,我的满人车夫请求我,希望能看看欧洲的船只,因为他之前从没有见过。所以在我们 10 月 15 日到达了 Wangbu(未考证出具体地点——译者注)后,欧洲船在那里抛锚,我们在一艘法国帆船上被招待了一顿丰盛的大餐。满人们觉得欧洲的食物十分符合他们的口味,欧洲人却不喜欢中国的食物。下午,我们登上一艘英国船,同样受到了殷勤的接待。除了这两艘船以外,还有瑞典、丹麦、荷兰和普鲁士的船只,一共 28 艘。

10 月 15 日,我们水陆兼程返回北京,于 12 月 18 日抵达。我上书皇帝,告诉他我已经把使者和他的使团安全地送至澳门,他们已经满意地起程回家,并且转达了使者对皇上盛情款待的感激。皇帝听了这些非常高兴,他赏赐给我两匹丝绸。因为我已经往返北京和澳门四次了,毫无疑问筋疲力尽,是真的,已经耗尽了精力。我回来时,已经没有任何力气了,双腿虚弱得几乎不能走路,胸口也疼得几乎不能呼吸。因此有一个朋友告诉我,他觉得我突然变老了。等我完全恢复已经是几个月以后的事了,十分幸运的是,我得到了一个俄罗斯商队带的一些药。他们于 1755 年 5 月 17 日抵达这里。吃了药以后,我感觉身体好多了,虽然胸中还是有些发紧,但是呼吸顺畅了许多。上帝保佑,其他一切都好。真正让我耗尽精力的不是这次还算舒服的旅行,而是顾及到欧洲使者可能不会理解中国一两千年来形成的风俗习惯,这时候我就要在这些事务中充当中介。然而比较幸运的是,使者是一个头脑冷静且聪敏非凡的人(他在官廷和在整个王国中的表现为他赢得了很高的荣誉),而且他在出使之前,国王就命令他处处听我指挥。

第二个幸运之处是,皇帝最初就对这次出使十分期待,之后又对使者与整个使团的表现十分满意。我必须要感谢万能的上帝,让我不必对付那些仪式中的神灵和中国的圣贤们。1754 年 1 月 4 日,他们从澳门起程回去。我希望我今年可以收到使者从里斯本给我寄来的信。然而,让我十分难过的是,我收到了他们从莫桑比克寄来的信,同时还有他的秘书和使团中其他人的信件,信中说他们在好望角受到了三四次暴风雨的袭击,不得不寻找避难的地方。船也被砸烂了,所以他们不得不寻找最近的海港。所以,我希望几天后我能收到他们安全到达里斯本的消息。

我十分感激你在上一封信中为我十分详细地介绍了我们兄弟姐妹的情况。这对我来说是莫大的安慰。感谢上帝赠予我们的仁慈!我希望我可以给每个人都写信,但今年有些困难。我亲爱的妹妹一定会在每个人面前提到我,让每个人知道我在记挂着他们。我和大家都是在一起的。给我最亲爱的妹妹,最谦逊的兄长,耶稣会刘松龄。

北京,1756 年 9 月 11 日。

北京传教士刘松龄墓碑顶部。上面刻画的龙证明这是在皇帝的命令下建造的（照片提供：Anton Levstek）。

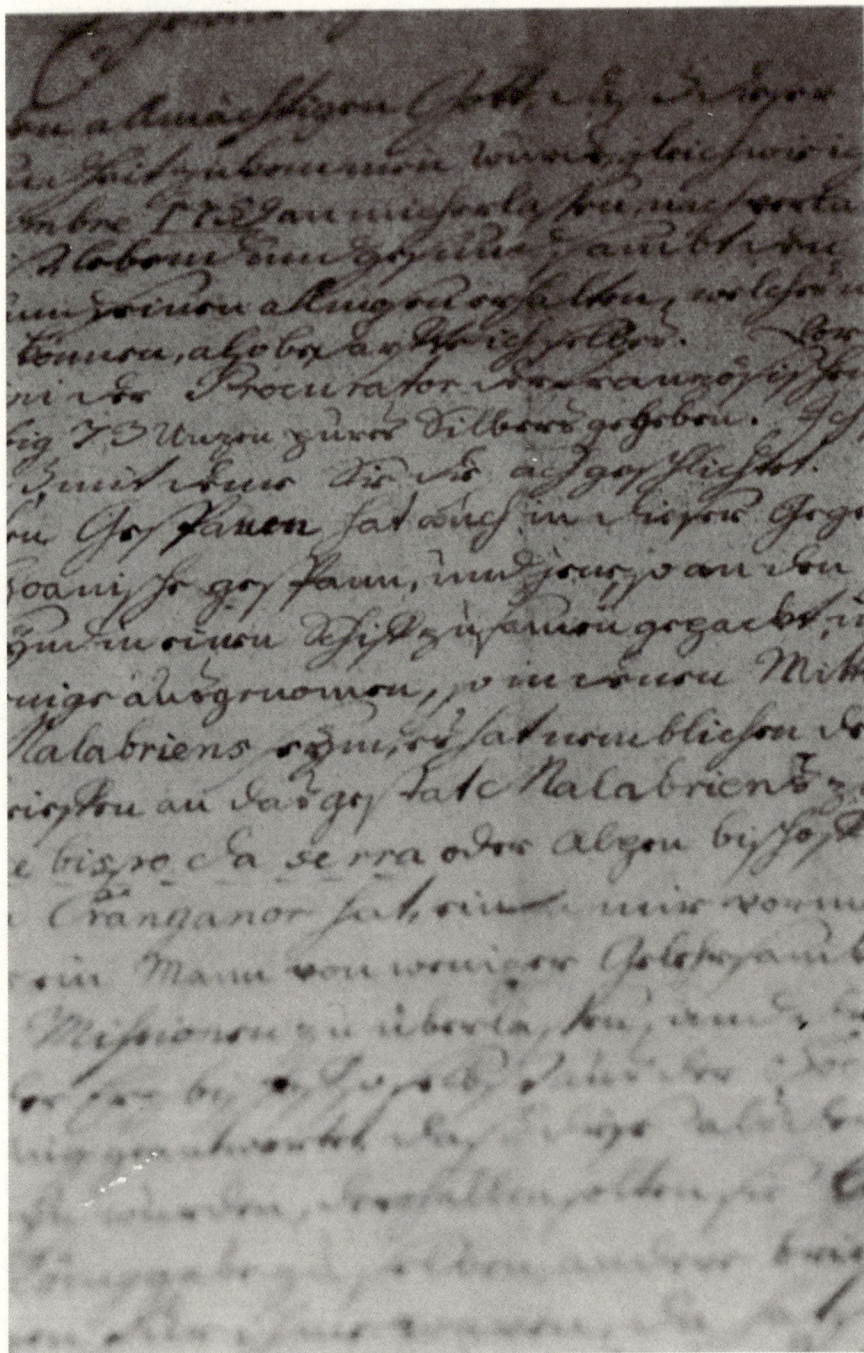

刘松龄手稿细节。

译后记

2011 年冬,承蒙恩师吕凌峰先生抬爱,将斯洛文尼亚卢布亚尔那大学米加教授主编的《斯洛文尼亚在中国的文化使者——刘松龄》一书交与我翻译。历经一年多的紧张翻译,中文译稿终于完成。虽竭尽全力,心中仍难免忐忑,且不提译稿能否跨越中西文化的巨大鸿沟,达到"信、达、雅"的标准,仅仅是基本言辞、今古差异等语言层面的问题就层出不穷。刘松龄的信件原稿均为古德文与拉丁文,这些信件曾被译成斯洛文尼亚文出版,后来米加教授又将斯洛文尼亚文转译为英文。累经多重翻译,故本人在进行中文翻译时所遇到的困难可想而知。所幸米加教授及其夫人——著名艺术家王慧琴女士对译稿还算满意,遂交付出版。

该书是关于中国清代钦天监监正耶稣会士天文学家刘松龄的原始书信档案以及当代刘松龄研究的重要成果合集。书中不仅详述了刘松龄的个人生平、工作环境以及科学成就,而且还对其信件作了整体收录。通过这些信件,读者既可以近距离地了解这位清代宫廷传教士矛盾的内心世界,同时也能通过这位外国人的视角来审视乾隆时期由盛转衰的大清王朝。无论对于研究清代传教士的专业学者,还是对于喜欢涉猎阅读的业余读者,本书都是一份可读性很强且弥足珍贵的材料。

整本书共分为欧洲"刘松龄项目"介绍、关于刘松龄的研究性论文以及刘松龄信件原文三个部分。为了保证译文的精准性,《中国宫廷最后一位伟大的天文学家:刘松龄》与《献给中国皇帝的真空和电》两篇研究性论文由中国科学技术大学科技史与科技考古系专攻明清天文学史方向的师兄褚龙飞博士翻译，而《清钦天监监正刘松龄——纪念斯洛文尼亚天文学家刘松龄入华二百七十周年》一文由首先发现刘松龄身份的中国人鞠德源教授所写，因此直接使用了他的中文原稿。在此向师兄的辛勤付出以及鞠德源教授的赐稿表示感谢。

对于本书英文版参考文献及注释的处理，译者遵照翻译注释、保留外文参考文献的原则，以便读者对原始参考文献进行追踪。

本书的翻译工作是在中国科学技术大学科技史与科技考古系吕凌峰老师主持下进行的，吕老师本人的研究领域侧重于中西科技文化交流史、中国近代科学与传教士等研究领域，因此他对本书的翻译十分重视，去年他虽然人在国外，还经常通过邮件、电话来询问工作进展情况，中途回国更是悉心指导、耳提面命，提供了不少翻译方面的建议，使译者受益匪浅。

在文稿翻译过程中，得到了石云里和吕凌峰两位老师课题组成员的大力支持。除褚龙飞师兄参与译稿以外，师妹叶玲玲、储文娟、刘心需，师兄王挺、李亮也都在百忙之中参与了统稿与校订工作。大家在翻译过程中常因为一个词的用法争论得面红耳赤，也为刘松龄在信中表现出的滑稽幽默而笑作一团。另外，本系波兰籍副研究员巴特（Bartlomiej Swiatczak）博士及其夫人汉娜（Hanna Swiatczak）亦曾耐心地帮我分析在翻译中遇到的生涩难懂之处。在此特别感谢以上各位师友的大力帮助。

本书的顺利出版，得到了北京外国语大学中国海外汉学研究中心张西平先生、李雪涛先生、张明明先生的鼎力相助。感谢米加教授及其夫人王慧琴女士提供了本书的中文版权并进行的配图工作。此外，还有大象出版社的编辑，他们也为本书出版付出了辛勤的劳动，尤其后期的精细校对工作很令我们译者感动，在此谨表诚挚的感谢！

由于本人水平所限，错漏之处在所难免，恳请各位学者前辈与广大读者不吝赐教。

朱晓珂

2013 年 2 月 27 日

于中国科学技术大学钱临照科学史图书馆